郭淑新

王子廓◇著

儒家敬畏观钩玄

本书出版获安徽师范大学学术出版基金、安徽师范大学马克思主义学院出版基金资助

安徽师范大学出版社

ANHUI NORMAL UNIVERSITY PRESS

·芜湖·

图书在版编目(CIP)数据

儒家敬畏观钩玄 / 郭淑新, 王子廓著. -- 芜湖 : 安徽师范大学出版社, 2025. 1.
-- ISBN 978-7-5676-6375-6

Ⅰ. B222.05

中国国家版本馆 CIP 数据核字第 2025P594R8 号

儒家敬畏观钩玄　　　　　　　　　　　　　　　　郭淑新　　王子廓◎著

责任编辑：李晴晴　　　　　　　责任校对：刘　翠　晋雅雯
装帧设计：王晴晴　汤彬彬　　　责任印制：桑国磊
出版发行：安徽师范大学出版社
　　　　　芜湖市北京中路2号安徽师范大学赭山校区
网　　　址：https://press.ahnu.edu.cn
发 行 部：0553-3883578　5910327　5910310(传真)
印　　刷：江苏凤凰数码印务有限公司
版　　次：2025年1月第1版
印　　次：2025年1月第1次印刷
规　　格：700 mm × 1000 mm　1/16
印　　张：17.75
字　　数：270千字
书　　号：978-7-5676-6375-6
定　　价：66.00元

前　言

　　"敬畏"一词之本义是既敬重又畏惧。《说文》曰："敬，肃也。""畏，恶也。""敬"象征庄肃恭敬，"畏"意味着惊恐惧怕。"敬"体现的是一种人生态度和价值追求，促使人类"自强不息"，有所作为；"畏"显发的是一条警示的界限和自省的智慧，告诫人类应"厚德载物"，有所不为。"敬"使人崇真向善、臻于完美；"畏"则使人警示自律、为自我立法。

　　钱穆先生认为，中国文化的精神特质，可以概括为一种"道德的精神"。这种精神的核心体现为"敬"与"爱"①。"敬""爱"本身就涵摄着"敬畏"的意蕴："敬爱"某个对象，自然包含着对该对象的"敬畏"——或敬畏天道的仁慈、高洁、博大、深邃；或敬畏生命的顽强、绚丽、热烈、奔放……唯有敬畏，方能凸显对与人生命攸关的事物或对象的"敬"与"爱"。美国著名汉学家狄百瑞指出：对于儒家来说，"敬畏上天就是敬畏生命，把世界上的事物当作上天的子孙一样关心和照顾。如果儒家的'生活方式'看上去过分谨慎和克制，并且因此卓尔不群的话，那是因为儒家更关心生命"②。

---

　　① 参见钱穆：《中国历史精神》，北京：九州出版社2011年版，第124、130页。

　　② ［美］狄百瑞：《儒家的困境》，黄水婴译，北京：北京大学出版社2009年版，第49页。

"更关心生命"的儒家，敦促人们敬畏天地、敬畏祖先、敬畏神灵、敬畏生命；主张人们通过接受"教化"，而心守善根，并在日用常行中将其内化为必须恪守的价值规范、伦理准则和道德理想。儒家敬畏观氤氲于内即是"思无邪"，呈现于外则是"谨言慎行"。

《菜根谭》曰："自天子以至于庶人，未有无所畏惧而不亡者也。"儒家经典中蕴涵着丰厚的"敬畏"意识，在儒家看来，生活在现实世界中的人，由于受到外在不同环境的习染，或良善之意得以萌动勃发，或邪恶之念得以触动泛起。如果缺失了"敬畏之心"，良善之意便会被遮蔽掩匿，邪恶之念便会滋生蔓延，从而丧失人性与理智，导致出现种种有悖于天理与人伦的言行。因此，应"君子之心常存敬畏，虽不见闻，亦不敢忽，所以存天理之本然，而不使离于须臾之顷也"①。

任何一种观念的缘起、文脉的延展，都会受到既定文化传统与思想资源的影响。儒家敬畏观的创生，与"万物有灵"的启示、"天人合德"的训诫、"允执厥中"的忠告、"系于苞桑"的忧患息息相关。先人们对万物尊严的直观、瞻仰、戒惧与体悟，是儒家敬畏观创生的心理基础与德性依据。

儒家敬畏观的内涵与表现方式，在不同历史时期、不同思想家那里，既有其共性，亦有其个性：先秦儒家的敬畏观呈现出"自觉自律"的特征；汉唐诸儒的敬畏观体现为"虔诚自适"的特点；宋明理学家的敬畏观拥有"自得洒落"的特质；清代儒士的敬畏观则具有"笃实切理"的迹象。

近代中国历史上的西学东渐，使得历经欧风美雨"洗礼"的一代国人，大多接受了科学理性思维方式的"启蒙"。其结果，的确增添了抗衡自然的底气，增强了立足宇宙的自信，但也在一定程度上弱化了中国传统的认知模式，人们的敬畏意识逐渐被现代科学理性所取代，出现了对于未知领域的敬畏感逐渐式微的症候，亦在一定意义上淡漠了人们对"天道""生命"的敬畏。随之则导致：历史被演义戏说；经典被任意解

---

① 朱熹：《四书集注》，长沙：岳麓书社1985年版，第30页。

读；人们欲望的释放比早先更加肆无忌惮；行为的放纵比以往更甚，社会中上演着劣币驱逐良币的悲剧。基于此，人类比以往任何时候都更需要拥有一颗对浩渺星空、广袤山川、人性良知、社会法则及所有不可抗拒之必然性的敬畏之心，以期在人文精神基地上构建现代社会秩序和公共价值理念。

敬畏之心必须通过"教化"加以培育。"教化"不同于"教育"，"教化"与修养、德性、情操、人格等紧密相关。"教化"构成了人类精神的基本运动方式。正如德国哲学家伽达默尔所言："人类教化的一般本质就是使自身成为一个普遍的精神存在。""教化作为向普遍性的提升，乃是人类的一项使命。"①儒家敬畏观正是建立在"教化"基础之上的，它曾经为中国古代社会的和谐演进、人们道德境界的提升提供了伦理支持与心理支撑，但对其在当代的效用与价值应予以辩证审视。取其精华、弃其糟粕，对其进行创造性转化、创新性发展，是题中应有之义。

———————————

①［德］汉斯–格奥尔格·伽达默尔:《真理与方法:哲学诠释学的基本特征》,洪汉鼎译,北京:商务印书馆2007年版,第23页。

目　录

儒家敬畏观钩玄

第一章　儒家敬畏观之缘起

人类意识到自身存在的有限及现实生命的局限，并试图在此种有限抑或局限的境况下达至更好的生存样式，既是具有宗教意味的"敬畏"观念产生的基本前提，亦是哲学意义上的"敬畏"意识产生的主要原因。"万物有灵"的启示、"天人合德"的训诫、"允执厥中"的忠告、"系于苞桑"的忧患，为儒家敬畏观的创生提供了心理基础和道德根基。以敬畏之心克制人性弱点，以道德智慧抑制"丛林法则"的极端发轫，是人类必须承担的伦理责任，亦是儒家敬畏观氤氲着的深刻文化内涵。儒家敬畏观的创生，为构建中国古代"天下有道"社会提供了思想文化资源，对后世社会亦影响深远。

第一节　"万物有灵"的启示

英国人类学家爱德华·伯内特·泰勒（Edward Burnett Tylor）的《原始文化》（1871年，*Primitive Culture*）一书，追溯了人类从野蛮状态到文明状态的进化过程，描述了原始人如何运用他们已具有的最初理性，去尝试解释自己尚不能了解的自然与人类自身的种种现象。在泰勒看来，人类历史可划分为蒙昧、野蛮和文明三个阶段，每一阶段都是前

一阶段的产物，又对未来阶段产生巨大影响。因此，"野蛮和文明是互相联系的"。在民族学和宗教学资料的基础上，泰勒提出了宗教起源于"万物有灵"的学说，认为"灵魂"是一切宗教最基本的观念之一，也是宗教信仰产生和赖以存在的基础，亦是全部宗教内容的核心。

在泰勒看来，先人们将与自己联系密切的自然物与人工物，都想象成具有"灵性"和"生命"的存在，想象成与我们人类相似的存在，实质上是人的"灵魂"观念外推与泛化的结果。这种由人之灵魂外推或泛化为"万物有灵"的推理方式，是人类童年时期思维的普遍特征。彼时的人们，往往自然而然地将人的生命力或灵魂，不仅赋予有生命的动物和植物，也赋予无生命的自然物和人工器物。于是，自然界便变成了万物有灵的世界——变成了人性化的精灵世界。其中，关于动物有灵魂的信仰最为普遍。譬如：南美巴塔哥尼亚部落把死者的武器和装饰品同死者一起埋葬，并把所有属于死者的动物杀死，以便死者能在另一个世界继续享用；北美印第安人相信每一个动物都有自己的灵魂，而且每一个灵魂都有未来的生活，狗的灵魂在另一个世界也可以继续为主人服务；波尼部落的战士死后，人们将其战马杀死在他的墓前，以便其死后继续乘骑；居住在俄罗斯堪察加半岛南部的堪察达尔人相信，每一个生物，甚至最小的虫子，都将在其他世界重新生活；南非的祖鲁人则认为，他们杀死的牛，将在地府中复活并成为他们死后生活的财产……这种种动物有灵的观念，甚至在基督教神学中仍保留其地位与影响①。

英国宗教学家、民俗学家 J.G. 弗雷泽（James George Frazer）提出的"巫术论"，对泰勒的万物有灵论进行了补正。弗雷泽认为，原始人在进行万物有灵崇拜之前，已相信宇宙的一切事物都为某种非人格的超自然力量所统治，并进行着巫术活动，试图以巫术来命令和控制自然物，在

---

① 参见［英］泰勒：《原始文化——神话、哲学、宗教、语言、艺术和习俗发展之研究》，连树生译，上海：上海文艺出版社 1992 年版，第 259—261 页。

巫术无效后才开始宗教性崇拜①；英国人类学家马雷特（Robert Ranulph Marett）在《心理学与民俗学》中提出的"巫力论"，亦是对泰勒学说的一种修正。他依据当时人类学的发现，认为人类最初崇拜、敬畏的对象是某种神秘的、泛灵的、超自然的"力"，因此，宗教起源于原始人对周围世界神秘力量的信仰与敬畏。总之，现代西方学者大都认为，万物有灵论的最初萌发，与人们对超自然力神灵的恐惧、信仰、崇拜、敬畏等心理活动息息相关。

人类关于"灵魂"的观念，大约产生于旧石器时代中晚期。由于当时社会生产力水平极端低下，先民们的认知能力也极度低下，对自然力极度恐惧且又无力抗衡，这导致了他们对观察到的诸多现象，包括一些生理现象均不能作出科学说明。然而，人类渴望对外物与自身了解的天性促使他们展开了想象的翅膀：在他们看来，人类之所以会出现睡眠、疾病、死亡等现象，是因为某种"生命力"离开了人的身体；人在梦中原地不动却可作长途旅行，与远方或活着或故去的亲友会面、交谈，也是"生命力"真实活动的结果。这种"生命力"逐渐被想象为独立于形体的"灵魂"。

先民们运用类比方法，将人的"灵魂"对象化、客观化，并推廓及其他一切事物。在他们看来，动植物、山水石土等无生物，风雪雷电等自然现象也同人一样，有意志、有灵魂。灵魂既然是独立于形体的，那么，形体虽亡而灵魂不灭。这样一来，原本与形体相联系的灵魂，便渐渐演变成了独立于形体、超越于形体的纯粹灵魂。这种纯粹灵魂能够或随意、或有意，或短暂、或永久地附着在任何事物之上。在这种思维方式的影响下，久而久之人们便产生了"万物有灵"的观念。

中华民族的先民们与世界上其他民族的先民一样，同样相信万物有灵。在中国人的古老信仰中，万物都是有生命的，因而皆有灵性。狐狸可以成仙，龟蛇亦能成神，不仅民众信而不疑，有事便祭而拜之，甚至

---

① 参见［英］弗雷泽：《金枝》上，徐育新、汪培基、张泽石译，北京：新世界出版社2006年版，第58—61页。

还被佛道二教引入经典，小说家还将此惟妙惟肖地写进了作品：诸如《封神演义》中的截教诸神，《聊斋志异》中的狐仙人鬼，《白蛇传》中的蛇精龟灵……以上这些固然是小说家们的文学虚构，却集中反映了中华民族受万物有灵论影响之深远。

人类敬畏意识的萌发，与同"万物有灵"相关的"自然崇拜"（nature worship）密切相关。原始社会的先民们，由于对自然物和自然力缺乏基本的认知，因而极易对那些超自然的力量产生恐惧感、无力感和崇拜感，由此而生发自然崇拜。自然崇拜即是对自然神的崇拜，意即把自然物和自然力视作具有生命、意志和神奇能力的对象而加以崇拜，这是最原始的宗教形式。自然崇拜的范围极其宽泛，囊括日月星辰、山川石木、鸟兽鱼虫、风雨雷电等宇宙万物及自然现象。在先民们的想象中，这些宇宙万物及自然现象，拥有生命、意志、情感、灵性和奇特的能力，会对人的生存及命运产生各种影响，因此便对之敬畏与拜求，祈盼能够获其消灾、降福与佑护。

自然崇拜与人的现实生存状态密切相关。人类原始部落群体，因其生活环境不同而具有不同的自然崇拜对象及活动形式。他们对本部落及其生存地区的社会生产与生活影响最大或危害最大的自然物和自然力，都加以崇拜。这种崇拜具有近山者崇拜山神或树神、靠水者崇拜河神或海神等地域特色，反映的是先民们祈盼风调雨顺、人畜平安等最基本的生存需求。自然崇拜，后因对其崇拜对象的神灵化而发展出具有抽象色彩的自然神崇拜，并产生了千姿百态、林林总总的自然神灵观念和与之相关的祭拜仪式。

进入新石器时代后，由于定居生活尚未稳固，为生计所迫，人类不得不随着自然环境的变化而迁徙。人们在迁徙的过程中逐渐发现，虽然环境变了，但日月星辰却始终伴随着他们，这在当时的人们看来，背后一定有神奇的力量在起作用，于是，这些自然物便理所当然地成为自然崇拜的主要对象。自然崇拜是先民们依赖、敬畏自然的一种表现。在他们看来，超人的自然物与自然现象，都具有至高无上的灵性，这种灵性往往能主宰人类的命运，改变人们的生活。在不能征服和认识它们的时候，唯有将其视为有生命力的神灵加以崇拜。

据考古发现，世界上几乎所有的原始部族都曾产生过动物崇拜。动物崇拜是"万物有灵"观念的表现形式之一，它以现实中的或幻想中的动物作为崇拜对象，是对狩猎时期原始人群现实生存状态的某种反映。这一时期的人类还未能将自身与动物真正区分开来，认为动物和人一样有情感和灵魂。而以狩猎为生的先民们为了生存的需要，又不得不捕杀动物。由于惧怕有情感和有灵魂的动物予以报复，于是便对动物进行膜拜，以求得宽宥与谅解。与此同时，原始人在动物面前常感到自身弱小无力，于是，便产生了对动物的惧怕与敬畏，进而产生动物崇拜。

人们在位于法国南部的德鲁瓦·弗雷尔山旧石器时代遗址洞穴里，发现了半人半兽形状的"兽主"像；在位于小亚细亚的萨勒特·许余克新石器时代遗址里，发现了约七千年前的原始祭台及壁画中的"雄牛"与"兀鹰"。中国古代也毫无例外地盛行过动物崇拜。《山海经》中记载的无论是传说中的历史人物还是各种神灵，都被描写成与动物相关：《南山经》中的神灵与鸟、龙相关；《西山经》中的神灵与马、牛、羊、虎、豹相关；《北山经》中的神灵与蛇、马、猪相关；《东山经》和《中山经》中的神灵也都与动物相关。而传说中的历史人物则被描写成"人面兽身"，其中人兽或兽兽合体的动物，除了龙具有神秘性、幻化性外，其他都是中国古代常见的、与人们生活密切相关的动物。其结果是，将与人们现实生存状态密切相关的对象予以神化，并加以敬畏、膜拜。

原始人思维中出现的万物有灵、灵魂无处不在无时不有的观念，也反映在中国古代的祭祀制度中，并通过儒家经典记载下来："燔柴于泰坛，祭天也；瘗埋于泰折，祭地也；用骍犊。埋少牢于泰昭，祭时也；相近于坎坛，祭寒暑也。王宫，祭日也；夜明，祭月也；幽宗，祭星也；雩宗，祭水旱也；四坎坛，祭四方也。山林、川谷、丘陵，能出云为风雨，见怪物皆曰神。有天下者祭百神。"（《礼记·祭法》）

"万物有灵"的观念，既是先民们在科技极不发达时期对扑朔迷离

的世界的一种直觉，亦是在自然界变幻莫测的种种现象启示下，探索大自然与人类自身奥秘的一种原始思维成果。"原始思维和我们的思维一样，关心事物发生的原因，但它是循着根本不同的方向去寻找这些原因的。原始思维是在一个到处都有着无数神秘力量在经常起作用，或者即将起作用的世界中进行活动的。简而言之，看得见的世界和看不见的世界是统一的，在任何时刻里，看得见的世界的事件都取决于看不见的力量。"①原始思维的"神秘"性，使其不把自然存在的客观实在与人们在这种实在中所感知到的主观的、精神的、情感的东西相区分。

在先民们看来，正是这种"看不见的力量"，主宰着人类的一切，并令人恐惧与敬畏。于是，在"万物有灵"观念影响下，先民们逐渐萌发了敬畏之心。在敬畏之心的驱使下，又相继产生了自然崇拜、图腾崇拜、祖先崇拜、生殖崇拜等原始宗教形式。这些原始宗教形式，映现着原始人的思维观念。因为"人类在其发展的低级阶段，没有把自己和自然界区分开来，人把自然界的事物和现象在他身上产生的印象和感觉，看作是它们的特性。人把实在的、非神灵的事物现象转化为神灵的、幻想的实体"②。"万物有灵"观念，使得先人们十分关注各种"神灵"的存在，因为他们无处不感到这些"神灵的、幻想的实体"的作用。

在万物有灵论的启示下，先民们认为，不仅一切自然物、自然现象都像人一样有意志、有性格，而且自然界之万事万物各有神司。对此，中国先秦时期的经典文本大都有记载：《山海经》中有关功能神祇的记载甚多，有称谓的就有三十余位，只言其貌、不著其名者更是难以计数。日、月、风、云、雷、电、雨、旱、土、山、海、水皆有其神。如水神共工、土神后土、火神祝融、海神禺虢、雨神屏翳、旱神女魃、时间之神噎鸣等；《尚书·舜典》对此也有论说："舜让于德，弗嗣……肆类于上帝，禋于六宗，望于山川，遍于群神"；《左传·昭公元年》对此

---

① [法]列维-布留尔:《原始思维》,丁由译,北京:商务印书馆1981年版,第418页。

② [苏]C.Ш.加巴拉耶夫:《费尔巴哈的唯物主义》,涂纪亮、余传金译,北京:科学出版社1959年版,第31页。

亦有记载："山川之神，则水、旱、疠疫之灾，于是乎禜之；日月星辰之神，则雪、霜、风、雨之不时，于是乎禜之"；《礼记·祭法》还强调："山林、川谷、丘陵，能出云为风雨，见怪物皆曰神。有天下者祭百神。"

由上可见，远古社会出现的各种形式的祭祀活动（"禜"），大多与人们信奉万物有灵论有关。正因为万物有灵，大自然神圣不可触犯，所以人类必须怀揣一颗敬畏之心，唯有敬畏自然、敬畏万物、敬畏生命，才可避免灾难的降临。在此意义上说，万物有灵论为儒家敬畏观的创生提供了心理启示。

第二节 "天人合德"的训诫

《诗经》云："敬之敬之，天维显思，命不易哉。无曰高高在上，陟降厥士，日监在兹。维予小子，不聪敬止。日就月将，学有缉熙于光明。佛时仔肩，示我显德行。"（《诗经·周颂·敬之》）在诗人看来，上天是如此明察，人们一定要敬畏上天。知天命不容易，不要以为上天高高在上、远离人群而不知晓世间人们的所作所为，要知道天的使者不断往返于天地之间，时刻注视着人间。因此，人生在世，应敬畏上天、体悟上天的使命，使自己的所作所为都合乎天命，从而拥有高洁的德行。

儒家对人之所以要敬畏上天，给出了明确的缘由，《诗经·大雅·烝民》有云："天生烝民，有物有则；民之秉彝，好是懿德。"意思是天是宇宙万物的主宰，上天创生万物，为其制定各种法则，并赋予人以仁义礼智信等美好德性。因此，天意是不可违背的。正因为"天地之大德曰生"，所以《易传·文言传》主张：人们应该"与天地合其德，与日月合其明，与四时合其序，与鬼神合其吉凶，先天而天弗违，后天而奉天时"。人只有通过敬畏天命，与天合德，方能修德成圣。

在中国古代，"天"的含义颇多。在甲骨文中，"天"字是大头人的形象，寓意人之顶巅，作"大"或"上"解。商末周初，"天"被用以指称人们头顶上的苍天。由于茫茫苍天被认为是"神"的住所，于是"天"又成为至上神的代称。在后来的历史发展中，"天"逐渐具有了以下三种基本含义。

一是"自然之天"。意为：人们仰望的"苍天"与俯视的"大地"，均无情感意志与主宰能力，只是一种自然而然的存在。孔子曰："天何言哉？四时行焉，百物生焉，天何言哉！"（《论语·阳货》）"天"并没有对"四时""百物"有所"言"、有所"为"，"四时""百物"只是按其自性而运转、生长。老子云："希言自然。故飘风不终朝，骤雨不终日，孰为此者？天地。"（《道德经》二十三章）庄子言："死生，命也。其有夜旦之常，天也。人之有所不得与，皆物之情也。"（《庄子·大宗师》）在老、庄看来，万物的存在与演化，是自然而然、原本如此的，绝无冥冥之中的主宰者。人们体会这种蕴于万物中的自然之质，并顺而行之，就可达到理想的"无为"生活。荀子进而认为："天行有常，不为尧存，不为桀亡。应之以治则吉，应之以乱则凶。"（《荀子·天论》）

二是"命运之天"或"意志之天"。意为："天"具有人类般的喜怒哀乐之情，并拥有超自然、超人力的神功，能够扬善惩恶、控制社会和人事。如《诗经·大雅·下武》曰："于万斯年，受天之祜。"《尚书·洪范》亦云："王访于箕子。王乃言曰：'呜呼！箕子，惟天阴骘下民，相协厥居，我不知其彝伦攸叙'。"《墨子·天志上》认为："以祭祀上帝鬼神，而求祈福于天。"信仰"天"之神力能够决定人间祸福及王朝兴灭，是中国古代根深蒂固、源远流长的观念。孔子虽有"天何言哉"的感叹，但又主张"君子有三畏：畏天命，畏大人，畏圣人之言"（《论语·季氏》）。他认为"天"是有意志的、"天命"（必然性、法则）是人与社会皆无法与之抗衡的。朱熹在对孔子"五十而知天命"作注时这样写道："天命，即天道之流行，而赋予物者，乃事物

所以当然之故也。知此，则知极其精，而不惑又不足言矣。"①儒家在"自然之天"之上，又赋予其"天命""意志"，这就使得"自然之天"拥有了"当然之故"。由是，人生天地间，就不应只是顺应天命（"无为"），而是还应领悟"天命"（"知天命"），将"我命"与"天命"相勾连，从而觉解"我命"、知晓"天命"，"不知命，无以为君子也"（《论语·尧曰》）。

三是"义理道德之天"。意即：天作为本体具有创生之大用，契悟此本体的主要进路，是由充满道德情感的道德实践而达于心性本体的体证方法。具体而言，就是通过道德践履，达至人的德性本原，进而透彻宇宙本原。从西周至春秋战国，由于诸子学兴起，人们经过理性洗礼，也就赋予了天新的意蕴：天是具有义理道德的。将天道德化，并把天作为形上道体来看的观念，反映出古代人本思想在冲破权威神的笼罩下逐渐萌发。这种义理道德之天，已将天视作宇宙万物的最终本原。孔子虽然在一定意义上，将人们的穷困失意归之于人力不可损益之"天命"，但又强调奋发努力之必要，孜孜于求道、言道、行道，以期"知天命"，并试图以儒者之"道"去挽救无道之天下。他将"天命"之内容归结为仁义道德，并将之诠释为天所赋之正理。鉴于此，孔子自觉肩负起推廓且践行仁义道德的使命，从而生发出强大的精神动力，纵使被人讥笑为"丧家之犬"亦仍然"知其不可而为之"！因为孔子坚信："天生德于予，桓魋其如予何？"（《论语·述而》）受孔子启发，孟子亦赋予天以道德属性："诚者，天之道也；思诚者，人之道也。"（《孟子·离娄上》）天赐给人以先天的善性，而圣贤又能通过善性以通天："尽其心者，知其性也；知其性，则知天矣。"（《孟子·尽心上》）这无疑是"天人合一"思想的最初表达。

汉代的董仲舒对"义理之天"或"道德之天"亦有独特见解。此见解集中体现在其著名的天人感应论之中。董仲舒构筑于"万物一体"基础之上的天人感应论认为，"天生万物"，人也是"天所生"，因而与

---

① 朱熹：《四书集注》，长沙：岳麓书社1985年版，第78页。

"天"相"类"。因此，"为生不能为人，为人者天也。人之为人本于天，天亦人之曾祖父也，此人之所以乃上类天也"①。而"天意"即"仁义"，人必须遵循之、敬畏之。人间的伦理道德是"天理"体现在人身上之"性"即"天性"，"明于天性，知自贵于物；知自贵于物，然后知仁谊；知仁谊，然后重礼节；重礼节，然后安处善；安处善，然后乐循理；乐循理，然后谓之君子"②。"君子"之所以为"君子"，就在于能够明"天性"——"天理"在人身上体现出来的伦理道德，从而将这种仁义道德内化为德性，外显为德行。南宋朱熹从天理与人欲的角度对天人关系进行了集中论述，他将天理视为"三纲五常"，将违反"三纲五常"的思想和行为，说成是与"天理"不能并存的"人欲"，"人欲"是万恶之源，因此，要存天理，必须灭人欲③。

人们出于对"天""天命"或"天道"的崇拜与敬畏，就会自然而然地认为，"天地"创生万物又滋养万物，人不过是万物中之一物，理应效法"天道"以为"人道"。于是民间便将祭桌上的牌位列为：天、地、君、亲、师。这既包含着人们对"天"生养万物之高德的敬仰，也蕴涵着人们对难以捉摸且又无时无刻不在决定着社会运行和人类生活的天道的敬畏。随着对"天""天命"或"天道"认识的深化，先哲们便逐渐将其形上化、观念化，从而上升为人世间的一切价值之源，并将"天意"视为生活世界之行为准则。于是，"顺天者存，逆天者亡"，敬畏天，效法天，应天时，顺地理，便成为天经地义的人间律令。

既然天是人敬畏、效法的对象，因此，"郊社之礼，所以事上帝也"（《礼记·中庸》）。周代冬至祭天曰"郊"，夏至祭地称"社"。"郊社"之礼将祭祀天地作为朝廷吉礼中的第一礼仪，其根本目的就在于要

---

① 董仲舒：《春秋繁露》，张世亮、钟肇鹏、周桂钿译注，北京：中华书局2017年版，第398页。

② 班固：《汉书》卷五十六，北京：中华书局2000年版，第1913页。

③ 此处所说之"人欲"，并不涵盖人的正常欲望和要求，而是指人们极度膨胀的私欲。对此，朱熹在《朱子语类》八卷本中曾多次予以强调。

人们敬畏、效法天地。对此，孟子也主张："存其心，养其性，所以事天也。夭寿不贰，修身以俟之，所以立命也。"（《孟子·尽心上》）在此，"心性"已成为沟通天人关系的桥梁，人应该坚守天赋予自己的良知、本心，唯有不"放其心"，方能修身养性、知天事天。鉴于此，古代贤哲大都将"人间"创制的业绩，归功于"上天"对"人"的佑护与导引、"人"对"上天"的尽心与知性。由于天人同心，万物一体，人们唯有调整自己的行为以顺应日月运行，方能与"天命"或"天道"相契合，从而实现美好的愿望与理想。"万物一体"意味着天、地、人在本质上是圆融无碍、融会贯通的。"三才"之道亦即"天人合一"之道。先秦时期专门记载天时规律的《礼记·月令》，以四时为总纲、十二个月为细目，记述天文历法、自然物候、物理时空，王者以此来安排生产生活的政令、法令、禁令。《月令》还将这些"令"纳入五行相生的系统之中，以说明日月星辰变化，动植物的物候特征与人们行为之间的对应关系，以期强调应禁忌、敬畏的对象。

在先哲们看来，天人之所以必须合一、合德，还在于天人之间是相互应验的。《尚书·洪范》将自然灾异与人事行为是否端正联系起来。《春秋》言灾异述天道，认为人类的行为会上感于天，而天则会依据人类行为的正邪善恶下应于人。天应于人的方式是用灾异谴告来警示人，使人反省改过。《吕氏春秋·明理》则将灾异分为不同的类型，认为各种灾异都是天人感应的结果。因此，其主张在适当时机应规劝国君正刑与德，以事上天。《诗经·小雅·十月之交》曾将当时发生地震及日食等反常自然现象之原因，归结为朝廷不用其良、小人专权；《吕氏春秋·顺民》还将成汤以民为本、为民祈雨并勇于自责的精神，称为"圣德"。这种"圣德"即是"天人合德"。

在先秦儒家看来，虽然"天"是赋予"人"以吉凶祸福的存在，也是主宰王朝命运的存在，人世间的一切皆由"天命"掌控，但这并不意味着"人"只能拜倒在"天命"的脚下，无所作为，而是应该在"畏天命"的基础上，通过对天命的遵循、把握，与天的意志相匹配，从而

"知天命"，在认识、遵循不以人的意志为转移的自然法则或社会律令的基础上，顺势利导地利用法则或律令推动社会进步。

儒家之所以极力告诫人们要以德配天、与天合德，还在于"诚者天之道也，诚之者，人之道也"（《礼记·中庸》）。人通过发扬天道之"诚"，知晓万物之化育，从而与天合德。至于怎样与天合德，《左传·昭公二十五年》曰："夫礼，天之经也，地之义也，民之行也。天地之经，而民实则之。""礼"作为古代社会的典章制度与法规定则，是"天经地义"、不容置疑的，是必须敬畏与遵守的，否则必将受到惩处。在此，先哲无疑已将遵"礼"视为贯通天人且使天人合德之"方"。

当代法国哲学家保罗·里克尔在《恶的象征》中指出："经由害怕而不是经由爱，人类才进入伦理世界……畏惧从开始就包含了后来的所有要素，因为它自身隐藏着自己消失的秘密；由于它已经是伦理的畏惧，而不仅仅是肉体上的害怕，因此所畏惧的危险本身是伦理的。"[1]在此意义上说，"伦理"及其道德规范内在地具有"畏惧"的内涵，中国传统文化崇奉的"天人合德"，亦是在"害怕""畏惧""敬畏"的基础上催生的一种最基本的道德规范。儒家强调"天人合德"，往往将天生异象与人世间的现实互相观照参证，在以自己的方式解释不可知的自然现象和未知世界时，逐渐形成了传统的敬畏意识。

纵观人类历史，天灾从未断绝，人祸亦从未根除，人们期盼善有善报，德福相合。人们相信：效法天德，崇德向善，就会自天佑之，吉无不利，否则将受到上天的警告惩罚，"获罪于天，无所祷也"（《论语·八佾》）。敬畏天德，与天合德，是儒家追求的理想境界，也是儒家敬畏观缘起的道德根基。

---

① ［法］保罗·里克尔：《恶的象征》，公车译，上海：上海世纪出版集团2005年版，第27页。

第三节　"允执厥中"的忠告

《尚书·大禹谟》有云："人心惟危,道心惟微,惟精惟一,允执厥中。"意即:人心难易其诈,道心难得其真,求真须精纯专一,治世须守中固善。据传,这被誉为儒家的"十六字心诀",源于尧舜禹禅让的故事:当尧将帝位传给舜、舜将帝位传给禹时,所托付的是天下与百姓的重任,是华夏文明的火种,这需要继位者拥有中正不偏、秉公无私的品格,真诚地保持"惟精惟一"之"中"道。《论语·尧曰》篇对此又加以引申、发挥,尧曰:"咨!尔舜!天之历数在尔躬,允执其中。"在此,"天之历数"即"天命","中"即"中道"。"天之历数"的"数",与"舜得河图""禹得洛书""文王演《周易》"的传统,共同构成了传世文献的脉络。"允执厥中"是尧传于舜的治国真言,它告诫人们凡事不可偏离"中道"("天道"抑或"中庸"之道)。孔子曰:"中庸之为德也,其至矣乎!民鲜久矣。"(《论语·雍也》)"中庸"乃最高的道德,百姓已经很久未能拥有了。中庸之德之所以"民鲜久矣",关键在于人们难以遵循"礼"的要求坚守"中道"。而循"礼"莫过于"敬",唯有保持一颗敬重或敬畏之心,中庸之道方能长存。

上述"十六字心诀"既奠定了先秦儒家形上之道的理论根基,亦成为人们日用常行的基本规范。孟子的"心性论"成为儒家学者诠释"十六字心诀"的主要经典理据。"人心"何以"惟危"?依孟子之见,虽然人性本善,但由于现实社会中各种欲望的诱惑、影响,原本的善心会被恶的观念所侵袭或遮盖,从而变得狡诈虚伪、利欲熏心,于是,人心就有了变恶的可能,因此言"人心"危险难测。为了恢复人的善良本性,必须求放心、养其性,方能成为拥有"浩然之气"的"大丈夫"。

在孟子看来,"人之所以异于禽兽者几希,庶民去之,君子存之。舜明于庶物,察于人伦,由仁义行,非行仁义也"(《孟子·离娄

下》）。人与动物的差别不大，其主要差别就在于人能够"明于庶物，察于人伦"；就在于人先天地具有恻隐、羞恶、辞让、是非之心。因此，"无恻隐之心，非人也；无羞恶之心，非人也；无辞让之心，非人也；无是非之心，非人也"（《孟子·公孙丑上》）。人性与人心原本就是合二而一的，人性即人心，人心即人性。从人之所以为人，从不学而能、不虑而知的天赋角度看，是人性；从其居于人的内心，支配人的思想和行为的角度看，则是人心。因此，人的本心、本性就其本原而言是善的。正是这种本原的"善"，构成了人为仁向善的根基。人先天拥有的恻隐、羞恶、辞让、是非之心，正是人为仁向善的端倪："恻隐之心，仁之端也；羞恶之心，义之端也；辞让之心，礼之端也；是非之心，智之端也。"（《孟子·公孙丑上》）儒家所倡扬的仁义礼智，并非"外铄"于人的，而是根源于人心、人性中"固有"的："仁义礼智，非由外铄我也，我固有之也。"（《孟子·告子上》）孟子心性论的确立，无疑为儒家所倡导的仁义之道、中庸之道，首次寻找到了理论依据。

孟子的心性论以性善为基础，以心性不二为核心，以天人贯通为特征。该心性论的确立，在儒学发展史上具有重大意义：它不仅为孔子的"仁学"以及倡导的中庸之道寻找到了形上依据，并使其成为不仅切实可行，而且令人信服的学说，更为重要的是，它还将人与天、自我与外物勾连起来，从而为后儒的"仁者与万物一体"思想开启了先河。

由于道心幽微难明、玄妙深奥——"道心惟微"，放心、养性并非易事，因而就需要进行长期的耐心坚守、磨炼锻铸，方可达至"惟精惟一"。古代禅师之所以强调"染缘易就，道业难成"，就在于精心修道不易，而受尘世习染不难。儒家的心性修养亦是如此，修养心性如无法做到"惟精惟一"，就难以挣脱现实社会的纷扰、抵御外部物欲的引诱。心性倘若不能精纯专一，便有可能遮蔽善良本性，进而误入歧途。于是，孟子对"见而知之"和"闻而知之"的认知能力进行了区分，"未尝闻君子道，谓之不聪。未尝见贤人，谓之不明。闻君子道而不知其君子道也，谓之不圣。见贤人而不知其有德也，谓之不智。见而知之，智

也。闻而知之，圣也"①。唯有既能"见而知之"，又能"闻而知之"，方是"惟精惟一"的"圣且智"之人。

"惟精惟一"与"允执厥中"密切关联，圣人由于有"大知"，既能"闻而知之"，亦能"见而知之"，所以善于"允执厥中"。《礼记·中庸》曾如是记载："子曰：'舜其大知也与！舜好问而好察迩言，隐恶而扬善，执其两端，用其中于民，其斯以为舜乎！'"舜心性精纯专一，且善于用中庸之道治理民众，不走极端，因而拥有"允执厥中"的大智慧。朱熹在《中庸章句》中也曾说过："此篇乃孔门传授心法，子思恐其久而差也，故笔之于书，以授孟子。"②这就明确指出了孟子思想中蕴涵的中庸"心法"是由孔门弟子子思（孔子之孙）所传授。

如果说，心性不二是孟学的核心，那么，心性二分，以及由心性二分而引起天人二分，则是荀学的基本特征。孟子把心理解为人之为人的本心，与此不同的是，荀子则把心主要理解为感官认知之心："治之要在于知道。人何以知道？曰：心。"（《荀子·解蔽》）诚然，荀子有时也会将心理解为身之主宰："心者，形之君也，而神明之主也，出令而无所受令。"（《荀子·解蔽》）然而，无论是感官认知之心，还是身之主宰之心，在荀子那里，心与性之关涉皆没有孟子理解得那么紧密。

对"十六字心诀"的理解，荀子也明显不同于孟子。荀子曰："'人心之危，道心之微。'危微之几，惟明君子而后能知之。"（《荀子·解蔽》）荀子在此强调的是"治心之道"，认为唯君子能"明于道"。在某种意义上说，对于孔子的思想，孟子侧重于发挥"内圣"理念，而荀子则偏重于发挥"外王"观点。这样讲，并不意味着荀子不关注"心性"（内圣）问题，而是说荀子比较注重强调在推崇三代善政的基础上，应加强道心修养，并将尧舜禹视为"内圣外王"之典范："主道知人，臣道知事。故舜之治天下，不以事诏而万物成。农精于田，而

---

① 李零：《郭店楚简校读记》（增订本），北京：中国人民大学出版社2007年版，第102页。

② 朱熹：《四书集注》，长沙：岳麓书社1985年版，第29页。

不可以为田师，工贾亦然。"（《荀子·大略》）在荀子看来，君王治政之道，在于理解人事；大臣治政之道，在于精通政事。之前，舜治理天下，不用对具体事下诏，事情便自然而成。治理未必要事无巨细，犹如农夫精通于种地，却未必能成为优秀的农事技师，工商亦如此。问题的关键，不在于"明于事"而在于"明于道"。

荀子还对舜是如何达到"不以事诏而万物成"的问题进行了分析："昔者舜之治天下也，不以事诏而万物成。处一危之，其荣满侧；养一之微，荣矣而未知。故《道经》曰：'人心之危，道心之微。'"（《荀子·解蔽》）在此，"人心"与"道心"只存在程度之别而并非决然对立。故"仁者之行道也，无为也；圣人之行道也，无强也。仁者之思也恭；圣人之思也乐"（《荀子·解蔽》）。在荀子看来，仁者境界是恭谨；圣人境界是和乐，即自在无为（"微"）的圣境。"人心惟危，道心惟微"并非指人心私欲危险，道心精微难知，而是强调修心应戒惧自省，而成就大道在于自在无为。圣人"纵其欲，兼其情"，只要是处于合理之度内，依然是在"行道"。可见，荀子并不绝对排斥人之欲望，而只是要求欲望之适度、合理。在人心与道心之间没有不可逾越的鸿沟。

朱熹对"十六字心诀"的理解大致与孟子相近。"尧之一言，至矣尽矣，而舜复益之以三言者，则所以明夫尧之一言，必如是而后可庶几也。"[1]朱熹进而认为："心之虚灵知觉，一而已矣，而以为有人心道心之异者，则以其或生于形气之私，或原于性命之正，而所以为知觉者不同，是以或危殆而不安，或微妙而难见耳。然人莫不有是形，故虽上智，不能无人心，亦莫不有是性，故虽下愚，不能无道心。二者杂于方寸之间，而不知所以治之，则危者愈危，微者愈微，而天理之公，卒无以胜夫人欲之私矣。精则察夫二者之间而不杂也，一则守其本心之正而不离也。从事于斯，无少间断，必使道心常为一身之主，而人心每听命

① 朱熹：《四书集注》，长沙：岳麓书社1985年版，第25页。

焉，则危者安，微者著，而动静云为，自无过不及之差矣。"①正因为"人心惟危，道心惟微"，所以"人心"很容易被物欲所蒙蔽，难以安宁，因而难以抵御对声色货利的欲望与追求，极易产生贪嗔痴爱的念想，从而昧天良于昏暗不明之中，危害至善本性的"道心"，致使"道心"逐渐衰微。对此，治国者不可固守旧制，须因事为制、随机应变。与此同时，他们需要知其"危"，知其所以"危"，通过积极疏导，防微杜渐、未雨绸缪，不偏不倚地遵循"天道"（规律、法则），从而守中固善，治国理政。

正因为"人心惟危，道心惟微"，只有精心专意，诚挚地秉执中正之道，才能治理好国家。如果不发明道心，限制人心，将会家国难保、社稷难守。因此，尧告诫舜："'尔舜！天之历数在尔躬，允执其中。四海困穷，天禄永终。'舜亦以命禹。"（《论语·尧曰》）正因为尧舜秉承了"允执厥中"的忠告，方成为上古时期中华民族涵养心灵、文明治世的典范，造就了麒麟在野、凤凰鸣山，夜不闭户、路不拾遗的尧天舜日。之所以应"允执厥中"抑或"允执其中"，《易传·文言传》有云："君子黄中通理，正位居体，美在其中，而畅于四支，发于事业，美之至也。"在古人看来，"黄中"的集中点即是上丹田，田是土地之意，上丹田位居人的中央，五行中央属土，色黄，故谓之"黄中"。古人将"黄中"视为人的生命之源，先天地生，位居天地之中，主宰人的一切功能。所谓"黄中通理"，意即"黄中"能够通理尽性达天命，执中精一万法通。"允执厥中"即要求治国理政者，应以不偏不倚的务实态度，敬畏天命、秉承天命、把捉天命，以中庸之道统率治国纲领，依凭天道固善守"中"。

在孔子看来，"舜其大知也与！舜好问而好察迩言，隐恶而扬善，执其两端，用其中于民"（《礼记·中庸》）。"执其两端，用其中于民"即"允执厥中"，也就是以公正之心敬畏天命、仁爱万物。"取诸人以为善，是与人为善者也。故君子莫大乎与人为善。"（《孟子·公孙丑

① 朱熹：《四书集注》，长沙：岳麓书社1985年版，第25页。

上》）在孟子看来，君子最高的德行就是与他者一道信善、行善。

司马迁在《史记》中曾描述、赞美古圣王帝喾高辛"仁而威，惠而信，修身而天下服"[1]、帝尧"其仁如天，其知如神"[2]、帝禹"其德不违，其仁可亲，其言可信"[3]、周初文王"笃仁，敬老，慈少。礼下贤者"[4]等善德仁政。此善德仁政是建立在仁爱之心、敬畏之心基础之上的，氤氲着公正无私、"允执厥中"的渊懑。司马迁著《史记》，在全书编纂的总体设计上，将"本纪"列在其他四种体裁之前，突出了其深邃的历史哲学意识和严谨的信史精神。十二本纪"包举大端"，提纲挈领记述政治、经济、军事、民族、文化等重大事件，构成了全书的主干。其余篇章，或表，或书，或世家，或列传，都与本纪相应和，彰显中华民族自文明初始至汉代历史演进的大趋势，从而使这部鸿篇巨制成为前后相继、上下贯通的有机体系。与此同时，本纪所载，重在凸显政治治理之得失，彰明其盛衰兴坏之理，展露了司马迁撰写历史著作所秉持的客观立场以及对"允执厥中"忠告的信奉，从而使时人及后人对中华民族的浩瀚历史充满了敬畏之情。

由上可见，"允执厥中"的忠告，体现在《尚书》《周易》《论语》《中庸》《孟子》《荀子》《史记》《四书集注》等一系列儒家经典之中。尧舜等先王圣哲的遗训，印证了儒家对远古圣王的美德善政的推崇，而这些美德善政又启迪后世历代君王对上天大命的敬畏。这种敬畏，既需要人们以"允执厥中"的理想和信仰来加以确证，亦需要人们将"允执厥中"的理想和信仰化为实际的行动予以践行。"允执厥中"的忠告，为儒家敬畏意识的创生奠定了形上理据。

---

[1] 司马迁：《史记》第一册,北京：中华书局1975年版,第13页。

[2] 司马迁：《史记》第一册,北京：中华书局1975年版,第15页。

[3] 司马迁：《史记》第一册,北京：中华书局1975年版,第51页。

[4] 司马迁：《史记》第一册,北京：中华书局1975年版,第116页。

第四节 "系于苞桑"的忧患

《周易·否·九五》有云:"休否,大人吉;其亡其亡,系于苞桑。"意即经过"九四"艰苦卓绝的努力,否卦闭塞不通的状态结束了,呈现出吉祥之"象"。"苞桑"乃桑树之本,桑树虽枝条稀疏但根系强大,坚固可靠。按照易理而论,"苞桑"乃泰否、安危、治乱、存亡之所依。泰否、安危、治乱、存亡,一体两面,相辅相成。君子唯有泰而不忘否,安而不忘危,治而不忘乱,存而不忘亡,才能置身于安稳之地,行动于安全之道。如马要逃亡,系之于茂盛的桑树上,既防逃亡又防饥饿,意为危而取安之道。对此,唐代孔颖达在《周易正义》中注疏:"苞,本也。凡物系于桑之苞本,则牢固也。""若能其亡其亡,以自戒慎,则有系于苞桑之固,无倾危也。"后世所谓"人君当守苞桑戒"的警示,意即要求人们应时刻拥有"系于苞桑"的忧患意识。

《诗经》中"忧"字作为首字曾出现二十余次,譬如:"忧心孔疚""忧心如醒""忧心如薰""忧心殷殷"等。正所谓:"知我者谓我心忧,不知我者谓我何求。"(《诗经·王风·黍离》)这种"心忧",既体现了众人皆醉我独醒的睿智,亦表露了心智高于常人的哀怨。这种"心忧"之悲,还在于哀怨诉之于人却难得回应,只能仰天长啸:"悠悠苍天,此何人哉?"(《诗经·王风·黍离》)

《尚书》亦饱含忧患意识,尤其是《康诰》篇,更透露出一种自慎、自勉的智者心态。《康诰》是周公姬旦代成王向卫国康叔封发布的治国令词。周朝克殷之后二年,武王积劳成疾去世。此时,年幼的成王姬诵即位。周公从国家大局出发,主动承担起治国理政的大任,代成王摄政当国。成王即位三年(公元前1040年)时,发生了武庚挑起的"三监之乱",周公奉成王命果断率师东征,及时予以平定。平定"三监之乱"后,周公便把殷商的京畿之地及殷遗民七族封给康叔,建立了卫国。因

担心康叔年轻，且没有统治经验，封卫后治理不好殷人故地，特向康叔发布了《康诰》。《康诰》不仅是卫国治国理政的典章，为康叔提供了在政教与刑罚等方面需要把握的安邦良策，而且也从深层展示出周王朝的德政理念，体现了周公高瞻远瞩、审时度势、未雨绸缪的忧患意识。《康诰》还强调百姓似水，君王似舟，水可载舟亦可覆舟之哲理；倡导"明法慎罚"的执政理念与治国方略，要顾念百姓的善德，宽缓其徭役，丰足其衣食，眷顾其德行。欲使国家稳定，民众安居，必须德法兼顾。民心安，则国盛；民若乐，则政通。"唯王受殷民而安之，王方受保殷民。""若惟为威虐于民，放弃王威是也。"（《尚书·康诰》）

　　忧患意识亦体现于《左传》之中："善则赏之、过则匡之、患则救之、失则革之。"（《左传·襄公十四年》）其主张为政要赏罚分明、居安思危、革故鼎新，强调国家、民族、个人在生存和发展的过程中，坦途与荆棘、顺境与逆境、成功与失败、幸运与灾难往往交替出现，唯有增强忧患意识，方能战胜艰难险阻，走向光明的未来。

　　人类历史总是在曲折中前进、在奋进中发展。历史进程往往是机遇与挑战并存、出路与危机共生。忧患意识有助于中华民族在社会演进过程中始终保持清醒的认识。《易·系辞传下》的作者曾发出过"作《易》者，其有忧患乎"的感叹。作《易》者的忧患，来自"小邦周"要战胜"大国殷"所面临的重重艰难险阻。文王、周公作《易》的时代背景，为殷周之际的政治变革，因而整个"易道"所凸显的是"朝乾夕惕""居安思危""困穷而通"的忧患意识。苏洵在《史论》中也曾发出过"史何为而作乎？其有忧也"的喟叹。忧患意识不是盲目的恐惧、绝望，而是一种敢于承担社会责任的人文情怀，是对国家和民族命运的自觉担当，是中华文明历经磨难而世代相继的精神支柱和力量源泉。正可谓："忧劳可以兴国，逸豫可以亡身。"①

　　天崩地坼的春秋时期，"天"所具有的人格神色彩，因为"德"的凸显而被逐渐弱化。于是，此时的敬畏意识在西周初年表现为强烈的忧

① 欧阳修：《新五代史》第二册，徐无党注，北京：中华书局1974年版，第397页。

患意识，其标志性事件即是周公"制礼作乐"。"制礼作乐"体现的是周代先民人文精神的勃发。到了西周末年，由于种种原因"天""德"等观念也遭到怀疑。春秋末年，孔子以恢复周礼为使命，敬畏意识因儒家学说的创立得到真正的萌发。敬畏意识对儒家的道德修养论产生了重大影响，催生了"慎独"之学、"诚敬"功夫等。此时敬畏意识的神学意蕴逐渐被抽离，而作为一种德性修养的功夫论，则具有了恒久的生命力。

孟子"生于忧患，死于安乐"的悲悯情怀，范仲淹"先天下之忧而忧，后天下之乐而乐"的远大抱负，东林党人"家事，国事，天下事，事事关心"的历史责任感，顾炎武"天下兴亡，匹夫有责"的主人翁意识等，都为忧患意识的形成、丰富，奠定了坚实基础、提供了醇厚的精神养料。中华民族的忧患意识已经成为世代赓续的民族精神的有机组成部分，并成为中华民族挫而复起、穷且弥坚、自强不息的精神动力。

中华民族是一个饱经沧桑的民族。古人时常提醒自己要见微知著，防患于未然。从"朝乾夕惕"到"如临深渊，如履薄冰"，充分体现了中华民族在社会发展的转折时期或关键时期的一种清醒的防范意识、预警意识与忧患意识。这种忧患意识源自自觉的危机感、紧迫感、责任感与使命感，它承载着深厚的民族精神，彰显了敢于承担人间忧患的人文情怀，是以天下为己任的时代使命感和社会责任感的集中体现。对此，司马迁有绝妙的概述："昔西伯拘羑里，演《周易》；孔子厄陈蔡，作《春秋》；屈原放逐，著《离骚》；左丘失明，厥有《国语》；孙子膑脚，而论兵法；不韦迁蜀，世传《吕览》；韩非囚秦，《说难》、《孤愤》；《诗》三百篇，大抵贤圣发愤之所为作也。"[1]正因为中华民族饱尝忧患、卧薪尝胆，方能在逆境中崛起，置之死地而后"生"。

在儒家看来，"生"即"创生"（创造生命），生即仁、即善。天地之大德曰生，人的德性秉承天地之好生之德，应顺天地阴阳之道而施仁，才能明道救时，止于至善，否则将人心不仁，天心不佑。如果缺失

---

① 司马迁：《史记》第十册,北京:中华书局1975年版,第3300页。

了对天的"敬畏",天既不会降大任于是人,亦不会成大业于是人。

中华民族的忧患意识,激发了儒士们的敬畏之心。在原始儒家那里,天命主要被理解为宇宙万物之内在的不容亵渎、不容抗拒的法则或律令,因此,君子不仅应"畏天命",而且应"知天命"。"南方有鸟焉,名曰蒙鸠,以羽为巢而编之以发,系之苇、苕。风至苕折,卵破子死。巢非不完也,所系者然也。"(《荀子·劝学》)因此,人们必须居安思危,只有"系于苞桑"之固,方能"无倾危也"。"其亡其亡,系于苞桑"的忧患意识,为儒家敬畏意识的创生提供了历史借鉴。

在后世儒家那里,"天命"不仅被视为存在于自然、社会、人生中的被理性思考着的必然之理,而且更为重要的是,它逐渐成为体现在每一个体的内在生命中不可须臾离开的安身立命之本。"是以君子之心,常存敬畏,虽不见闻,亦不敢忽,所以存天理之本然,而不使离于须臾之倾也。"[1]君子唯有常存敬畏之心,才能使自己的言行举止有所规约,道德信条趋于归正,世俗心灵得以净化,社会风气得以趋善。因为,畏则不敢肆而德以成,无畏则从其所欲而及于祸。

儒家敬畏意识的创生,规范和警示着世代国人的言行,从而对自然的合理演化、社会的有序演进、人类的文明进化起着不容低估的作用。正因为"君子之心,常存敬畏",正因为人类明智的"狂性自歇",才使得伦理的智慧之光能够普照大地,人类才不至于为所欲为,才得以拥有自己的自然和精神家园[2]。欲使社会步入正轨,避免天下大乱的结局,必须培育人们的敬畏之心,将人心安顿在一个有所"畏"的位置上,以克制人性私欲的极度膨胀。人之有所"畏"的根本,是畏人之难以把捉、难以掌控的东西。因此,孔子将"畏天命"——"畏"不以人的意志为转移的客观法则置于首要地位,以之作为"畏大人"——"畏"社会政治秩序的人格代表、"畏圣人之言"——"畏"安顿人心秩序的经

---

① 朱熹:《四书集注》,长沙:岳麓书社1985年版,第30页。

② 参见郭淑新、王建华:《敬畏伦理与社会和谐》,《光明日报》2007年9月18日第11版。

典话语的前提。

在现代社会探究儒家敬畏观创生之缘由，将有助于使人们的行为除了对规律、法则的敬畏之外，还会因敬畏自然、敬畏生命而有所忌惮。因为当"现代性将一切交予人们自己去进行决断时，一切神圣的东西都退隐到人自身活动的幕后，但是现代人并没有获得他们心中期待的美好生活。于是，眷顾传统与复魅运动席卷而来。20世纪晚近出现在中国的光复传统的情景……从特殊的视角证明了敬畏之心支持的圣人传统……对于人类生活的意义"[①]。儒家敬畏观不仅为构建中国古代"天下有道"社会奠定了心理基础、道德根基、形上理据，提供了历史借鉴，而且对于后世社会治国理政亦影响深远。

---

① 任剑涛:《敬畏之心:儒家立论及其与基督教的差异》,《哲学研究》2008年第8期,第58页。

第二章　先秦儒家自觉自律之敬畏观

先秦儒家的政治理想，虽曾遭遇"迂远而阔于事情"的"质疑"，但其哲学思想仍是富含精湛深奥的义理的。儒家不是从宗教、功利的视角去设定道德的基点，而是从人与自然、人与社会、人与人之间的和谐关系去论证伦理的价值，进而使儒家的道德哲学拥有了终极关怀的意蕴。这种具有形上意蕴的哲思，使其在"仁学"基础上构建了一套崇尚德治、仁政、礼制、教化的思想体系。孔、孟、荀作为先秦儒家的主要代表，其道德哲学中蕴涵着丰富的敬畏意识，其自觉自律的特点，构成了先秦儒家敬畏观的一道独特的风景，吸引着时人及世人去欣赏、领略、效法、反思。

第一节　孔子："君子有三畏"

孔子（公元前551—前479年），名丘，字仲尼，春秋末期鲁国陬邑（今山东曲阜）人，祖籍宋国栗邑（今河南夏邑）。他是伟大的哲学家、教育家、政治家、原典儒学创始人，曾任职鲁国司寇，后携弟子周游列国，晚年返鲁，专心执教。孔子弟子三千，贤人七十二，首开私人讲学之风，打破了"学在官府"的教育垄断，其思想对当世及后世影响至深

至远。他曾修《诗》《书》，定《礼》《乐》，序《周易》，订《春秋》，为古籍的整理编撰、文化普及传播作出了卓越贡献，被联合国教科文组织评为"世界十大文化名人"之首。《论语》二十篇，是孔子弟子及其再传弟子关于孔子及时人言行的记录、编撰，其核心思想可概约为"仁学"。

"仁"是孔子思想的核心范畴，"仁"字在《论语》中出现109次之多，其含义宽泛且多变。但"仁"的最本质的规定则是"爱人"（《论语·颜渊》）。孔子把"孝""悌"作为"仁"的根本："孝弟也者，其为仁之本欤。"（《论语·学而》）孔子的仁学思想始于亲，却非终于亲，这也是儒家的仁爱观念能够成为最普遍的道德原则的关键所在。孔子主张将仁爱由亲亲之情逐步向外推廓，惠及整个人类——"泛爱众而亲仁"（《论语·学而》），"为政以德，譬如北辰居其所而众星拱之"（《论语·为政》）；尔后再进一步将对人类的伦理关怀推及自然万物——"知者乐水，仁者乐山"（《论语·雍也》）。

对孔子的仁学思想，孟子曾作过精辟的概约："亲亲而仁民，仁民而爱物。"（《孟子·尽心上》）在孔子看来，只有"仁民"，才"能近取譬"，使"老者安之，朋友信之，少者怀之"（《论语·公冶长》）；只有"爱物"，才能"钓而不纲，弋不射宿"（《论语·述而》），把对人类的伦理关怀推及自然万物。为了不使"仁民而爱物"的思想流于空疏，孔子进而提出了"君子有三畏，畏天命，畏大人，畏圣人之言"（《论语·季氏》）的"敬畏"观，意味着只有敬畏天命、敬畏圣贤、敬畏先贤之言，才能真正使仁学理论"一以贯之"，并落到实处。

以往，有人曾将孔子的"畏天命"思想诠释为"宿命论"而加以批判。不可否认，在孔子之前，人们往往将"天"视为上帝，并认为："为善者天报之以福，为不善者天报之以祸。"（《荀子·宥坐》引子路语）但到了"天崩地裂""礼崩乐坏"的春秋时期，随着百家争鸣局面的出现，一切权威（包括上帝）都发生了根本动摇，国家化的宗教神学开始向人文主义思潮转换，在这一转换过程中，孔子面对"不迁怒，不

贰过""其心三月不违仁"的颜渊的早逝这一德福并不匹配的典型个案，不得不重新反思天人关系。孔子痛彻心扉的"天丧予"（《论语·先进》）的喟叹，促使他去对"天"以及"天命"作进一步的探究。

孔子通过对"天"的追考发出了令人折服的高论："天何言哉？四时行焉，百物生焉，天何言哉？"（《论语·阳货》）在此，孔子将"天"视作外在于人的客观必然性，"天"不曾"言"说，无所作为，但自然的大化流行所体现的方向性、目的性却是毋庸置疑的，因为自然之天有其运行之常德——"天命"。

在孔子那里，"天命"主要被理解为一种异己的客观必然性。这种必然性是人的力量所不能抗拒的。从某种意义上说，"畏天命"是孔子在为人的意志自由划界。在孔子看来，要使天人关系处于和谐顺应的状态，就要唤起人们对"天命"的敬畏之情，这样才不至于在"天"或"天命"面前变得胆大妄为、肆意造作，否则将"获罪于天，无所祷也"（《论语·八佾》）。

在孔子的仁学中，"仁"既融通于此人和彼人，也贯通于人道与天道。究天人之际，"仁"既可以沿着"天命之谓性，率性之谓道，修道之谓教"（《礼记·中庸》）的思维路向，从"天"之所"命"顺延下来，落脚到人之教化，亦可以循着"尽其心者知其性也，知其性则知天矣"（《孟子·尽心上》）的认识路径，逆推至无言的天道。孔子的仁学作了由天而人又由人而天的辩证思考，这一思考的理论结晶，体现在其由"畏天命"而去"知天命"的思想进路之中——"不知命，无以为君子也。"（《论语·尧曰》）

在孔子看来，君子之所以"畏天命"，是因为君子"知天命"，而"小人不知天命而不畏也"（《论语·季氏》），只有"畏天命"，方能觉解到人的自由的界限。追求自由虽然是人的天性，尽管应充分肯定人的正当欲望，但同时也应看到放纵天性、放飞欲望、挑战自然、社会的禁忌，缺失对自然、社会、生命的敬畏，最终将会受到训诫和惩治的后果。

当时的孔子不仅已感知到"天命"的存在和其对人事的作用，而且还意识到这种存在和作用具有一定的神秘性，难以真正被人知晓。既然天命难知，也就自然要"畏天命"了。这是一种十分明智的态度，正是这种态度使得孔子在大自然面前具有虚怀若谷的圣人气象。正由于此，孔子的弟子才如是说："夫子之文章，可得而闻也，夫子之言性与天道，不可得而闻也。"（《论语·公冶长》）可知的"天命"并非不可"言"，但"天命"的未可尽"知"、未可尽"言"，则注定了必须"默而识之"（《论语·述而》）。鉴于此，孔子在知"天命"甚少的情况下，便提出"不语：怪、力、乱、神"（《论语·述而》）等与天命相关的问题。

这种氤氲着大智大慧的"默而识之"启示人们："知之为知之，不知为不知，是知也。"（《论语·为政》）也许对于哲人来说，"知""不知"，亦即真正的"智"。

孔子由"畏天命"而去"知天命"，这"畏"（敬畏）与"知"（觉知）的贯通，是其自我生命对大化流行的天道的体悟、印证与契合，也是其"人能弘道，非道弘人"的主体意识在其生命深层的勃发、流动。"文王既没，文不在兹乎"（《论语·子罕》）的信念，成就了孔子以"致道""弘道"为己任，并"知其不可而为之"的非可撼摇、不屈不挠的崇高志向。

诚然，孔子也深切感悟到：人的"有限"生命难以揭示"无限"的天命。于是乎，他提出："子绝四：毋意，毋必，毋固，毋我。"（《论语·子罕》）这种理智且谦恭的态度，是对"人类中心论"的合理扬弃。

"听其言而观其行"（《论语·公冶长》），知行不二的信念，使得孔子在处理自然万物与人的关系时显得十分慎重。子曰："钓而不纲，弋不射宿。"（《论语·述而》）即认为：自然万物只有在保证其能够正常繁衍、可持续再生的情况下，才能作为人类的生活资料。可见，孔子不仅在理论上，而且在行动上都强调要把对人类、社会的伦理关怀推廓至自然万物。难怪有学者主张应该将《论语》中的一段话"伤人乎？不

问马"（《论语·乡党》）的标点重新加以"句读"，即"句读"为："伤人乎？不。问马。"其主要原因就在于，作为具有圣人胸襟的孔子，不仅关爱着人类，而且关怀着物类，乃至整个宇宙。当他退朝归来，得知马厩失火时，就理应先问人、后问马，而非"不问马"了。

"钓而不纲，弋不射宿"与先问人、后问马的题中应有之义表明，人与自然万物虽然存在着相互依存的关系，但这种关系又是一种"差等"关系，即人与物相比无疑具有相对优先的地位，因而，"钓鱼"、"射鸟"、先问"人"就在所难免；然而这种优先又只具有相对的意义，因此"不纲""不射宿""问马"又理所当然。

这种推人及物的情怀，对引导今人走出"人类中心论"和"自然中心论"的怪圈，具有不可低估的启迪意义：在处理人与自然的关系时，既不能只强调人类利益而忽视对自然环境的保护；也不能只注重自然保护，而完全弃人类利益于不顾。必须兼顾人类利益与自然环境的关系，但这种兼顾，又是有"重点"和"差等"的。唯有这样的生态观，才不至于使人类在处理人与自然的关系时陷入尴尬的"两难"境地。这也为在理论上避免陷入人类中心论、自然中心论的困境，提供了可供借鉴的思想资料。

在孔子看来，本心之"仁"，并非仅仅演自理性知解之思辨，而且还浸染于成人、成己、成物的念兹在兹、生生不滞的真性情中。《论语·先进》中《子路、曾皙、冉有、公西华侍坐》记载了孔子和几位弟子的对话，唯有曾皙不以治理一方为标的，只是一任真情挥洒——"浴乎沂，风乎舞雩，咏而归"——与"天"之勃然生机相感相应，才引发了孔子"吾与点也"的喟叹！孔子孜孜以求、心向神往的正是那种天人合一、共生共荣的理想境域。

明达与审慎的孔子，以自觉的德性修持承天、畏天而成天，因而开示了一种别具东方情韵的人文境界。孔子对天人关系的谛解，就浸润在《易传》所谓"天行健，君子以自强不息"，"地势坤，君子以厚德载物"的千古不朽的名言之中。

在孔子那里，"畏天命"与"知天命"是相辅相成、相互补正的。依孔子之见，"知天命"，并非指对天命有着清晰、透彻的理解、预测与把握，而是意味着只有自觉地去知晓何谓"天命"，进而觉解到人的自由意志的边界或底线，才能"不怨天、不尤人"（《论语·宪问》），"从心所欲不逾矩"（《论语·为政》）。孔子不仅理智地感悟到"天命"的存在及其对人事的影响，而且还理智地意识到这种存在和影响不仅神圣，而且神秘莫测。既然天命既神圣又神秘莫测，也就自然要"畏天命"了。这是一种十分明智的态度，正是由于持这种态度，孔子在自然法则和社会律令面前才具有谨慎戒惧、谦恭敬畏、虚怀若谷、自觉自律的圣人气象。

更为难能可贵的是，孔子对"天命"神秘莫测的感知与敬畏，并没有将其引向神秘主义。孔子之所以不为神秘主义所囿，从而表现出超乎寻常的理智，就在于在孔子看来，知"天命"之难知，并不等于天命不可知，进而放弃对天命的追问。孔子终身都在为"知天命"而致力于学习与思虑："学而不思则罔，思而不学则殆。"（《论语·为政》）"学"与"思"的目的之一，就在于力争达到对"天命"的"知"。孔子从未因为"畏天命"而把人引向对"天命"的单向度的依赖或畏惧，他更多的是在对"天命"的审视、拷问、省思的过程中，更大程度地肯定了人在"究天人之际"中的那份主动，在"知天命"过程中的那份自觉，在"畏天命"思想导引下的那份自律。

如果我们认可人是什么，人为什么活着，人应怎样活着这一类问题与"天命"相关，而且知晓这一类问题又不可能依靠纯粹的知性思辨、科学理性获得确证，那么就没有理由轻视对人类存在本身以及生活世界的感悟、体认、省思等思维方式的作用。或许正是人类的这些思维方式蕴涵着窥测人生意义奥秘的可能性，孔子不仅在论说中，而且主要在躬行中显发了其智者的胸襟，确认了人生之本根意义、人性之尊严就在于人拥有德性。在此意义上说，孔子可谓人类文明史上最早确立伦理本位的思想家，更是为人类提供内在生命依据的哲学家。孔子直接切入人

生、深入反思历史，探寻、体悟到人存在的伦理价值，为回答人生意义问题提供了任何纯粹思辨的逻辑体系都无法提供的智慧。"位我上者灿烂星空，道德律令在我心中"，近代启蒙思想家康德向人类昭示的绝对道德律令，早在孔子敞露的智者胸襟中就化为巨大的人格魅力。这种人格感召力，熔铸了国人的性格与精神，于是"太上有立德"（《左传·襄公二十四年》），便成了国人最基本的人生态度和伦理范式，这种伦理范式，充满了对德性的敬畏。

孔子作为儒家学说的创始人，其思想之核心——"仁学"的高妙之处，就在于为中国人道德心灵的培育提供了最初的理论范式或最基本的伦理规范。其"仁学"以"仁者爱人"的智慧之光辉映大地，从而养育、成就了国人的伦理品格。"仁学"的创立，是孔子对世界文明的重大贡献，"仁"包含了人类所独有的至善至尊的品格，以及对"善"的普遍永恒的追求。"仁"在以人为最高目的的同时，又氤氲着对世间万物的挚爱与敬畏。人类一切智慧，只要是珍爱人类自身、珍爱人类所赖以生存的这个世界的，都包含着"仁"或都趋向于"仁"。"仁民爱物"这一包孕着"敬畏"特质的范畴，也就因此拥有了最普遍的意义。

《说文解字》云："仁，亲也，从人，从二。"这无疑是从文字学的角度揭示了"仁"的象形、象征意味：二人合而为一，亲如一体。按"二"有两者相容的仁厚之象，即厚以待人，故能亲，二人能相容相合，故有视人如己之意，本意作"亲"解。清人孔广居在所著《说文疑疑》中指出：仁，亲也，人莫亲于父母，故以二人为意。又"二"象上为天下为地，盖仁者天地生物之心，而人得以生者。其义有：至大至善之道德曰仁。《礼记·经解》曰："上下相亲，谓之仁"。人若心中存"仁"，则心中必有至爱，当能与人和睦相处，化干戈为玉帛。故古人云：仁者无敌。确实，人若有了恕人、容人、爱人之心，便有了立身处世之本。

这种恕人、容人、爱人之心，无疑与敬畏之心相融相通。人之所以能够恕人、容人、爱人，就在于人性中包孕着对责罚、惩处的天生畏惧。人们将"天"视为全知全能的存在，对"天"的一个根深蒂固的信

念是："为善者天报之以福，为不善者天报之以祸。"（《荀子·宥坐》）所谓"善有善报，恶有恶报"的古训，就来自人们对未知"天命"的敬畏，对因果报应的惧怕。人的天性主宰着人们的生存取向，仁爱之心的本有是人性演进的必然。

"仁"这一范畴虽非孔子首先提出，但最先系统地赋予其人文意蕴、最圆融地阐释其精神内涵、最淋漓尽致彰显仁者襟怀的莫过于孔子。李泽厚曾从现代阐释学的角度分析过孔子的"仁学"结构。他指出，孔子的仁学实际上包含着四个层面的含义：一是血缘基础，二是心理原则，三是人道主义，四是个体人格①。所谓"血缘基础"，是指"仁"生发于父子、兄弟等血亲伦常纽带，因此，"孝弟也者，其为仁之本欤"（《论语·学而》）。所谓"心理原则"意指"仁"表现为人生日常心理情感，因此，孔子释"三年之丧"时曾如是说："子生三年，然后免于父母之怀，夫三年之丧，天下之通丧也。"（《论语·阳货》）由于"仁"充满了对人类之爱，于是，便有了"樊迟问仁"，子曰"爱人""泛爱众，而亲仁"（《论语·学而》）的界说。由于"仁"体现了道德主体的自觉与人格理想的目标，所以孔子言："为仁由己，而由人乎哉？""志士仁人，无求生以害仁，有杀身以成仁。"（《论语·卫灵公》）质言之，氤氲着"仁者爱人"理念的"仁学"，始终贯穿着维系日用常行的伦理精神。

孔子"仁学"浸淫着人们的伦理精神，激荡着人们的仁者襟怀。仁者关注着人类现世的生活，从血缘至亲到普罗大众，从人格理想到淑世精神，推廓衍生为普遍的仁爱之心、同情之心与敬畏之心。正是这种与敬畏之心直接关联的儒家敬畏观为国人标树起道德理想、价值标准，也为国人范导了最基本的心路走向和人生轨迹。儒家敬畏观的高扬、仁者襟怀的显发，并非通由知性的、逻辑的思辨推演，而是出自对人的生活世界、现实生存状况的生命体验。伴随着对"天命"的"敬畏"，孔子之仁者襟怀也就在道德践履、随事点悟中生发，在历史反省、人生体验

中化成。

由上可见，虽然在《论语》文本中找不到"敬畏意识"这一范畴，以及对这一范畴的明确阐释，但孔子仁学中氤氲着丰富的敬畏意识则是毋庸置疑的。孔子所处的春秋末期，随着百家争鸣的兴起，一切使人信从的力量和权威都发生了动摇，社会在某种程度上陷入了混乱状态。这种状态，在一定意义上虽然为各种思想、观念的孕育、勃生提供了适宜的"气候"和"土壤"，但也对社会的正常发展带来了诸多负面影响。当时的孔子，明确意识到使人信从的力量和权威的缺失对社会造成的危害，因而表现出对这种缺失现象的异常焦虑："天下有道，则礼乐征伐自天子出；天下无道，则礼乐征伐自诸侯出。自诸侯出，盖十世希不失矣；自大夫出，五世希不失矣；陪臣执国命，三世希不失矣。天下有道，则政不在大夫；天下有道，则庶人不议。"（《论语·季氏》）

在孔子看来，要使天人关系、"人"与"百物"的关系处于和合、应顺的状态，而非对立、抗争的境地，唯有唤起人们对"天命"的敬畏之情——遵循异己的客观必然性而不是去违背它，从而为人的自由意志划界，才不至于在"天命"面前，变得张狂轻浮、肆虐妄为。对自然律令的敬畏，有助于抑制人类的无知与傲慢。人类在自身进化的过程中，在"征服"自然的过程中，曾为自身的无知与傲慢付出过惨重的代价，也在痛苦与教训中增长了见识，并在对认知的超越中，升华为智慧。这种智慧昭示着人与自然之间，不唯是一种认识与被认识、征服与被征服、改造与被改造的关系，更本根的则是一种相依相伴、共生共荣的伦理关系。

孔子的仁学，在本质上是人道主义和伦理主义的。在孔子那里，敬畏意识既融贯于人道与天道，亦感通于此人与彼人。因为在他看来，"天命"不仅仅包含自然律令，而且也代表客观的社会律令。这些律令虽然通过人的活动得以实现，人的自由意志在社会中发挥着必要的作用，但社会发展的总趋势却不以任何人的意志为转移。于是孔子如是说："道之将行也与，命也；道之将废也与，命也。"（《论语·宪问》）社会形态的更替有其自身的规律，社会制度的"行"或"废"，不取决

于任何人的意志抑或观念，而是受"天命"（必然性）的支配，顺者昌、逆者亡，是其不容抗拒的律令。

在修身求道的过程中，孔子深刻地意识到，世间既存在着人力无法企及的"天意"，也存在着诸多的不尽如"人意"。"天意"或"天命"不为人的意志所左右，又在一定程度上决定人事的发展变化。对此，人们在大多情境下只能平静而又心有不甘地去接受"天意"。孔子爱生如子，学生的不幸遭遇曾经给孔子的情感世界带来沉重的打击。孔子是如是承受和化解这种发自内心的悲悯和哀痛的——当学生颜回不幸英年早逝时，他曾仰天长叹："天丧予！天丧予！"（《论语·先进》）当"伯牛有疾"时，他悲痛欲绝地执其手曰："命矣夫！"（《论语·雍也》）在心情极度悲痛的境遇下，孔子只好将悲痛归之于"天"、归之于"命"，从而求得一种心理上的慰藉。

孔子在不为"人"所理解时，也会想到"天"，并试图从"天"那里去求得"心"安。据《论语·雍也》篇记载：卫灵公夫人南子执意约见孔子，出于无奈，孔子只得会见了这位美貌风流的女子，于是便引起了学生子路的不满和误解。对此，孔子只好无奈地指天发誓："予所否者，天厌之！天厌之！"意思是说自己如果有什么做得不妥之处，老天都会厌恶我的。孔子还将自己为学修身的经历、闻道弘道过程中的种种遭遇，也都归结为天命所定，并对之无怨无悔。据《论语·子罕》篇记载："子畏于匡，曰：'文王既没，文不在兹乎？天之将丧斯文也，后死者不得与于斯文也；天之未丧斯文也，匡人其如予何？'"意思是孔子被匡地的人围困时，理直气壮地说：周文王去世后，周代的礼乐文化不都体现在我身上吗？上天如果想要消灭这种文化，那我就不可能掌握这种文化了；上天如果不消灭这种文化，那么匡人又能奈我何呢！孔子虽然相信命运的安排，但亦主张"反求诸己"，即即使遭受再大挫折、困难，也不怨天尤人。子夏将这一思想概括为："死生有命，富贵在天。"（《论语·颜渊》）即将人事的结果归于天命，这就在"我命"与"天命"之间建立了一种通达的关系，将人类自身的命运建立在了尊重、

遵循、敬畏"天命"（必然性、规律）的基础之上。

在孔子看来，建立何种社会制度，其贯彻执行能否得到应有的效果，取决于人们对"天命"的理解和把握的程度如何。"唯天为大，唯尧则之。"（《论语·泰伯》）由于尧"畏天命"并效法（"则"）"天命"创设了一套社会制度，所以尧在治理国家时取得了显著成效。既然尧能"则""天命"，那么，就意味着"天命"在一定程度上就是可"知"的。在追问"天命"的过程中，孔子深刻意识到，"天命"包藏的奥秘实在太多，个人有限的生命实在难以揭示无限的天命。正由于此，孔子才"敬鬼神而远之"（《论语·雍也》），"子罕言利与命，与仁"（《论语·子罕》），且"子不语：怪、力、乱、神"（《论语·述而》）等与"天命"相关的问题。

知"天命"之难知，并不意味着"天命"不可知，更不等于放弃对"天命"的追问。为了"知天命"，孔子终身都在致力于学——"吾十有五而志于学""学而不厌""学而时习之""温故而知新"，并且强调："学而不思则罔，思而不学则殆。"（《论语·为政》）"学"与"思"的目的之一，就是力争达到对"天命"的"知"。

"畏天命"与"知天命"的贯通，是孔子对大化流行的天道（"天命"）的契合、印证，也是其"人能弘道，非道弘人"（《论语·卫灵公》）的主体意识在其生命深层的勃发、流动。"知其不可而为之"的非可撼摇的志向，凸显了孔子在"畏天命"基础上，对"天命"生生之德的不懈追求过程中的自觉与自律。

知"天命"之难知，就自然要"畏天命"，正是这种明智的态度和敬畏意识，使得孔子在"天命"面前显得异常谨慎、谦恭。"子曰：'予欲无言。'子贡曰：'子如不言，则小子何述焉？'"（《论语·阳货》）可知的"天命"并非不可"言"，但"天命"的不可尽"知"、未可尽"言"，注定了必须"默而识之"（《论语·述而》）。"默而识之"是一种态度，也是一种境界，更是一种智慧。以至两千多年后的奥地利哲学家维特根斯坦（Ludwig Josef Johann Wittgenstein）如是告诫世人："可以

言说的东西都可清楚地加以言说；而对于不可谈论的东西，人们必须以沉默待之。"①

"默而识之"的箴言告诫人们：对自己不知或知之甚少的问题，不要妄加议论，口吐狂言既是轻浮的表现，也是无知无畏的结果。"知之为知之，不知为不知，是知也。"（《论语·为政》）无知并不可怕，可怕的是以不知为知。对哲人而言，对"不知"的"知"，才是一种更为紧要的"知"、真正的"知"。正是这种明智的"沉默"，使得孔子的敬畏意识仍然能为两千多年后的今人论究敬畏问题提供可以借鉴的思想资料与智慧启迪。

诚然，我们并不否认孔子"畏天命"观念中可能蕴涵着宿命论的因子，因为任何思想，其精华和糟粕总是相伴相随、难解难分的。剥离掉"畏天命"观念中的糟粕，对其进行重新解读，不难从中领悟这一观念包孕着的尚未被充分开掘的敬畏意识。

知识、理性为人类提供了一种"认知"的向度；感悟、体验则提供了一种"默会"的向度；而"畏天命"中蕴涵的敬畏意识又为人类提供了一种"智慧"的向度，从而使人们能够逐渐地去把握人与人、人与社会、人与自然的真实关系，并在这种真实关系中领悟人生的真谛与意义。孔子是明达而审慎的，他诲人以自觉的德性修持承天而成天、立己而立人，开启了一种别具东方情韵的人文境界。德性之"仁"，发端于人之本心，默应于"天命"（天道）之"生生"。"知天命"需"默而识之"，"畏天命"则需要尊重必然性。

面对当时急剧动荡的社会，孔子在对人与人、人与社会关系问题进行拷问时深刻地意识到，社会的有序运行，急需一种令人信从的力量——权威意志。于是他在主张"畏天命"的同时，亦主张"畏大人，畏圣人之言"（《论语·季氏》）。所谓"畏大人"，既是指对品格高尚、学识渊博的圣贤的敬畏，也包括对统治阶级（"王公大人"）的敬畏。因为"在孔子的时代，'王公大人'虽已没有德行，但还有一种似乎是

① [奥]维特根斯坦：《逻辑哲学论》，韩林合译，北京：商务印书馆2013年版，第3页。

'天'赐予的崇高地位，赋有神圣的职责任务，从而足可敬畏，这是巫君合一的传统"①。"畏圣人之言"则是指对经典话语权威、各种规章制度的敬畏，也包括对历史、对史学家"春秋笔法"的敬畏。"畏大人，畏圣人之言"之所以必须，是与人的本性相勾连的。人既是自然界进化的产物，又是"一切社会关系的总和"，人与他人、自然、社会有着难以逃避的关联。自然有其客观的进化路径，社会也有其自身的发展历程，这种路径和历程都受其固有规律的制约。欲使人、自然和社会这一有机整体共生共荣、和谐发展，就不能各行其是，而必须在敬畏意识的范导下，敬畏自然与社会规律，敬畏合理必要的权威意志，敬畏人类前贤的思想观念，以便为社会的有序发展创设一个理想的空间。

为了保证"畏大人，畏圣人之言"能够起到应有的警示作用，孔子提出了"正名"的主张："名不正，则言不顺；言不顺，则事不成；事不成，则礼乐不兴；礼乐不兴，则刑罚不中；刑罚不中，则民无所措手足。"（《论语·子路》）社会的权威意志，需要在名正言顺的前提下才能发挥应有的作用，否则，社会将陷入无章可循、无法可依的混乱状态，人类将堕入无所适从、一事无成的尴尬境地。孟子言："孔子作《春秋》而乱臣贼子惧。"（《孟子·滕文公下》）"春秋笔法"的运用，在一定意义上是对"畏大人，畏圣人之言"的极佳注脚。千秋功罪，自有历史评说。社会前贤和史学家对历史负有双重责任：既负有澄清史实的学术责任，亦负有辨明是非的道义责任。正因为如此，才有了那些拥有权威意志、能够进入史书的人对历史、对"春秋笔法"的敬畏，从而去检点自己的言行、约束自己的狂妄、校正自己的不端，以减少对社会造成的危害。

论证敬畏意识的合理性及权威意志的必要性，并不意味着忽视"自治"或民主。"权威"与"自治"在某种意义上，犹车之两轮、鸟之两翼须臾不可分离。对权威意志的认同与受权威意志的制约，是同一问题的两个方面。社会在接受合理的权威意志的同时，有必要制定相应的法

---

① 李泽厚：《论语今读》，合肥：安徽文艺出版社1998年版，第392页。

律和法规，对权威意志加以有效规范、限制；体现权威意志的集团或个人在遵守法律法规的同时，也应进行必要的道德磨砺、用敬畏意识进行自我约束，对此，孔子主张："君子之仕也，其行义也。"（《论语·微子》）"毋意，毋必，毋固，毋我。"（《论语·子罕》）在济世救民、维护社会正义的同时，不凭空猜测，不绝对肯定，不固执己见，不唯我独尊。绝不能因权威意志的肆虐，而影响社会的正常进程。

在某种意义上说，一个对权威意志有着理智认识的人，自是一个内心有着敬畏感的人；一个有敬畏感的人，也自是一个有着道德感和历史责任感的人。现代社会中的一些人，由于对法令、权威的漠视，因而在社会交往中无所畏惧、为所欲为。他们只顾个人的当下利益，而根本不问其言行对当下与未来有何义务关系，对自然、社会与他人有何道义责任。因而既不对所作的承诺给予兑现，也不打算对自然、社会和他人所承担的义务加以履行，也就必然缺乏道德感和历史责任感。孔子是基于对历史、现实和未来的整体把握，对自然、社会和他人的道义责任，对人类本质的深刻洞见来谈论"畏大人，畏圣人之言"的，体现了其道德感和历史责任感。

在孔子看来，对"天命"——自然与社会必然性的敬畏，并非仅仅演自理性知解之思辨，而且还浸染于"克己""爱人""爱物"的念兹在兹、生生不滞的真性情中。

鉴于此，孔子并不反对人类为了自身的生存和发展，从自然界中获取必要的生存资料，但他又明确主张，人类若欲与自然界长久和睦相处，就必须十分慎重地处理人与自然万物的关系。孔子提倡"钓而不纲，弋不射宿。"（《论语·述而》）主张钓鱼但不能用细密绳网捕鱼，射鸟但不能射巢中栖息繁殖之鸟。这无疑体现了孔子对万有生命及自然律令的敬畏。倡导对异己的客观必然性的敬畏，凸显了孔子在处理人与自然关系问题上的大智慧——把对人类的道德关怀、伦理关照推廓到整个自然万物的圣哲襟怀。

在物资匮乏的古代社会，孔子的敬畏意识使其秉持"取物以节"的

理念——尽量减少人类对大自然的过度索取，从而保证动植物的正常繁衍生息。"取物以节"理念，对后世亦产生了深远影响：历朝历代，在鸟兽捕猎、山林砍伐等方面，都有严格规定，特别强调"斧斤以时入山林"（《孟子·梁惠王上》），其理由即避免"有干天和"。

孔子的敬畏意识，是对从殷至周"敬天事鬼神"传统思想的扬弃。孔子力图将人们对"天命""鬼神"的关心与对现实社会生活的关注结合起来，主张尽人事以应天事。无论布衣芒鞋处江湖之远，还是峨冠博带居庙堂之高，都应有自己的敬畏对象。正如《管子·小匡》所言："故以耕则多粟，以仕则多贤，是以圣王敬畏戚农。"

孔子的敬畏意识，既有助于人们在新的时代背景下合理地处理人与自然、人与人、人与社会的关系，也有益于人类理智地处理当下与过去、与未来的关系。无论是宇宙整体，还是人类整体，都既积淀、负载着过去，又隐匿、孕育着未来。今天在场的东西背后，包藏着昨天不在场的和未来尚未出场的东西。古与今，过去与当下、未来是互通互融的，人与自然、社会是共荣共生的，时代的发展是继往开来的。任何事物总是在过程中显现自身、展开自身，孔子敬畏观的深刻意蕴，也将在流变的历史中不断得到挖掘和新的诠释。

由上可见，孔子尊天、敬天、畏天，但绝不是宿命论者。因为他既主张"畏天命"、尊奉"非礼勿视，非礼勿听，非礼勿言，非礼勿动"（《论语·颜渊》）的信条，又极力主张尽人事、"知天命"，并以"知其不可而为之"的自觉自律的实际行动，践行着自己的仁学思想与敬畏观念。

第二节　孟子："存心养性事天"

孟子（约公元前372—前289年），名轲，字子舆，邹（今山东邹城东南）人，战国时期著名的哲学家、政治家、教育家。作为儒家思想的

主要代表，他在继承、"发越"孔子"仁学"思想的基础上，创建了自己的"仁政"学说，并力图将儒家的政治理论与治国理念转化为具体的国家治理主张，并推行于天下。作为有抱负的政治家，他在诸侯国合纵连横，战争频仍的境遇下，为了实现自己的政治理想，游说于各国君主之间，随从学生最盛时，曾"后车数十乘，从者数百人"（《孟子·滕文公下》）。由于孟子崇尚"浩然之气"和"大丈夫精神"，曾无所顾忌地批评诸侯国国君，甚至逼得某些国君只得"顾左右而言他"，因此，其政治主张不可能被当时的执政者所接受。孟子晚年回到故乡，专心于教育和著述，将"得天下英才而教育之"视为"乐莫大焉"之事。他与弟子万章等人整理古籍，阐发孔子思想，著成《孟子》11篇，现存7篇。《孟子》以"心"释"仁"，断言心仁必性善。

在《孟子》文本中，虽然没有明确提出"敬畏"这一范畴，但说到"敬""恭敬"之处，多达43次。其关于"敬""恭敬"等思想，已蕴涵着丰富的且具有自觉自律特征的敬畏观念。

在孟子看来，"恭敬之心，人皆有之；……恭敬之心，礼也"（《孟子·告子上》）。与此相关，"敬"或"恭敬"，不仅是一种情感、心态或品格，而且是一种可操作的实践行为。"故曰，责难于君谓之恭，陈善闭邪谓之敬。"（《孟子·离娄上》）这样一来，"敬"就不仅仅是个体对他人、群体的恭敬，而且还是从人际社会责任上来论说的——责求君王施行仁政，谓恭；向君王进谏良言以规避邪念，谓敬。在孟子那里，"开陈善道以禁闭君之邪心，唯恐其君或陷于有过之地者，敬君之至也"（《孟子集疏》14卷卷七）。于是，"敬"或"恭敬"，就不仅仅是心的"四端之一"，而且是将个体心境与群体间的实践行为、社会责任勾连起来的纽带。

依孟子之见，"敬"有"小""大"之分。"孟子将朝王。王使人来曰：寡人如就见者也，有寒疾，不可以风。朝将视朝，不识可使寡人得见乎？对曰：不幸而有疾，不能造朝。明日，出吊于东郭氏。公孙丑曰：昔者辞以病，今日吊，或者不可乎？曰：昔者疾，今日愈，如之何

不吊？王使人问疾，医来。孟仲子对曰：昔者有王命，有采薪之忧，不能造朝。今病小愈，趋造于朝，我不识能至否乎？使数人要于路，曰：请必无归，而造于朝！不得已而之景丑氏宿焉。景子曰：内则父子，外则君臣，人之大伦也。父子主恩，君臣主敬。丑见王之敬子也，未见所以敬王也。"《孟子·公孙丑下》在孟子看来，景丑所言只是"敬之小者"，平常处事可以不拘小节，但以尧舜之道陈现于君，则是在尽社会责任，是"敬之大者"。既然孟子是以尧舜之道奉献于君王，是大敬，那么也就相应地要求君王同样以大敬回馈。而当时的君王，常常只是喜欢将币帛送给贤人，显然不符合"敬"的本意，所以孟子对于送上门的钱物，根据具体情境，或接受或婉拒，有时会去道谢，有时竟不予理睬。

这种不畏权贵、充满"浩然之气"的"大丈夫精神"，并未消弭孟子的"敬畏"意识。在孟子看来，"未有仁而遗其亲者也"（《孟子·梁惠王上》）。仁之孝悌既是对长辈的尊重，亦是对神灵的敬畏。"盖上世尝有不葬其亲者，其亲死，则举而委之于壑。他日过之，狐狸食之，蝇蚋姑嘬之。其颡有泚，睨而不视。夫泚也，非为人泚，中心达于面目。盖归反虆梩而掩之。掩之诚是也，则孝子仁人之掩其亲，亦必有道矣。"（《孟子·滕文公上》）意思是：上古时期，人们对故去的父母一般都不埋葬，倘若父母故去，便将其遗体抬着扔进沟壑了事。过些日子后，如果活着的亲人路过此地，发现遗体被动物啃食、蝇蚊叮吮，便会额头冒汗，并不敢正视。额头上的汗水，不是流给他人看的，而是发自内心的忏悔和畏惧。于是，便返回家中取了箩筐和铲子将遗体予以掩埋，这样做是有道可循的。此道即氤氲着浓郁的敬畏意识的孝悌之道。

孟子曰："尽其心者，知其性也。知其性，则知天矣。存其心，养其性，所以事天也。夭寿不贰，修身以俟之，所以立命也。"（《孟子·尽心上》）在孟子看来，"尽心"则可"知性""知天"，"存心""养性"则可"事天"，"修身"则可"立命"。心、性、天、命既相融相通，又异名同指。就人而言谓之"心"（道心），就生命而言谓之"性"（本

性），就宇宙而言谓之"天"（道体），就道体流行而言谓之"命"（天命）。"尽心知性知天"，此谓"上达"；"存心养性事天"，可谓"下学"。"下学而上达"，即"修身"以"立命"之过程。

性与天是形而上的：知性则明明德，知天即知天命。人若知天，天当知人。在甲骨文或金文中，"天"字象形即正面站立之人。所谓存心养性事天，是因为性由天命，"天命之谓性"（《礼记·中庸》）。知性知天即知命，知命则可立命，立命即可事天。《易·系辞上》曰："成性存，存道义之门。""成性"即成就本性，"存"即存养本性。"存其心，养其性"是尽心功夫。作为功夫，需悉心竭力，扩充四端。尽心即明心，明心即明明德，明德即本心。尽其心即明自本心，知其性即识自本性，知天即知天命——上达天道。

在此意义上说，《孟子》的"尽心"与《中庸》的"尽性"实属同义。《中庸》曰："唯天下至诚，为能尽其性；能尽其性，则能尽人之性；能尽人之性，则能尽物之性；能尽物之性，则可以赞天地之化育；可以赞天地之化育，则可以与天地参矣。"其实，《大学》所谓"明明德""止于至善""君子无所不用其极"，朱熹的"存天理"和王阳明的"致良知"，还有儒家共同倡导的博学、审问、慎思、明辨、笃行，格致诚正、修齐治平，说到底皆为"尽心"的方式、方法、功夫之展现。

对"心""性"关系的深刻体悟，决定了孟子必然会将安身立命的重任交付于"心"，并希冀通过尽心—知性—知天的路径，以把握终极对象——天。对于"心"，一方面孟子认为人心虽善（性善），但易受后天环境的习染："牛山之木尝美矣，以其郊于大国也，斧斤伐之，可以为美乎？是其日夜之所息，雨露之所润，非无萌蘖之生焉，牛羊又从而牧之，是以若彼濯濯也。人见其濯濯也，以为未尝有材焉，此岂山之性也哉？虽存乎人者，岂无仁义之心哉？其所以放其良心者，亦犹斧斤之于木也，旦旦而伐之，可以为美乎？"（《孟子·告子上》）由于"心"易被耳目欲求所遮蔽，以小（耳目之欲）害大（心），所以要"求放心"，将流于物蔽的"心"复于本位。另一方面，孟子突出道德主体的

能动性，"存其心，养其性，所以事天也"，"心"之善端只有通过"存""养"功夫，才能"事天"，才能使"四心"之善不失，并无限扩充。"人皆有所不忍，达之于其所忍，仁也；人皆有所不为，达之于其所为，义也。人能充无欲害人之心，而仁不可胜用也；人能充无穿逾之心，而义不可胜用也。"（《孟子·尽心下》）人如果能将慈善仁爱之心扩而充之，仁即充沛；如果能将不挖洞跳墙（行窃）之心拓而展之，义则丰沛。

孟子主张存心、养性、事天，旨在为人的生命存在确立一个形而上的价值根据，即以"天"的存在作为人的存在依据，其目的就在于从形而上的高度确证人的道德原则或道德生活的当然与必然。因此，他认为不是在人道之外另有一个天道，天道不过是人道的体现而已，离开了人道即无天道，离开了人道，天道也就失去了存在的价值。在此意义上说，是人为天地立心，天道即人道。"性"乃人之所以为人者，亦即人的道德本性，它上达天道，与天道为一。天人相合是既以天合人又以人合天的有机统一。孟子讲"天"或"天命"，并不意味着他承认有与人相对应的人格神存在，而是说，人性是天道命之于人而使人成为道德性存在，人性源于天道。"性"即人，即天，即道德，即存在，天道与人道是一而二、二而一的关系。在此，孟子对"天""人"关系的理解，显然已超越了天主宰人、人顺应天的单向度思维，显现的是天与人互为根据、天命与人力相互参验的思考，从而给人以"立命"的空间。

人类欲安身立命，必须对理想的社会制度作出合理预设并在现实中进行构建。对此，孟子以尧舜时代作为理想社会的范型，极力褒扬尧舜的治国之道。"孟子道性善，言必称尧舜"（《孟子·滕文公上》），意在将对人类的人文关怀落实到理想社会之中。至于通往理想社会的路径，孟子十分重视道德主体的理性自觉，以道德理性自觉作为重建先王理想社会的主要手段。他认为心性之善端萌发仁、义、礼、智之善德，通过不断扩充，形成不同层面的人格理想。这种扩充发挥了"心"的自觉潜能，不仅是精神上的伸展，而且有见于现实的践履。"凡有四端于

我者，知皆扩而充之矣，若火之始然，泉之始达。苟能充之，足以保四海；苟不充之，不足以事父母。"（《孟子·公孙丑上》）

孟子在此将善之"端"形象地比喻为"火之始然，泉之始达"，认为只有加以充实培养，才能形成燎原之燃势、沛然之江河。由于"心"具有无限的萌发性、扩充性，并通过"形色"在现实世界中"践形"，因而能够成就一个"足以保四海"的仁道世界。圣人之所以能够"践形"，是因为圣人内外合一，能够"亲亲而仁民，仁民而爱物"（《孟子·尽心上》），与"民""物"处于价值平等地位。因此，在人伦上，他们能推及"仁爱"之心，"老吾老，以及人之老；幼吾幼，以及人之幼"（《孟子·梁惠王上》）；在政治上，他们能推及"不忍人之心"，"人皆有不忍人之心。先王有不忍人之心，斯有不忍人之政矣。以不忍人之心，行不忍人之政，治天下可运之掌上"（《孟子·公孙丑上》）。孟子将这种"推及"称之为"推恩"："推恩足以保四海，不推恩无以保妻子。"（《孟子·梁惠王上》）孟子之"推恩"，是由内而外的推廓与进取，是对孔子"忠恕"之道的继承与延展。"推恩"既是孟子实现王道、仁政的主要方法和途径，也是实现社会理想的起点与支撑，而"推恩"之所以能够实现，无疑凭依与恻隐之心、感恩之心息息相关的敬畏之心。

在孟子看来，倘若一个人能够存养其仁义礼智之本心不使其放失，涵养其本性不使其被戕害，即可"事天"。因为所尽之心即是仁义礼智之本心，若由外力规定其必须如此，则伦理道德便成为无独立之意的"外铄"之他律。若伦理道德非发自本心的自律，便是对其自身的否定。陆九渊曾如是评价孟子的心性之学："心只是一个心，某之心，吾友之心，上而千百载圣贤之心，下而千百载复有一圣贤，其心亦只如此。心之体甚大，若能尽我之心，便与天同。……若能涵养此心，便是圣贤。读《孟子》须当理会他所以立言之意，血脉不明，沉溺章句何益？"[①]

---

① 陆九渊：《陆九渊集》卷三十五，钟哲点校，北京：中华书局2010年版，第444—445页。

"与天同"，并非指现实中具体的人与天同，而是指心之体与天同，亦即知晓天之所以为天。唯有"与天同"，方能"万物皆备于我矣，反身而诚，乐莫大焉。强恕而行，求仁莫近焉"（《孟子·尽心上》）。

孟子的"尽心"与《礼记·大学》所言"正心"，有异曲同工之妙。《大学》曰："古之欲明明德于天下者，先治其国；欲治其国者，先齐其家；欲齐其家者，先修其身；欲修其身者，先正其心；欲正其心者，先诚其意；欲诚其意者，先致其知。致知在格物。物格而后知至，知至而后意诚，意诚而后心正，心正而后身修，身修而后家齐，家齐而后国治，国治而后天下平。""所谓诚其意者，毋自欺也。如恶恶臭，如好好色，此之谓自谦，故君子必慎其独也。"尽心才能诚意，诚意才能修身，修身谓之知性，亦即知晓本性。何谓本性？即本来如此。正如《中庸》所言："唯天下至诚，为能尽其性。能尽其性，则能尽人之性。能尽人之性，则能尽物之性。能尽物之性，则可以赞天地之化育。可以赞天地之化育，则可以与天地参矣。"唯有天下至诚，才能够尽到各自的本性——"尽性"。天地化育万物，并非想要占有万物，也不要求万物回报。人如果无视天地的本性而欲占有万物，并企图索取回报，实则是已迷失了本性。人如果能够认识天地的本性，就能尽到人的本性，就会效法天地厚待万物，化育万物，而不占有万物，不要求万物回报，于是万物也就能够尽到自己的本性，从而佐助天地之化育，以至万类霜天竞自由。

在孟子看来，作为终极本体和价值之源的"天"，超越并创生了宇宙万物，理应被尊崇、被敬畏。远自文明之始，中国先哲就以敬天、畏天、知天、信天为己任。伏羲氏画八卦，仰则观象于天，俯则观法于地，以通神明之德，以类万物之情，启迪后贤凝练出"天地之大德曰生"（《易传·系辞下》）的至理名言。自孔子始，儒家学者始终保有对"天"和"天命"的敬畏之情。孔子明言必须"畏天命"（《论语·季氏》），并且坚信"获罪于天，无所祷也"（《论语·八佾》）。历史与现实也都充分证明：人类顺天者昌，逆天者亡。人唯有做实"尽心"

"知性"的"功夫"，方能"知天"。"功夫"必须被践履，践履的过程即"事天"的过程。"事天"，并非意味着完全被动地服从天的旨意，而是在"知性""知天"的基础上，以敬畏之心去遵循无违之天道。依孟子之见，一个人若能操存其仁义礼智之本心而不令其放失，保养其真性而不使之被戕害，存心养性便成为"事天"的主要路径。

"天"对于孟子来说，无疑是人的终极精神归宿，在孟子看来，只有通过尽心—知性—知天—事天的"心灵超越"过程，才能找到安身立命之所，并进而把对"天"或"天命"的敬畏转化为道德修养的过程，从而使儒家的道德实践拥有终极关怀的意蕴。孟子如是曰："霸者之民，驩虞如也；王者之民，皞皞如也。杀之而不怨，利之而不庸，民日迁善而不知为之者。""夫君子所过者化，所存者神，上下与天地同流，岂曰小补之哉！"（《孟子·尽心上》）"王者之民"之所以"皞皞如也"，是因为王者治理天下，使其百姓纯朴敦厚、悠然自得地生活着，有了罪过，即使被杀亦无所怨恨；王者行事有功于百姓，百姓亦不以之为功，其自然转变为善而亦不知所以使之者。在德性纯贞、德行实厚、心有所畏的王者教化下，上下都与天地协调运转，实乃补益甚大。

这种"上下与天地同流"的境界，绝非神秘之境，实乃心性本体之极致本应如此。正如《易传·乾·文言》所云："夫大人者，与天地合其德，与日月合其明，与四时合其序，与鬼神合其吉凶。先天而天弗违，后天而奉天时。天且弗违，而况于人乎？况于鬼神乎？""大人"（圣贤抑或君子）之德性，应与天地功德、日月光明、四时时序、鬼神吉凶相契合。天道的运行变化，有其自然法则，不能违背。所谓"先天而天弗违"，是就大人的心性之创造之德而言，此则先乎天地而存在，天亦不能违背，人与鬼神更不能忤逆。因为"故君子之道，本诸身，徵诸庶民，考诸三王而不缪，建诸天地而不悖，质诸鬼神而无疑，知天也。百世以俟圣人而不惑，知人也。是故君子动而世为天下道，行而世为天下法，言而世为天下则"（《礼记·中庸》）。所谓"后天而奉天时"，是就大人之现实生活而言，大人之现实生活后于天地而存在，自

亦不能违背天地自然之序，此则与庶民同之，对此，必须心存敬畏。

孟子进而认为："夭寿不贰，修身以俟之，所以立命也。"（《孟子·尽心上》）"夭寿"是相比较而言的，活数十岁或活百多岁，对于一个内心自在、清静的人而言，孰为"夭"，孰为"寿"？生命的长度与宽度自有其衡量的标准。怎样才能达到"夭寿不贰"这种理想的生命状态呢？孟子认为必须在"不动心"的基础上"修身""立命"。"修身"即修养心性，扬善向善，也就是在现实生活中要有敬畏意识，善于慎终追远，谨言慎行，体恤他人，仁民爱物；"立命"即认识命运、把捉命运、改造命运，进而确立命运，亦即"命由我作，福自我求"。

人生或夭或寿、或吉或凶、或福或祸、或富或贫、或贵或贱，甚至五伦中能否尽分，皆有原因。是以孟子又曰："莫非命也，顺受其正。是故知命者不立乎岩墙之下。尽其道而死者，正命也；桎梏死者，非正命也。"（《孟子·尽心上》）一切莫非命也，人自当顺而受之，不能违而逆之。尽管如此，然于顺受中亦当顺而受其正当者，不应受其不正当者。受其正当者，其所受之命合理合道，斯之谓"正命"。生死虽有命，但知命者并不因此而故意立于危墙之下。虽死，亦须"尽其道"。此乃就生死而言，若推而扩之，凡欲望之所及，非我所能掌握者皆有命存焉，亦皆有正与不正之别。因此，"求则得之，舍则失之；是求有益于得也，求在我者也。求之有道，得之有命，是求无益于得也，求在外者也"（《孟子·尽心上》）。虽求之有道（正求），但得不得仍有命，这种求是"无益于得"的求，这是"求在外者也"。"求在外者"是人所不能掌控的，这种求即使求之有道，尽其道而求，亦不能决定其必得。因为"得之有命"；虽"得之有命"，但"欲贵者人之同心也"，亦并非不可欲，唯须尽其道而欲。尽其道而欲是正欲，反之则是妄欲。无论正欲或妄欲，得不得皆因有"命"。因此，对于那些外于我、非我所能掌控的具有必然性的对象，必须保有敬畏之心。

"命"虽然如此无所不在，但在孟子那里并非意味着人就应该一味地相信宿命："口之于味也，目之于色也，耳之于声也，鼻之于臭也，

四肢之于安佚也，性也，有命焉，君子不谓性也。仁之于父子也，义之于君臣也，礼之于宾主也，知之于贤者也，圣人之于天道也，命也。有性焉，君子不谓命也。"（《孟子·尽心下》）在孟子看来，并非仁义礼智之天道本身是"命"，而是说天道能否得其表现、表现程度、怎样表现是"命"。因为其本身皆是性分中之事，虽说"求则得之，舍则失之"，然于"得之"之中而在现实生活中的表现却有命存焉，此是不同分际之义理，不可不知。虽说"有命存焉"，却不是命定论。

在孟子看来，天地有生生之仁德，有哺育万物之善性，正所谓仁慈好生、长养万物。既然所有生命皆出自一源，万物皆生于同一本根，那么万物（包括人）的存在与演化自然互为条件——相生相克、相伴相依。既然创造万物的天地具有至善的德性与德行，那么由天地创生的万物自然就各有自身的功用与价值。故人类应当效法天地之生德，与万物同生乐、共喜怒，以博大仁爱情怀尊重万物、敬畏生命。

尊重万物、敬畏生命，应付诸具体行动。由于万物与人都是天地自然化育之结果，天地自然化育的万物与人，即天地生生之德——"仁"的集中体现。是故"君子之于物也，爱之而弗仁；于民也，仁之而弗亲。亲亲而仁民，仁民而爱物"（《孟子·尽心上》）。在孔子"仁爱"的基础上，孟子进而将"仁爱"范围由"亲"推扩到"民"，又延伸至"物"。"仁"是爱人，但禽兽、五谷之类，虽非人但皆可养人，亦应"爱"之育之。鉴于对物仁慈的"爱"，孟子说："君子之于禽兽也，见其生，不忍见其死；闻其声，不忍食其肉。是以君子远庖厨也。"（《孟子·梁惠王上》）在此，孟子继承与"发越"了孔子"泛爱众，而亲仁"（《论语·学而》）的思想，将"物"亦纳入了"仁爱"的范围，表达了对"万物"的慈爱与恭敬。正是这种对万物的恻隐之心、仁爱之意，构成了孟子敬畏意识的内在基因。

尊重万物、敬畏生命，在孟子有关"养生丧死"之终极关怀思想中也得以凸显：在孟子看来，敬老、养老不仅表现为给予老者以物质上的关心——"口体"之养，更为重要的是应对老者予以精神上的关照——

"心志"之养。"曾子养曾皙，必有酒肉；将彻，必请所与；问有余，必曰：'有'。曾皙死，曾元养曾子，必有酒肉；将彻，不请所与；问有余，曰：'亡矣。'——将以复进也。此所谓养口体者也。若曾子，则可谓养志也。事亲若曾子者，可也。"（《孟子·离娄上》）曾子奉养曾皙，可称得上是"心志"之养。而曾皙死后，曾元侍养父亲曾子则只是"口体"之养。侍奉父母，理应像曾子那般尽心才是。虽说食色性也，食色是人类生存繁衍不可或缺的必要条件，但在孟子看来，食色只是为了维持生命、繁衍生命，生命的意义和价值却不在于食色。"体有贵贱，有小大。无以小害大，无以贱害贵。养其小者为小人，养其大者为大人。……饮食之人，则人贱之矣，为其养小以失大也。饮食之人无有失也，则口腹岂适为尺寸之肤哉？"（《孟子·告子上》）"口体"之养与"心志"之养，就生命的存在与繁衍而言，虽然同等重要，但就生命的意义和价值来说，就有了小大贵贱之区分。

"养口体"与"养心志"，在孟子看来实则一体之两面。"养口体"首先应使老者衣食无忧："颁白者不负戴于道路矣。老者衣帛食肉。"（《孟子·梁惠王上》）而"养心志"则体现为尊敬老者的心愿、意志。孟子曰："挟太山以超北海，语人曰：'我不能。'是诚不能也。为长者折枝，语人曰：'我不能。'是不为也，非不能也。"（《孟子·梁惠王上》）朱熹对此注曰："为长者折枝，以长者之命，折草木之枝，言不难也。是心固有，不待外求，扩而充之，在我而已。何难之有？"①孟子的上述思想无疑是对孔子"今之孝者，是谓能养。至于犬马，皆能有养；不敬，何以别乎"（《论语·为政》）思想的承继与发挥。在此，孟子既强调"颁白者不负戴于道路"之必要性，亦注重"为长者折枝"之重要性，从而将"口体"之养与"心志"之养有机地联系起来。"君子有三乐，……父母俱存，兄弟无故，一乐也；仰不愧于天，俯不怍于人，二乐也；得天下英才而教育之，三乐也。"（《孟子·尽心上》）孟子将"父母俱存"视为人生之第一大乐事，并进而将儒家的"仁学"思

---

① 朱熹：《四书集注》，长沙：岳麓书社1985年版，第253页。

想落实到"仁政"的"实"处:"仁之实,事亲是也;义之实,从兄是也。"(《孟子·离娄上》)"事亲"是"仁"之体现,"从兄"为"义"之印证。

敬老、养老问题不仅涉及每个家庭,而且关涉整个社会,因此,孟子认为,作为在社会中生存的人来说,不仅应该"亲其亲",还应该"长其长"。"人人亲其亲,长其长,而天下平。"(《孟子·离娄上》)换言之,人们不仅应该孝敬、侍奉自己的父母,还应该"老吾老,以及人之老",使天下"无冻馁之老者"(《孟子·尽心上》)。在孟子看来,孝悌之道与治国之道密不可分。只有人人都奉行孝道,才能够由己及人,把对自己亲人的恩惠,推扩到他人身上,敬爱天下人的父母、尊敬天下人的兄长。总之,只有实行以天下为己任的"大孝",方能实现天下太平。而教化百姓奉行孝道,必须"谨庠序之教,申之以孝悌之义"(《孟子·梁惠王上》)。"庠序"即古代的学校,《孟子·滕文公上》曰:"夏曰校,殷曰序,周曰庠。"应设庠序以化于邑,学子愤慨于庠序,商贾喧噪于廛市。质言之,社会应兴办学校,对民众进行有关孝悌的教育,使百姓充分意识到"百善孝为先"的道理,从而自觉地去敬畏生命、奉行孝道。

奉行孝道,必须实行仁政。对此,孟子指出:"昔者文王之治岐也,耕者九一,仕者世禄,关市讥而不征,泽梁无禁,罪人不孥。老而无妻曰鳏,老而无夫曰寡,老而无子曰独,幼而无父曰孤。此四者,天下之穷民而无告者。文王发政施仁,必先斯四者。"(《孟子·梁惠王下》)意即文王治理岐周(岐山下的周代旧邑)时,施行仁政,特别关照穷人中的四种人:鳏、寡、独、孤。此四种人中"老"者占其三。由于文王惦念的是穷人中的老人,尊老之心感召了天下,所以天下的贤人都认定他是圣王,天下的老者都愿归依于他。老者无忧无虑,才能使子女心安。"伯夷辟纣,居北海之滨,闻文王作,兴曰:'盍归乎来!吾闻西伯善养老者。'太公辟纣,居东海之滨,闻文王作,兴曰:'盍归乎来!吾闻西伯善养老者。'二老者,天下之大老也,而归之,是天下之父归之

也。天下之父归之，其子焉往？诸侯有行文王之政者，七年之内，必为政于天下矣。"（《孟子·离娄上》）安顿了老者，也就安顿了人心，安顿了人心，也就拥有了天下。家齐、国治、天下平的道理亦在于此。

孟子有关"老者"的思想，彰显了对生命的敬畏、对"老者"老有所终的终极关切。生命的繁衍与生命的终了、诞生的喜悦与送终的凄哀，往往相互映衬而令人震撼。在孟子看来，"养生者不足以当大事，惟送死可以当大事"（《孟子·离娄下》），因为"养生"是有"始"的"金声"，而"送死"则是有"终"的"玉振"。"金声也者，始条理也；玉振之也者，终条理也。始条理者，智之事也；终条理者，圣之事也。"（《孟子·万章下》）以钟发声，以磬收韵，奏乐从始至终。人的一生也应有始有终，以达"智""圣"相通，这在一定意义上也使得"养生送死"的伦理意义和道德价值上升到了形而上的层面，养生送死也就具有了终极关切的意蕴。

敬畏生命、关爱生命，必须使生命具有生存与繁衍的物质基础。对此，孟子非常明智地指出："不违农时，谷不可胜食也；数罟不入洿池，鱼鳖不可胜食也；斧斤以时入山林，材木不可胜用也。谷与鱼鳖不可胜食，材木不可胜用，是使民养生丧死无憾也。养生丧死无憾，王道之始也。"（《孟子·梁惠王上》）出于对生命的挚爱，孟子主张必须节约资源，以利于生态环境的可持续演进、人类自身的可持续发展。对此，孟子劝告人们不要用细密的网捕鱼，以期让幼小的鱼继续生长繁殖；砍伐树木应按照规定的时节，以期使其可继续生长利用。这与孔子倡导的"钓而不纲，弋不射宿"理念，无疑有异曲同工之妙。正所谓："苟得其养，无物不长；苟失其养，无物不消。"（《孟子·告子上》）

人作为天地造化之物，其德源自天之德，源于天道生生之理。天的生生之理使人具有与天一致的生物之"仁"德。孟子体天地之化，明生生之理，识生物之机，以促成万物的天赋本性都得到最大限度的实现，是其深层而本然的理论旨趣——"善政，民畏之；善教，民爱之。"（《孟子·尽心上》）充分发掘孟子"仁政"思想中氤氲着的自觉自律

的敬畏意识，无疑对当今社会的生态文明建设大有裨益。人类在大力发展经济的同时，应尊重规律、敬畏自然、敬畏生命，力争在社会实践中实现经济发展与生态环境的协调一致。

第三节　荀子："敬天而道，畏义而节"

　　荀子（约公元前313—前238年），名况，字卿，战国末期赵国人，著名哲学家、文学家、政治家。荀子身处社会急剧变革、思想激烈碰撞时期，时代促使其在诸子蜂起、百家争鸣的思想交锋中，去深入思考当时社会所面临的种种问题。他曾三次出任当时处于百家争鸣中心园地的"齐国稷下学宫"的"祭酒"。稷下学者由于政治倾向、地域文化、思维方式、价值观念等差异，各自建构了自己的学说。荀子在稷下学宫任职期间，立足儒家学说，对稷下的百家学术进行了较为全面的评判、扬弃与熔铸。

　　孔子在"畏天命"的基础上，极力去探寻"天命"，以期"知天命"。在"知天命"的不屈不挠的历程中，孔子深切感知到"天命"之难知，进而理智地主张"敬鬼神而远之"，且认为"未知生，焉知死"。这不仅凸显了孔子对"天命"的敬畏，也意味着孔子将自己关注的重心由"天"落实到了"人"，由"形而上"落脚到"形而下"，并将"形而上"与"形而下"、"天"与"人"有机贯通起来。之后的孟子，接续了孔子的思想，进而在天人之间架设了一座"尽心知性知天""存心养性事天"的桥梁。而先秦哲学的批判总结者荀子，则在自觉地承继孔孟思想的基础上，丰富和发展了先秦儒家的敬畏观。

　　在荀子看来，人之所以会迷失敬畏之心，产生各种各样的欲望并出现背离礼义的行为，是由人的本性决定的。人的本性与动物本能一样，不是"自美"的，"善"是礼乐教化的人为结果。"性者，本始材朴也；伪者，文理隆盛也。无性则伪之无所加；无伪则性不能自美。"（《荀

子·礼论》）人性是与生俱来的一种自然属性，"凡性者，天之就也，不可学，不可事。……而在人者，谓之性"。人性表现为"饥而欲饱，寒而欲暖，劳而欲休"（《荀子·性恶》）。依荀子之见，人性是"生而有好利焉""生而有疾恶焉""生而有耳目之欲，有好声色焉"（《荀子·性恶》）。而人性的"善"则是后天人为（"伪"）的，因此，"人之性恶，其善者伪也"。"善"是后天环境熏陶和教化习染的结果，"礼义者，圣人之所生也，人之所学而能，所事而成者也。……可学而能、可事而成之在人者，谓之伪"（《荀子·性恶》）。荀子在对人的本性条分缕析之后，得出了如下结论：人性虽然是恶的，但可以通过外在的力量使之趋向于善。如何趋善？这就必须借助于"礼义"的规范、约束，使人们有针对性地划分等级，组成结构合理的社会，调节人因贪欲造成的争夺，从而相对合理地分配社会财富，保证社会安定。而圣人制定礼义，就像陶器工搅拌揉打黏土而制作出各种器皿一样，也是一个人为的过程。

由上可见，在荀子那里，礼义并非人的本性所固有的，人性之本质恰是无所谓善恶的"本始材朴"的自然之性，它既有转化为恶的可能，也有发展为善的契机。"生之所以然者谓之性。……心虑而能为之动谓之伪。"（《荀子·正名》）正是在此意义上，冯友兰先生认为："表面上看，似乎荀子低估了人，可是实际上恰好相反。荀子的哲学可以说是教养的哲学。他的总论点是，凡是善的、有价值的东西都是人努力的产物。价值来自文化，文化是人的创造。正是在这一点上，人在宇宙中与天、地有同等的重要性。"[1]

荀子已明确意识到：自然万物的变化都是有规律的，"天行有常，不为尧存，不为桀亡"（《荀子·天论》），人类的吉凶祸福，国家的治乱兴衰都是人自身行为的结果，天不会因为尧舜的高洁、桀纣的卑劣而有所偏向。人间之所以会引发祸乱，主要是因为"今人之性，生而有好利焉，顺是，故争夺生而辞让亡焉；生而有疾恶焉，顺是，故残贼生

① 冯友兰：《中国哲学简史》，北京：北京大学出版社 2010 年版，第 140 页。

忠信亡焉；生而有耳目之欲，有好声色焉，顺是，故淫乱生而礼义文理亡焉。然则从人之性，顺人之情，必出于争夺，合于犯分乱理，而归于暴"（《荀子·性恶》）。也就是说，人天生具有"好利""疾恶"等种种欲念，如果纵人之性、顺人之情，就会导致社会秩序混乱，从而滋生罪恶。由于"恶"是因人的性情膨胀而导致的，那就有必要为抑制这种性情膨胀寻找人性根据。

荀子还从"夫薄愿厚，恶愿美，狭愿广，贫愿富，贱愿贵"的观点中推导出"苟无之中者，必求于外"（《荀子·性恶》）的思想，从而论证了化性起伪的可能性。在荀子看来，大凡人之所以想为善，正是因为人的本性中有不善的成分，人的天性促使人总是极力向外追求自己本身缺失的东西，因而人具有向善的愿望。正是这种愿望能够改变人性中恶的因子，人为地养成善的品格。但这必须通过道德教化与刑罚惩治——"隆礼"与"重法"的相辅相成，来达到改变恶性之目的。

正是由于人的欲望和情性有可能导致邪恶，所以"古者圣人以人之性恶，以为偏险而不正，悖乱而不治，故为之立君上之埶以临之，明礼义以化之，起法正以治之，重刑罚以禁之，使天下皆出于治，合于善也"（《荀子·性恶》）。对于人的本性来说，不仅"埶"（君主的威势）是必须的，"礼"是需要的，"法"也是不可或缺的。临之以"君上之埶"与"明礼义""起法正""重刑罚"相辅相成，"隆礼"与"重法"相得益彰。"重法"，即对法律的敬重、敬畏，只有敬法畏律，才能对人们在相互争斗残杀中所显露出的人性之恶加以警示、惩戒。荀子的隆礼重法思想有助于将儒家的敬畏意识引向现实、直面人性，使治世之道更具针对性与实践性。

在重法、敬法、畏法的基础上，荀子提出了"明于天人之分，则可谓至人矣"（《荀子·天论》）的论断，以期厘析天人关系，进而确立敬畏"天命"的观念。关于"分"，《说文解字·八部》曰："分，别也"；《玉篇·八部》云："分，隔也"；郑玄注《礼记·礼运》中"男有分，女有归"时认为："分，犹职也。"从以上文献对"分"的注解看荀

子的"明于天人之分",再将"明于天人之分"还原到《荀子》整篇文论中就会发现,荀子在推出"明于天人之分"这句惊世骇俗的论断之前曾提出,当遭遇殃祸时人们"不可以怨天";而紧接着"明于天人之分"之后,荀子又主张世人应"不与天争职"。在《富国》篇中荀子又对"天"的职分作了如下发挥:"高者不旱,下者不水,寒暑和节,而五谷以时孰,是天下之事也。"至此,我们发现荀子关于"明于天人之分"的思想,即"天"与"人"各有自己"职分"的见解,绝非将"天人之分"等同于"天人相分"。因为"天人之分"的"分",指的是"职分",亦即二者各自不同的责任或义务;而"天人相分"的"分",则指的是二者的"分离"或"分隔"。

基于"明于天人之分"的理念,荀子进而强调:"列星随旋,日月递炤,四时代御,阴阳大化,风雨博施,万物各得其和以生,各得其养以成,不见其事而见其功,夫是之谓神;皆知其所以成,莫知其无形,夫是之谓天。"(《荀子·天论》)"天"具有不为而成、不求而得的"天功"。"天"作为创生、化育万物之本,使"万物各得其和以生,各得其养以成"(《荀子·天论》)。正由于"天"有如此之神功,所以,"君子大心则敬天而道,小心则畏义而节"。"君子至德,嘿然而喻,未施而亲,不怒而威。夫此顺命,以慎其独者也。"(《荀子·不苟》)在荀子看来,正由于君子"敬天""畏义",所以才拥有极高的德行,虽沉默不语,人们也都明白;不予施舍,人们也亲近他;不用发怒,自有威严。

从"天行有常"中体现出来的"诚"之"天德",将导引君子在"敬天""畏义"观念(敬畏意识)的基础上,出于对"天"和"义"的敬畏之情,进而去养心行义,践行圣人化民治国之本。何谓"天"?"天者,高之极也。"(《荀子·礼论》)天之可敬,不仅在于其高远,更在于其以"常"规范着自然万物的运行和生长。天之可敬,还在于其具有君子至诚的品格:"变化代兴,谓之天德。天不言而人推高焉,地不言而人推厚焉,四时不言而百姓期焉。夫此有常,以至其诚者也。"(《荀

子·不苟》）何谓"义"？此字始见于商代甲骨文，其古字形像带装饰的锯齿状长柄兵器，后用于比喻礼仪、威仪，并引申为品德之根本、伦理之原则、道义之合宜。义之可畏，就在于人们惧怕失去道义、失去公正，或得不到正义的庇护，或沦落为无耻之徒。明方孝孺所撰《侯城杂诫》曰："治人之身，不若治其心；使人畏威，不若使人畏义。治身则畏威，治心则畏义。"

正由于天以"常"道创生万物，以"至诚"胸襟滋养万物，因此，依道而行的人类必须敬畏天命（"常"），遵循天道，唯此，方能"修道而不贰，则天不能祸"。正所谓："顺其类者谓之福，逆其类者谓之祸，夫是之谓天政。暗其天君，乱其天官，弃其天养，逆其天政，背其天情，以丧天功，夫是之谓大凶。"（《荀子·天论》）在荀子看来，敬畏天命，并不意味着卑躬屈膝地一味听从天的发配或调遣，而是应该孜孜不倦地去追问天命之"常"（规律），唯有如此，方能在"知天命"的基础上，"制天命而用之"（《荀子·天论》）。

荀子此处所说的"制"，并非现代汉语中制服、控制等意。《说文》云："制，裁也。""裁"即裁决、判断之意。荀子认为人应该根据自然的特点和规律而"知其所为，知其所不为"，然后"备其天养，顺其天政"，"春耕、夏耘、秋收、冬藏，四者不失时，故五谷不绝，而百姓有余食也"（《荀子·王制》）。其关于"圣王之用也，上察于天，下错（措）于地，塞备天地之间，加施万物之上"（《荀子·王制》）等论断，都是在劝诫众人要敬畏和顺应自然规律。因此，"大天而思之，孰与物畜而制之？从天而颂之，孰与制天命而用之？望时而待之，孰与应时而使之？因物而多之，孰与骋能而化之？思物而物之，孰与理物而勿失之也？愿于物之所以生，孰与有物之所以成？故错人而思天，则失万物之情"（《荀子·天论》）。敬仰天的伟大而思慕它，不如掌握天的规律而运用它；顺从天而赞颂它，不如掌握天的法则而利用它；期望四时变化而等待它，不如根据四时变化来施展它。之所以"应之以治则吉，应之以乱则凶"（《荀子·天论》），就在于"应之以治"是敬畏天道、

顺应天道，而"应之以乱"则是傲视天道、违背天道。在先秦思想家中，荀子既高扬主体"制天命而用之"的能动精神，也不忘警示人们不能逆天命而动，以避免天命对人类悖理逆律、恣意妄为而进行的惩罚。

正因为天命有"常"，所以"草木荣华滋硕之时，则斧斤不入山林，不夭其生，不绝其长也；鼋鼍、鱼鳖、鳅鳝孕别之时，罔罟、毒药不入泽，不夭其生，不绝其长也。春耕、夏耘、秋收、冬藏，四者不失时，故五谷不绝，而百姓有余食也。汙池渊沼川泽，谨其时禁，故鱼鳖优多，而百姓有余用也。斩伐养长不失其时，故山林不童，而百姓有余材也"（《荀子·王制》）。这不仅是对孔、孟敬畏意识的拓展与深化，亦是在充分认识自然法则的前提下，生发出的敬畏意识及生态伦理思想。基于此，他进而认为，"其行曲治，其养曲适，其生不伤，夫是之谓知天"（《荀子·天论》）。所谓"知天"，即在敬畏之心的导引下，遵循规律、行为得当、不害万物，从而使万物自然生长。

正因为天命有"常"，所以"百王之无变，足以为道贯。一废一起，应之以贯，理贯不乱。不知贯，不知应变。贯之大体未尝亡也。乱生其差，治尽其详。故道之所善，中则可从，畸则不可为，匿则大惑。水行者表深，表不明则陷。治民者表道，表不明则乱。礼者，表也。非礼，昏世也；昏世，大乱也。故道无不明，外内异表，隐显有常，民陷乃去"（《荀子·天论》）。"礼贯"之所以如此重要，是因为"礼有三本：天地者，生之本也；先祖者，类之本也；君师者，治之本也。无天地恶生？无先祖恶出？无君师恶治？三者偏亡，焉无安人。故礼，上事天，下事地，尊先祖而隆君师，是礼之三本也"（《荀子·礼论》）。

天命有"常"，也就意味着天命"可知"。怎样知天命无疑是荀子需要着力探求的问题："君子易知而难狎，易惧而难胁，畏患而不避义死，欲利而不为所非，交亲而不比，言辩而不辞。荡荡乎，其有以殊于世也。"（《荀子·不苟》）君子易结交，但不可以戏谑；易畏惧，但不可以胁迫；害怕祸患，但不逃避为正义而赴死；希望有所获利，但不做背信弃义之事；与人交往亲密，但不结党营私；言谈雄辩，但不玩弄辞

藻。胸怀坦荡，不与世俗同流。君子具备了以上品格，便具备了知天命的基本条件。

荀子进而认为："君子能亦好，不能亦好；小人能亦丑，不能亦丑。君子能则宽容易直以开道人；不能则恭敬縛绌以畏事人。小人能则倨傲僻违以骄溢人；不能则妒嫉怨诽以倾覆人。故曰：君子能则人荣学焉，不能则人乐告之；小人能则人贱学焉，不能则人羞告之。是君子小人之分也。"（《荀子·不苟》）在荀子看来，君子无论有无才能都是美好的，小人无论有无才能都是丑恶的。因为有才能的君子，会宽宏大量、平易正直地启发导引他人；无才能的君子，则会恭敬礼让、小心谨慎地请教他人。小人有才能，就骄傲自大、邪僻背理地以傲视欺凌他人；没有才能，就嫉妒怨恨诽谤以倾轧搞垮别人。所以说：倘若君子有才能，那么别人会把向他学习看作是一件荣耀的事情；没有才能，别人则会乐意告知。小人如果有才能，别人就会把向他学习视为是一件令人羞耻之事；如果没才能，别人则羞于对其加以提醒。君子与小人的区别显而易见。

君子与小人之所以有如此显著的差异，就在于"君子宽而不慢，廉而不刿，辩而不争，察而不激，寡立而不胜，坚强而不暴，柔从而不流，恭敬谨慎而容。夫是之谓至文。诗曰：'温温恭人，惟德之基。'此之谓也"（《荀子·不苟》）。君子宽宏大量，但不懈怠马虎；方正守节，但不尖刻伤人；能言善辩，但不无谓争吵；洞察一切，但不过于偏激；卓尔不群，但不盛气凌人；坚定刚强，但不粗野蛮暴；宽柔和顺，但不随波逐流；谨言慎行，且能宽容待人。君子是最合乎礼义的文雅之士，在道德层面上表现出对他者的"恭敬""包容""谦逊"与"无争"。正如孔子所言："君子矜而不争，群而不党。"（《论语·卫灵公》）争强好胜、追逐名利，绝非君子所求、所为。而要成为"惟德之基"的"温温恭人"，必须拥有敬畏之心，否则，绝不会成为温润如玉的谦谦君子。

正因为拥有敬畏之心，所以"君子崇人之德，扬人之美，非谄谀

也；正义直指，举人之过，非毁疵也；言己之光美，拟于舜禹，参于天地，非夸诞也；与时屈伸，柔从若蒲苇，非慑怯也；刚强猛毅，靡所不信，非骄暴也；以义变应，知当曲直故也。诗曰（小雅）：'左之左之，君子宜之；右之右之，君子有之。'此言君子能以义屈信变应故也。君子，小人之反也。君子大心则天而道，小心则畏义而节"（《荀子·不苟》）。君子推崇他人德行，赞美他人优秀，并非出于谄媚阿谀；公正且直接地指出他人过错，并非出于诋毁挑剔；赞美自己，并与舜禹相比、与天地并列，并非出于浮夸不实；随时势进退，柔顺像蒲草与芦苇，并非出于懦弱胆怯；刚强不屈，坚毅挺直，并非出于傲慢暴横。可见君子之所以能够左右逢源，都是在"敬天""畏义"的基础上，依据道义审时度势、知曲直有度之缘故。

由于君子拥有"敬天""畏义"之心，所以，若心往大处着眼，就会敬畏天道而决不肆意妄为；往小处着眼，就会敬畏礼义而有所节制；若聪慧，就会明智通达而触类旁通；若愚钝，则会端正诚笃而遵守法纪；若被起用，就会恭敬谦虚而不放纵；若不见用，则会戒惧谨慎而严于律己；欣喜时，会心平气和地去治理事务；忧愁时，则会小心冷静地去处理问题；顺达时，文雅而明智；困窘时，则自我约束而明察事理。而小人则相反，若心往大的方面用，就会傲慢而粗暴；往小的方面用，就会邪恶而倾轧他人；若聪明，就会巧取豪夺而用尽心机；如愚钝，则会狠毒残忍而作乱；如被起用，就会高兴而傲慢；如不见用，就会怨恨而险恶；若高兴，就会轻浮而急躁；若忧愁，就会垂头丧气而胆战心惊；若显贵，就会骄横而不公正；若困窘，就会自暴自弃而志趣卑下。质言之，君子无论处于何种情境之下都在精进，而小人则都在堕落，正所谓："君子两进，小人两废。"（《荀子·不苟》）

君子之所以时时在精进，就在于"君子养心莫善于诚，致诚则无它事矣。唯仁之为守，唯义之为行。……夫诚者，君子之所守也，而政事之本也。唯所居以其类至。"（《荀子·不苟》）君子涵养身心没有比真诚更好的了，达至真诚，就不会有祸患之事发生，唯有坚守仁德，方能奉行道义。"诚"乃君子之操守，政事之根本。唯有立足于"诚"，方能泽万物、化万民。"君子位尊而志恭，心小而道大；……五寸之矩，尽天下之方也。故君子不下堂，而海内之情举积此者，则操术然也。"（《荀子·不苟》）君子虽地位尊贵，但内心则仍恭敬；心虽只有方寸之地，但志向却广袤远大。就像五寸长的曲尺，能够画出天下所有的方形，君子不用走出内室厅堂，而天下大事皆了然于胸。之所以能够如此，就在于掌握了一定之规。这个一定之规，即是"唯仁之为守，唯义之为行"的"仁义"。

君子掌握了一定之规，就会戒惧谨慎："君子慎之，而禹、桀所以分也。"（《荀子·不苟》）禹与桀的不同之处，就在于禹戒惧谨慎，而桀却胆大妄为。"凡人之患，偏伤之也。见其可欲也，则不虑其可恶也者；见其可利也，则不虑其可害也者。是以动则必陷，为则必辱，是偏伤之患也。"（《荀子·不苟》）大凡人们遭际祸患，往往出于横蛮偏执：见到想追求的东西，就不考虑其负面影响；看到有利可图的东西，就不去思虑可能带来的危害。因此，一旦行动便自然失足，并必然受辱，这都是缺失了敬畏之心而横蛮行事而造成的后果。

由上可见，《荀子》文本中对诸多问题的审问与反思，蕴涵着丰富的敬畏意识，彰显了对人类生存方式的焦虑与探求。荀子之所以孜孜不倦地探寻天道，其根本目的是弘扬人道。他深谙人道是治国安邦之本，人道的本质是治国理政、济世安民。民惟邦本，本固邦宁。因此，"法天道"就在于敬畏天道，进而顺民意、得民心、得天下。荀子自觉自律的敬畏观，不仅为当时社会治国安邦提供了思想资源，亦为当下的社会治理提供了历史借鉴。

第三章　汉唐诸儒虔诚自适之敬畏观

汉朝的文景之治、汉武盛世，唐代的贞观之治、开元盛世，充分展现了汉唐盛世在政治、经济、军事、文化等领域的协调驱进。国家统一、文化昌明，进一步激发了思想家们的睿智。汉唐诸儒在哲学上综合各家思想，使"天人感应"的宇宙论模式逐渐向本体论哲学转化。这一转化，是伴随着汉唐诸儒对"天""天道"以及对圣贤创造的文化经典的尊崇与敬畏而展开的。这种敬畏，并未遮蔽对主体能动性的首肯，因而汉唐诸儒的敬畏观明显地具有了虔诚且自适的特质。

第一节　董仲舒："天执其道为万物主"

董仲舒（公元前179—前104年），广川（今河北景县广川镇）人，西汉时期著名的哲学家、政治家、教育家、史学家、今文经学大师。汉景帝时任博士，讲授《公羊春秋》。汉武帝元光元年（公元前134年），武帝下诏征求治国方略，董仲舒在著名的《举贤良对策》中系统地提出了"天人感应""人副天数"等"大一统"学说。其"诸不在六艺之科、孔子之术者，皆绝其道，勿使并进"（《汉书·董仲舒传》）的主张，为汉武帝所采纳。至此，儒学逐渐成为中国社会的正统思想，影响长达

两千余年。董仲舒作为汉代大儒，在继承先秦儒学的基础上，对其进行了深刻省思，由此开启了儒学的新篇章。其代表作《春秋繁露》，为后世儒学兼容并包地吸纳各家思想提供了范型，也为儒家敬畏观的丰富与完善增添了思想资料。

徐复观曾将儒家的政治观念概约为"民本政治"，认为孟子的"民为贵"理念坚守了此一以贯之的立场。君主或君主之上的神，乃至人君所依凭的国，其存在的目的皆在于民。因此，儒家坚守对人的尊重以及对人性的依托，否定政治是一种权力、利益及暴力工具。德治作为一种内发性的政治形态，注重人性所固有的善的自觉与扩充，这与重视外在制约的刑罚显然不同，由此，"礼"就成为儒家进行社会治理的良方①。

据《史记·太史公自序》载："余闻董生曰：'周道衰废，孔子为鲁司寇，诸侯害之，大夫壅之。孔子知言之不用，道之不行也，是非二百四十二年之中，以为天下仪表，贬天子，退诸侯，讨大夫，以达王事而已矣。'子曰：'我欲载之空言，不如见之于行事之深切著明也。'夫春秋，上明三王之道，下辨人事之纪，别嫌疑，明是非，定犹豫，善善恶恶，贤贤贱不肖，存亡国，继绝世，补敝起废，王道之大者也。"②董仲舒在《春秋繁露·俞序》中的观点印证了司马迁的上述说法："仲尼之作《春秋》也，上探天端，正王公之位，万民之所欲，下明得失，起贤才，以待后圣。故引史记，理往事，正是非，见王公。史记十二公之间，皆衰世之事，故门人惑，孔子曰：'吾因其行事，而加乎王心焉。以为见之空言，不如行事博深切明'。"

在董仲舒看来，如欲承担儒学形态转型之大任，必须对儒学加以改铸且进行体系建构。而《春秋》公羊义法的建立，正好为其提供了方法论借鉴。董仲舒构建新儒学体系的重心，是对先秦思想家关于天人关系理念的整合与重构。其构建新的天人关系哲学的背景，就在于他已深刻

---

① 参见徐复观：《中国思想史论集》，上海：上海书店出版社2004年版，第245—246页。

② 司马迁：《史记》第十册，北京：中华书局1975年版，第3297页。

认识到，仅凭先秦儒家用人格修养的方式去制约权力无边的皇帝，只能是天方夜谭。倘若要对至高无上的君权进行限制，人间力量是不足取的，只能寄希望于"天"，借"天"的力量来加以制衡。基于此，董仲舒非常明智地希冀通过对天道的敬畏以及对天道的重新诠释，从而以儒家的仁德理念去改铸、稀释法家严酷的律法观念。

传统的春秋公羊学，没有对"天"的本原性和超越性进行必要探究，而董仲舒为了实现"大一统"的政治目标，对传统春秋公羊学进行了改造、发挥。他将《春秋繁露》分为两大部分，即"春秋学"和"天的哲学"，从而将"董氏"春秋学与前代春秋学区分开来。

董仲舒不仅是一位政治家、哲学家，而且是一位神学家，其哲学思想与其天人感应论和"灾异"论密切相连。其哲学体系，由天的实在性、至高无上性、君权天授天夺等内容构成。在这宏大的体系中，虔诚且自适的敬畏意识自然是其中蕴涵的重要内容。

从天人感应论出发，董仲舒对统摄一切的至上神——"天"进行了系统论证，以"灾异谴告"和"应瑞感诚"而降"受命之符"的形式表达天命意志，对传统天命观进行了有目的的改造：一方面，把上天符瑞降祥的征兆表达，变成了人的终极祈盼，从而突破了传统天命观于人而言抽象玄虚且无可感的理论界限；另一方面，又进而将人对天符瑞降祥的期待，变成个体或群体道德行为的实施动力，从而在实践层面回到了先秦儒家"以德配天"的德性路径。"受命之符"提示了君王使命的神圣性，敦促为君者"法天之行""除民所苦"的社会责任之践履；他提出的"兴太学，置明师"等文化主张被汉武帝采纳，并以国家统一意识形态方式予以推广传播；他以外在宗教形式行儒家义理事项，承儒家实践精神之精髓，故依然是"儒者宗主"①。

董仲舒在《举贤良对策》中明确指出："道之大原出于天，天不变，道亦不变，是以禹继舜，舜继尧，三圣相受而守一道，亡救敝之政也，

---

① 干春松：《董仲舒与儒家思想的转折——徐复观对董仲舒公羊学的探究》，《衡水学院学报》2018年第4期，第24—38页。

故不言其所损益也。由是观之，继治世者其道同，继乱世者其道变。"①
"天"作为中国人信仰的对象，历史悠久，西周时期的"天"是对神灵世界的泛称，是一个抽象的信仰。然而，经过春秋战国时期无神论思潮的荡涤，"天"在很大程度上已被改造成为一个主要泛指外在必然性的概念——"天何言哉？四时行焉，百物生焉，天何言哉？"（《论语·阳货》）"天不变其常，地不易其则，春秋冬夏不更其节，古今一也。"（《管子·形势》）"天行有常，不为尧存，不为桀亡。"（《荀子·天论》）

这样的"天"，到了汉代，经过董仲舒的努力，又被恢复到了它在春秋前所具有的绝对权威的神灵地位。董仲舒断定"天"是宇宙万物的创造者："天地之行美也。是以天高其位而下其施，藏其形而见其光，序列星而近至精，考阴阳而降霜露。高其位，所以为尊也；下其施，所以为仁也；藏其形，所以为神也；见其光，所以为明也；序列星，所以相承也；近至精，所以为刚也；考阴阳，所以成岁也；降霜露，所以生杀也。……是故天执其道为万物主。"（《春秋繁露·天地之行》）董仲舒从"同类相应"现象入手，着重分析了现象世界的内在关联："今平地注水，去燥就湿；均薪施火，去湿就燥。百物去其所与异，而从其所与同。故气同则会，声比则应，其验皦然也。"（《春秋繁露·同类相动》）董仲舒关于同类相动的思想，是对《易传·乾·文言》中的"同声相应，同气相求，水流湿，火就燥，云从龙，风从虎"思想的承继。其同类相感的思想也可以从《吕氏春秋·召类》中找到依据："类同相召，气同则合，声比则应。"

在以上经典文献的基础上，董仲舒进一步从阴阳和气等方面说明"物类相召"："天将欲阴雨，又使人欲睡卧者，阴气也。有忧，亦使人卧者，是阴相求也；有喜者，使人不欲卧者，是阳相索也。水得夜益长数分，东风而酒湛溢，病者至夜而疾益甚，鸡至几明皆鸣而相薄。"（《春秋繁露·同类相动》）尽管上述自然现象是人所共知的事实，并

① 班固：《汉书》卷五十六,北京:中华书局1962年版,第2518—2519页。

无神秘之处，但董仲舒却在探讨现实世界背后的"数"时，就前面举出的例子得出了如下结论："琴瑟报，弹其宫，他宫自鸣而应之，此物之以类动者也。其动以声而无形，人不见其动之形，则谓之自鸣也。又相动无形，则谓之自然。其实非自然也，有使之然者矣。物固有实使之，其使之无形。"（《春秋繁露·同类相动》）在董仲舒看来，这个无形的隐藏在事物背后的"使之然者"即"天"。他力图通过阐述"天人感应"现象，以证明至高无上的"天"之权威效应。

董仲舒论证"天"的实在性，是为了赋予"天"以特定的属性和功能，从而为其政治神学奠定形而上的支点。"天者，百神之君也，王者之所最尊也。"（《春秋繁露·郊义》）在董仲舒看来，所谓"百神"，不但包括各种自然神灵，如山神、水神、地神等，也包括社会神灵，如祖先神等。不仅如此，"天"也是缔造宇宙万物之造物主："天者，万物之祖。万物非天不生。"（《春秋繁露·顺命》）"天地者，万物之本，先祖之所出也。广大无极，其德昭明，历年众多，永永无疆。"（《春秋繁露·观德》）"为生不能为人，为人者天也。人之人本于天，天亦人之曾祖父也，此人之所以乃上类天也。"（《春秋繁露·为人者天》）"天"创生了宇宙万物（包括人类），因而是神圣的；天创生万物，但又不居功自傲，因而是仁慈的。"天覆育万物，既化而生之，有养而成之，事功无已，终而复始，凡举归之以奉人，察于天之意，无穷极之仁也。"（《春秋繁露·王道通三》）"天不言，使人发其意；弗为，使人行其中。"（《春秋繁露·深察名号》）把"天"说成是终极实在，"天"创造宇宙万物，其目的是要赋予"天"以最高意志，从而为他的纲常伦理寻求终极支撑。

为了重建新的政治伦理和社会秩序，董仲舒借鉴《荀子·王制》"众齐则不使"的见解，明确提出"未有贵贱无差，能全其位者"，力主"立尊卑之制，以等贵贱之差"（《春秋繁露·保位权》），并声称："仁义制度之数，尽取之天。天为君而覆露之，地为臣而持载之。阳为夫而生之，阴为妇而助之；春为父而生之，夏为子而养之，秋为死而棺之，

冬为痛而丧之。王道之三纲，可求于天。"（《春秋繁露·基义》）所谓
"覆露"与"持载"、"生"与"助"、"生"与"养"，体现的是一种和谐
与秩序。一方面，彼此共存共生之阴阳皆负有相应的义务与责任；另一
方面，阴阳之间又具有严格的等级之差。

为维护这种"尊卑贵贱"之差，董仲舒提倡忠孝顺从之道。为论证
孝的神圣性，他将孝誉为"天之经"。河间献王问董仲舒"孝"为何是
"天之经"时，董仲舒回答说："天有五行：木、火、土、金、水是也。
木生火，火生土，土生金，金生水……是故父之所生，其子长之；父之
所长，其子养之；……由此观之，父授之，子受之，乃天之道也。故
曰：'夫孝者，天之经也。'"（《春秋繁露·五行对》）

董仲舒由纲常神圣引申出天子受命于天，"君权天授"："德侔天地
者称皇帝，天佑而子之，号称天子。"（《春秋繁露·三代改制质文》）
董仲舒还从"王"字入手，分析皇权的神圣："古之造文者，三画而连
其中，谓之王。三画者，天、地与人也；而连其中者，通其道也。……
非王者孰能当是？"（《春秋繁露·王道通三》）在《天人三策》中，面
对汉武帝"帝王之道，岂不同条共贯与"①的疑惑，董仲舒在回顾历史
的基础上予以回应："帝王之条贯同，然而劳逸异者，所遇之时异
也。"②他异常机智地在承认存在古今一贯的帝王之道的同时，将上古圣
王在治道上的差异归结于具体所处的历史情境，继而又将议论的重心转
向对汉武帝"所遇之时"以及所应采取之道的论述。

然而，汉武帝并不满意董仲舒的回应，反而指责董仲舒："文采未
极，岂惑乎当世之务哉？条贯靡竟，统纪未终，意朕之不明与？听若眩
与？夫三王之教所祖不同，而皆有失，或谓久而不易者道也，意岂异
哉？"③于是，董仲舒必须按照汉武帝的质疑，对三王之教的问题作出更
为深入的分析与回应，并由此阐明"新王改制说"以及包含于其中的

① 班固：《汉书》卷五十六，北京：中华书局1962年版，第2506页。
② 班固：《汉书》卷五十六，北京：中华书局1962年版，第2509页。
③ 班固：《汉书》卷五十六，北京：中华书局1962年版，第2514页。

"三统说"。以上思想遂成为董仲舒在天命归属问题上的新见解。

皇帝的王位是神圣的，能够当皇帝的人是超凡的，世人必须顺从。但皇权又是天授的，最终对皇权拥有主宰权的是"天"，而不是皇帝本人，亦即天下是"天"的，不是君王的，君王无权滥用权力，王者应该做的就是承天意以从事。董仲舒的"君权天授"论，一方面神化了当时的最高统治者，以达到巩固汉王朝统治的目的；另一方面又主张："'天之生民，非为王也；而天立王，以为民也'。故其德足以安乐民者，天予之，其恶足以贼害民者，天夺之。"（《春秋繁露·尧舜不擅移汤武不专杀》）天子虽为天神所立，最为天下贵，但却不可任意妄为，否则，天将会将其王位夺走。这显然是对孟子民本思想的另类发挥。不可否认，董仲舒的"君权天授"论，在客观上起到了警示天子亦须敬畏天道、谨言慎行的作用，这对于缓和当时社会已有所激化的阶级矛盾，使社会得以相对和谐稳定，无疑具有一定的积极效应。

由于皇权天授，"王道"只是对"天道"的顺应。"天高其位而下其施，藏其形而见其光。高其位，所以为尊也；下其施，所以为仁也；藏其形，所以为神；见其光，所以为明。故位尊而施仁，藏神而见光者，天之行也。故为人主者法天之行……"（《春秋繁露·离合根》）天位尊而施仁，君王亦应效法："天之好仁而近，恶戾之变而远，大德而小刑之意也。"（《春秋繁露·阳尊阴卑》）多用德而少用刑，是"王道"效法、顺应"天道"的应然之举。

董仲舒还进而从名号上对君主职责加以规范："深察王号之大意，其中有五科：皇科，方科，匡科，黄科，往科。合此五科以一言，谓之王。王者，皇也；王者，方也；王者，匡也；王者，黄也；王者，往也。是故王意不普大而皇，则道不能正直而方；道不能正直而方，则德不能匡运周遍；德不能匡运周遍，则美不能黄；美不能黄，则四方不能往；四方不能往，则不全于王。故曰：天覆无外，地载兼受。"（《春秋繁露·深察名号》）意即王与皇、方、匡、黄、往五词同源，王应该具有"无外""兼受"之品格。因此，君主应与天合德，平治天下，方能

使国泰民安、河清海晏。

董仲舒还强调宇宙万物属于"天"，主宰人类命运的是"天"，其目的是论证当"天"创造了一切之后，为了政通人和便把直接统治万民的权力授予了"天子"。然而，这种授权不是理所当然的，而是有条件的。其条件就在于君主必须秉承天意，依上天的德性善行办事——"王者以道配天。"董仲舒还进而将君主的貌、言、视、听、思之"五事"与五行对应起来，要求君主貌礼、言从、视明、听聪、思睿，用五行对君主的行为实施约束，以达到"事各得其宜"（《春秋繁露·五行五事》）之目的。

由上可见，董仲舒虽然神化了君权，但并不是理论上的有意倒退，其政治意图是在理论与实践两个方面对君权加以规约，以避免君权滥用，给社会和百姓带来灭顶之灾。基于以上原因，董仲舒从未赋予君主以至高无上的绝对权力。与此相联系，他提出了祥瑞灾异说：祥瑞的出现，绝非无缘无故，而是上天对君主理政的肯定和褒奖。如果君主为政不善，天也会降下灾异："帝王之将兴也，其美祥亦先见；其将亡也，妖孽亦先见。"（《春秋繁露·同类相动》）他强调凡是祥瑞与灾异的出现必定有因。当统治者的统治开始偏离正道时，上天会不失时机地降灾害以谴告、出怪异以警示。如果此时的统治者未能意识到的话，上天便会降下大灾再次警示其悔过自新。如果统治者仍执迷不悟的话，上天则会果断地降临更大的灾祸，强制统治者迷途知返、改邪归正。只有到了迫不得已之时，上天才会剥夺君主的权位，以改朝换代。由此可见，灾异其实是对君主理政的预警，君主可借此了解其政令的臧否及上天的旨意，并以此规范自己的言行举止、调整自己的治国方略，以达至王者承天意以从事，任德教而不任刑的"屈民而伸君，屈君而伸天"的"《春秋》之大义"（《春秋繁露·玉杯》）。

天的至上性，决定了对天祭祀的重要性及必要性。"《春秋》之义，国有大丧者，止宗庙之祭，而不止郊祭，不敢以父母之丧废事天地之礼也。……夫古之畏敬天而重天郊如此甚也。"（《春秋繁露·郊祭》）

《春秋》之大义在于，如果国家遇到了重大丧事，必须停止宗庙祭祀（对父母或祖先的祭祀），但不能停止郊祭（事奉上天的礼节）。在此，董仲舒专门使用了"畏敬天"这一语词，无疑凸显了他对"天"的敬畏之情。他还进而将"畏敬"与"仁爱"有机贯通起来，"畏敬天"就要效法天的仁德："质于爱民，以下至于鸟兽昆虫莫不爱。不爱，奚足谓仁?"（《春秋繁露·仁义法》）在董仲舒看来，所谓"仁民爱物"，实则意味着人不仅要爱他人，还应爱与人类生存息息相关的"鸟兽昆虫"，否则就称不上是真正的仁爱。"泛爱群生，不以喜怒赏罚"（《春秋繁露·离合根》），彰显的是泛爱万物、敬畏生灵的儒者胸襟。

董仲舒对"天"这一范畴的改造，赋予了天以神灵之意，并将"神灵之天"与"意志之天""道德之天"加以糅合、贯通，从而使其天人感应论充溢着虔诚的敬畏意识。董仲舒关于"天人之际"甚可畏的观念，强调天的至高无上的权威，凸显了敬畏意识对其哲学思想的影响，进而使其天人感应论哲学与敬畏意识相互贯通、遥相呼应。这种贯通与呼应，对中国古代统治者治理社会具有十分重要的警戒作用。统治者出于维护自己统治的愿望，出于对社会和谐、秩序稳定的期盼，往往会"畏敬天"的旨意，从而促使其在主观上恪守职责、提升境界，在客观上推进社会的有序演进。

必须指出的是，董仲舒的天人感应论，虽然透射出虔诚的敬畏意识，强调"道之大原出于天""天执其道为万物主"，但同时亦对人的主体能动性予以充分肯定。依他之见，"天德施，地德化，人德义。天气上，地气下，人气在其间。春生夏长，百物以兴；秋杀冬收，百物以藏。故莫精于气，莫富于地，莫神于天。天地之精所以生物者，莫贵于人。……唯人独能为仁义；……唯人独能偶天地"（《春秋繁露·人副天数》）。这种天下万物人为贵的思想，充分表明董仲舒的敬畏观既是"虔诚"的又是"自适"的，绝不会为了崇尚天，而轻忽人的聪明才智与创造精神，这亦是汉唐诸儒敬畏观的共同特征。

第二节　王充："昌衰兴废皆天时"

王充（约公元27—97年），字仲任，会稽上虞（今浙江绍兴上虞）人，东汉时期杰出的哲学家、思想家、政治家，曾拜班彪为师。王充以"天道自然"为其天道观的立论宗旨，以"天"为最高范畴、以"气"为核心范畴，由元气、精气、和气等自然气化思想建构起系统的宇宙生成论。其代表作《论衡》84篇（现存篇目85篇，其中《招致》篇仅存篇目），虽诸多观点鞭辟入里、石破天惊，并勇于"刺孟问孔"，但对"命"或"天时"则始终怀有敬畏之心。

东汉时期，在意识形态领域里占支配地位的是儒家思想。但此时的儒学，与春秋战国时期不同的是已烙上了神秘主义印记——掺进了谶纬神学色彩，有渐变为"儒术"之嫌。由当朝皇帝钦定的作为"国宪"的《白虎通义》，继承发挥了董仲舒《春秋繁露》中的"天人感应"思想，将自然秩序和封建社会秩序结合起来，建立了一套较为系统的神学世界观：以神秘化了的阴阳、五行为基础，解释自然、社会、伦理、人生和日常生活的种种现象。"如果说，董仲舒《春秋繁露》是汉代士大夫为了与帝王建立合作关系而提出的文化思考与政治建议；那么，《白虎通义》则是士大夫与帝王在合作过程中成型的文化共识与政治盟约。"[①]王充之所以写作《论衡》，就是要对《白虎通义》中氤氲着的谶纬神学进行揭露与批判。《论衡》以"实"为据，疾"虚妄"之言，以达至"冀悟迷惑之心，使知虚实之分"（《论衡·对作》）之目的。

汉儒谶纬神学的核心是天人感应论，由此生发出对万物的神秘解释。"天人感应"的要旨是"天"有意识地创造了人，并又为人创生出"五谷万物"；有意识地降生下帝王来统治万民，并又为人立下统治的

---

① 朱汉民：《〈白虎通义〉：帝国政典和儒家经典的结合》，《北京大学学报》（哲学社会科学版）2017年第4期，第15页。

"秩序"。王充虽然对西汉的董仲舒、司马迁、扬雄等思想家较为赞赏，但同时亦认为："仲舒之文可及，而君山之论难追也。"（《论衡·案书》）"彼子长、子云说论之徒，君山为甲。"（《论衡·超奇》）意思是，董仲舒之文虽妙，犹可学而及之，但桓谭（君山）出语高峻，非可企及。甚至与以论说见长的司马迁、扬雄相比，桓谭亦略胜一筹。受桓谭影响，王充在《论衡》一书中对天人感应论予以大胆驳斥，对神学迷信、虚妄俗说予以批评质疑，以期"解释世俗之疑，辩照是非之理"（《论衡·对作》）。

在一定意义上说，董仲舒的天人感应论是社会历史观上的"天人合一"之道统观，是对儒家"天人合一"的另类解读。这种道统观认为，如果统治者承继了这个"道统"，即奉天受命，就能够维护"道统"、天下太平。反之，天下将大乱，并被新的统治者取而代之。这个"道统"又会在新的朝代重新延续下去。于是，"天不变、道亦不变"的社会历史观与"一治一乱"的历史循环论，就自然结合起来了。这种历史观的实质，就在于强调：世界上虽然没有万世一系的帝王，但统治阶级对百姓的统治却是亘古不变的。王充在《论衡》中对这种历史观持批评态度，认为社会治乱的原因寓于社会自身之中，而不在于"人君"的"德"或"道"。"世之治乱，在时不在政；国之安危，在数不在教。贤不贤之君，明不明之政，无能损益。"（《论衡·治期》）意即社会的治乱既不取决于"上天"的意志，亦不取决于人的贤明，而是有其自身的运行法则（"时数"）。

王充进而认为，天地都是无意志的自然物，宇宙的运动变化和万物的生成衰亡都是自然无为的结果。因为万物是由"气"的自然运动而生成的，"天地合气，万物自生"（《论衡·自然》），"夫物之相胜，或以筋力，或以气势，或以巧便。小有气势，口足有便，则能以小而制大；大无骨力，角翼不劲，则以大而服小"（《论衡·物势》）。事物间的相生相克是由于各种力量的强弱、气势的优劣以及动作的巧便不同，并非天意。不仅天道自然，而且人也是自然的产物，因为"人，物也；物，

亦物也"（《论衡·论死》）。他还进而对荀子的"明于天人之分"思想作了如下发挥："夫人不能以行感天，天亦不随行而应人。"（《论衡·明雩》）在王充看来，社会的政治、道德与自然界的灾异无关，所谓"天人感应"的观点，只不过是人们以自己的想象去类比天的结果。对于人之生死问题，王充认为人有生即有死。人所以能生，是由于其有精气血脉，而"人死血脉竭，竭而精气灭，灭而形体朽，朽而成灰土，何用为鬼"（《论衡·论死》）。

在常人看来，王充反对天人感应、驳斥神学目的论，就难得有畏惧情感、难得有敬畏意识，对此，我们应做具体分析。他虽然反对神学目的论，但却认为造成吉凶祸福和贫富贵贱的主要原因就在于"命"。他赋予"命"以至高无上的地位，认为"命当贫贱，虽富贵之，犹涉祸患矣；命当富贵，虽贫贱之，犹逢福善矣"（《论衡·命禄》）。依王充之见，决定生死夭寿和贫富贵贱的"命"，是由天和各种星象施气造成的，"天施气于地以生物，人转相生，精微为圣，皆因父气，不更禀取"（《论衡·奇怪》）。甚至认为造成社会治乱的原因也在于"时数""天时"："年岁水旱，五谷不成，非政所致，时数然也。""昌衰兴废，皆天时也。""贤不贤之君，明不明之政，无能损益。"（《论衡·治期》）"命"抑或"天时""时数"在王充那里，其实就是我们今天所说的人的意志不可抗拒的必然性、规律性。鉴于此，王充对拥有至高无上权威的"命"抑或"天时""时数"充满了敬畏之情。

王充有诸多关于"命"的论述："人命有长短，时有盛衰，衰则疾病，被灾蒙祸之验也。""操行善恶者，性也；祸福吉凶者，命也。或行善而得祸，是性善而命凶；或行恶而得福，是性恶而命吉也。性自有善恶，命自有吉凶。使命吉之人，虽不行善，未必无福；凶命之人，虽勉操行，未必无祸。""命者，贫富贵贱也；禄者，盛衰兴废也。以命当富贵，遭当盛之禄，常安不危；以命当贫贱，遇当衰之禄，则祸殃乃至，常苦不乐。""故人之在世，有吉凶之性命，有盛衰之祸福，重以遭遇幸偶之逢，获从生死而卒其善恶之行，得其胸中之志，希矣。"（《论衡·

命义》）王充极力维护"命"的绝对权威，认为命当贫贱，虽富贵之，犹涉祸患；命当富贵，虽贫贱之，犹逢福善。他还认为："修身正行，不能来福；战栗戒慎，不能避祸。祸福之至，幸不幸也。故曰：得非己力，故谓之福；来不由我，故谓之祸。"（《论衡·累害》）因此，人类对于能够决定生死夭寿和贫富贵贱的"命"，必须有敬畏意识。

出于对"命"（包括"天时""时数"）的敬畏，王充提出了"瑞应"说。"凡人禀贵命于天，必有吉验见于地。见于地，故有天命也。"（《论衡·吉验》）"善祥出，国必兴；恶祥见，朝必亡。"（《论衡·异虚》）在他看来，宣帝、光武、明帝、章帝等仁君当政，必有凤凰麒麟、芝草甘露等祥瑞之物呈现。他还进而主张"妖祥"说，认为妖是一种气化现象，"天地之气为妖者，太阳之气也。"（《论衡·订鬼》）依王充之见，"妖祥"与"瑞应"既是自然现象，亦是社会兴衰的征兆，"天地之道，人将亡，凶亦出；国将亡，妖亦见"（《论衡·订鬼》）。

关于写作《论衡》之目的，王充自叙为："解释世俗之疑，辨照是非之理。""冀悟迷惑之心，使知虚实之分。"（《论衡·对作》）《论衡》以"实"为据，疾虚妄之言的理论勇气，对于破解世俗之疑，观照是非之理，起了积极作用。在王充看来，"畏命"意味着不可以对"命"加以虚妄不实之词，而妄加评说。鉴于此，《论衡》针锋相对地指出：天地万物（包括人）都是由"气"构成的，"气"分为"阴""阳"二气，人、物之"生"在于"元气"之凝结，"灭"则在于"元气"之复归。无论生灭，都是一个自然而然的过程。万物生长在于"自然之化"。"外若有为，内实自然。"人与天地、万物不同的是"知饥知寒""见五谷可食，取而食之，见丝麻可衣，取而衣之"（《论衡·自然》）。因此，人与五谷、丝麻不是上天有意创造出来的，而是"气""自然之化"的结果。"夫天地合气，人偶自生也"，"及其成与不熟，偶自然也"（《论衡·物势》）。人的作用只在于利用自然，辅助"自然之化"而已。

在王充看来："命，吉凶之主也。自然之道，适偶之数，非有他气旁物厌胜感动使之然也。"（《论衡·偶会》）"命"之所以是"自然之道"，任何外物都不能影响、干预乃至左右其运行与变化，就在于"命"即自然而然的客观必然性，不以任何人乃至神的意志为转移，人对其只能遵循、效法、辅助。遵循、效法、辅助必然性，在本质上就是遵循"自然之道"，不妄自肆意造作，亦是对必然性（规律、法则）的敬畏。这种敬畏，虽然其具体内容不同于董仲舒对"天"的敬畏，但在实质上却殊途而同归。人类须敬天、畏天、敬畏天命，实乃先哲们在对宇宙、自然、社会长期探秘与反思的过程中，深刻领悟到的至理，在王充这里亦同然。他从虔诚的自然主义出发，认为社会历史是不以人的意志为转移的客观过程。他否定了"天"和"人君"是历史发展的决定力量，从而将社会历史的发展过程归结为"命""时""数"，而"命""时""数"无疑是一种具有客观必然性的力量。

在《论衡·佚文》中，王充曾自叙道："《诗三百》，一言以蔽之曰：'思无邪'。《论衡》篇以十数，亦一言也，曰：'疾虚妄'。"对虚妄不实之言辞的痛恨，既是《论衡》的主旨，亦是王充发愤著《论衡》的动机。"是故《论衡》之造也，起众书并失实，虚妄之言胜真美也。故虚妄之语不黜，则华文不见息；华文放流，则实事不见用。故《论衡》者，所以铨轻重之言，立真伪之平，非苟调文饰辞，为奇伟之观也。"（《论衡·对作》）《论衡》作为王充的经意之作，虽然初成于永平建初时期，但时隔20年之后，他又十分用心地重修此书。谢承《后汉书·卷三》说，王充"于宅内门户炉柱各置笔砚简牍，见事而作，著《论衡》八十五篇，二十余万言"。范晔《后汉书·王充传》亦言："充好论说，始若诡异，终有理实。以为俗儒守文，多失其真。乃闭门潜思，绝庆吊之礼，户牖墙壁各置刀笔，著《论衡》八十五篇。"由上可见，出于对谶纬神学之义愤与批驳、对学术求真之执着与"虔诚"，对自然命运（"时""数"等必然性）之尊重与"敬畏"，晚年的王充虽然在经济上穷困潦倒，但在精神上却自由自适。他闭门深思静修，断绝社交往来，在居家四处放置笔墨简编，灵感所到，即行著录，从而完成了《论衡》的最后定本。其思深、其意诚、其功勤、其志坚，无不是其拥

有"敬畏意识"之映照。

王充的敬畏意识不仅表现在对"命"或"时""数"的敬畏，而且还映射出对"知"的崇尚与敬畏。他将人的能力概括为两种：体力与知力（智力）。他说："人生莫不有力。""人有知学，则有力矣。文吏以理事为力，而儒生以学问为力。""博达疏通，儒生之力也。"（《论衡·效力》）王充对知识、智慧的作用予以充分肯定，亦不否认体力的作用："垦草殖谷，农夫之力也；勇猛攻战，士卒之力也；构架斫削，工匠之力也……"（《论衡·效力》）但以上这些观点在王充的思想中只是点缀而已，并不占主要地位。他力主"知为力"，认为"知"的效用通过两种形式表现出来：一是"成人之操，益人之知，非徒战斗必胜之策也"，"练人之心，聪人之知，非徒县邑之吏对向之语也"；二是"收拾文书，……能制九州"（《论衡·别通》）。他还特别强调儒生的社会作用："论道议政，贤儒之力也。"（《论衡·效力》）他提出允许人们"论道议政"，充分发挥博学多能的贤儒的社会作用，认为这对于推动社会进步至关重要。

在就体力与知力作比较时，王充明确指出："案仪律之功，重於野战，斩首之力，不及尊主。""筋骨之力，不如仁义之力荣也。"（《论衡·效力》）在他看来，仁义属于"道"，"道"是"知"的前提及主要内涵，因此，仁义之力即"知之力"。在此，王充并非有意贬低"体力"的作用，而是突出强调当时（东汉）的科技发展（"知之力"）对社会进步的引导与推动作用。正如其所言："六国之时，贤才之臣，入楚楚重，出齐齐轻，为赵赵完，畔魏魏伤。"（《论衡·效力》）

"疾虚妄"的理论勇气、敢于挑战权威的批判精神，与对"命""时""数"及"知之力"的敬重，在王充那里并不相互抵牾。其"疾虚妄"的勇气正是建立在尊重知之力、敬畏自然必然性的基础之上，所以能够以实事求是的态度，去评判、"论衡"各种理论，并以尊重史实、敬畏历史的立场去评判历史的功过是非。诚然，必须指出的是，王充敬畏意识中不可避免地或多或少隐匿着一些宿命论的因子，这对于汉代思想家来说，也是由其时代局限所致。

第三节　韩愈："生则得其情，死则尽其常"

　　韩愈（公元768－824年），字退之，邓州南阳（今河南南阳）人，自称"郡望昌黎"，世称"昌黎先生"，唐代中期著名的哲学家、文学家、思想家、政治家和教育家，元和十二年（公元817年），出任宰相裴度行军司马，参与平定"淮西之乱"，元和十四年（公元819年），又因直言谏迎佛骨一事，被贬为潮州刺史。宦海沉浮，韩愈晚年官至吏部侍郎，人称"韩吏部"。长庆四年（公元824年），韩愈病逝，追赠礼部尚书，谥号为"文"，故世称"韩文公"。韩愈作为唐代古文运动的倡导者，名列"唐宋八大家"之首，有"文章巨公"和"百代文宗"之名。后人将其与柳宗元、欧阳修和苏轼合称为"千古文章四大家"。他倡导"文以载道""文道合一"，著有《韩昌黎集》，其中的《原道》《原人》《原性》《原鬼》《论佛骨表》等篇，集中体现了他的哲学思想及"敬畏"意识。

　　由于唐代采取的是较为宽舒的文化政策，因此佛道二教得以迅速发展。到了韩愈所处的中唐时期，上自国君，下自百姓，竟为迎接佛骨舍利而狂颠。韩愈作为中唐儒士，性情耿直，绝不逢君之恶，为了维护儒家"道统"，通过上书唐宪宗，大胆指出，佛老是"夷狄之法"，如果尊崇佛老，即"举夷狄之法，而加之先王之教之上"（《原道》）。"佛本夷狄之人，与中国言语不通，衣服殊制；口不言先王之法言，身不服先王之法服；不知君臣之义，父子之情。"（《论佛骨表》）因此，尊佛就从根本上背离了中华文化赖以赓续的"先王之教"。由于韩愈对于外来文化对本土文化的冲击，深感忧虑，因而认为，佛教诱导善男信女摒弃君臣之义、父子夫妇之情，去追求所谓超越世俗的彼岸天国，道教教唆人们脱离现实、摒弃仁义，以追寻虚无缥缈的神仙之境，这都是脱离社

会、背弃人伦、以一己之私凌驾于天下之公的夷狄之教，不足为取。在现实中，由于君主给佛庙和道观以优厚的财力支持，导致大量人口聚集并投身于佛道二教，而佛道二教又大肆借机聚敛钱财、圈占土地，给国计民生造成了极大伤害。

基于以上原因，韩愈果断地提出了解决佛道问题的具体方案：强迫佛道信徒还俗，焚毁佛道之书，并将寺庙和道观恢复成百姓居住之所，给孤老鳏寡等弱势群体以社会资助等。对此，他特别强调要以先王之道教化引导百姓，切断佛道思想赖以滋生蔓延的社会基础。韩愈的以上主张激怒了当朝君主，唐宪宗将其视为诋毁国政、触犯朝纲的大逆不道之人，并将其贬为潮州刺史。有诗为证："一封朝奏九重天，夕贬潮州路八千。欲为圣明除弊事，肯将衰朽惜残年！云横秦岭家何在？雪拥蓝关马不前。知汝远来应有意，好收吾骨瘴江边。"（韩愈：《左迁至蓝关示侄孙湘》）上书明谏之失败，也使韩愈清醒地意识到：欲从根基上清除佛道影响，不能只从现象上进行抨击，必须从中华文化的根基入手，从本根之处复兴儒家思想。于是，韩愈针对佛教特别是禅宗的"法统"说，提出了著名的"道统"说。

所谓"道统"，在韩愈那里主要是指儒家的"先王之教"，在各个历史时期薪火相传的"统绪"。通过对先秦儒家经典的深入研读，韩愈发现这一"道统"早在《孟子·尽心下》中就已现端倪。韩愈以《孟子》为蓝本，对儒家的传承"统绪"予以梳理，使之更为明晰、完整，从而正式构建起了儒家的"道统"说："斯吾所谓道也，非向所谓老与佛之道也。尧以是传之舜，舜以是传之禹，禹以是传之汤，汤以是传之文、武、周公，文、武、周公传之孔子，孔子传之孟轲，轲之死，不得其传焉。荀与杨也，择焉而不精，语焉而不详。"（《原道》）在此，我们会发现，韩愈将孟子析出的尧舜—汤—文王—孔子的传承谱系，发挥成了尧—舜—禹—汤—文、武、周公—孔子—孟轲这一完整的序列，并明确指出，自孟子之后，这一"道统"则不得其真传。

既然先王之道在孟子之后失传了，那么在韩愈看来，自己理应担当起接续、传承并光大儒家"道统"之重任，并以之为毕生使命。他十分自豪地说："如使兹人有知乎，非我其谁哉！其行道，其为书，其化今，其传后，必有在矣。"（《重答张籍书》）他进而强调："释老之害过于杨墨，韩愈之贤不及孟子。孟子不能救之于未亡之前，而韩愈乃欲全之于已坏之后。呜呼，其亦不量其力，且见其身之危，莫之救以死也！虽然，使其道由愈而粗传，虽灭死万万无恨！"（《与孟尚书书》）

在《原道》中，韩愈对儒家"道统"的主要意涵作了如下概述："夫所谓先王之教者何也？博爱之谓仁，行而宜之之谓义，由是而之焉之谓道。足乎已无待于外之谓德。……其文：《诗》《书》《易》《春秋》；其法：礼、乐、刑、政；其民：士、农、工、商；其位：君臣、父子、师友、宾主、昆弟、夫妇；其服：麻、丝；其居：宫、室；其食：粟米、果蔬、鱼肉。其为道易明，其为教易行也。是故以之为已，则顺而祥；以之为人，则爱而公；以之为心，则和而平；以之为天下国家，无所处而不当。是故生则得其情，死则尽其常。效焉而天神假，庙焉而人鬼飨。"在此，韩愈将念兹在兹的"道统"，理解为一个集理想、信念、道德、政治、经济、伦理、文化、刑法等于一体的完整体系。此体系，对未来的理想社会蓝图进行了描绘，对孔子的"泛爱众而亲仁"，孟子的"亲亲而仁民，仁民而爱物"的博爱、仁义思想，作为儒家"道统"一以贯之的经线而加以尊奉、敬畏，以至于"生则得其情，死则尽其常"（《原道》）。

在韩愈看来，如欲传承光大"道统"，行"先王之教"，必须狠抓教育。韩愈出身于书香门第，3岁而孤由其伯兄抚养，12岁时其兄韩会病故，由其寡嫂抚养成人。韩愈自幼便饱尝寄人篱下及长期颠沛流离之苦，历经兵荒马乱、动荡不安的岁月，养成了不屈不挠的倔强性格。据《旧唐书·韩愈传》记载："愈自以孤子，幼刻苦学儒。"其世界观自幼是在儒学的熏陶下形成的，"始者，非三代两汉之书不敢观，非圣人之志不敢存"（《答李翊书》）。鉴于此，韩愈欲成为儒家道统的传承者、光大者，就自然成为水到渠成之事。

提及唐朝，人们大多会与"稻米流脂粟米白，公私仓廪俱丰实"（杜甫：《忆昔》），抑或"九天阊阖开宫殿，万国衣冠拜冕旒"（王维：《和贾舍人早朝大明宫之作》）相联系。然而以上盛况都只是唐朝开元盛世中的惊艳之笔，韩愈所处的唐代，恰是安史之乱结束后，唐朝内外交困最严重的时期——皇位更迭、宦官专权、藩镇割据、朝臣倾轧、边患频发。目睹这一切的韩愈，率先在文坛发起了古文运动。从表面上看，这仅仅是一场崇尚儒学回归的文学改良运动，而实际上，却是将"道统"回归的学术理想与国家统一的政治理想寄寓其中的"革新"运动。这一运动，对于唐朝中后期以及宋明之后的社会、文化风气都有着深远影响。

关于古文运动，韩愈认为，学习古文，并非因为"其句读不类于今"，而是由于"学古道则欲兼通其辞，通其辞者，本志乎古道者也"（《题欧阳生哀辞后》）。也就是说，学古文根本上是为了学习"道"、志乎"道"。韩愈将此夙愿落实在教育教学的实践中——除亲自执教之外，他还对科举制度和传统教育进行批评，不仅指出当时科举制度存在的流弊，还对识别、培养人才提出了颇有见地的观点："世有伯乐，然后有千里马。千里马常有，而伯乐不常有。"（《杂说四·马说》）

韩愈对教育事业有着异乎寻常的热情，不但努力扩建校园，争取让更多的学生能够接受教育，还四处奔波为门人弟子积极寻找出路。在任四门博士（负责六、七品官员及侯爵以下的子孙，以及庶民子弟中的优秀学子教育工作的职位）时，他着眼于"公卿子孙，耻游太学"而导致的生员不足问题，撰写了《请复国子监生徒状》，提出增加国子太学和四门学馆生员的建议，同时积极利用学校这一育人场所，传道授业，奖掖后学。因为他深刻地意识到，人才的选拔与任用，对国家的前途有着重大影响，而人才的发掘和培养更是重中之重。

任国子博士时，韩愈作《师说》《进学解》，倡导尊师重道，彪炳成才之道；任国子祭酒时，又奏请严选儒生为学官，整顿国学。他还对当时不重视地方教育的现象进行批评，在《子产不毁乡校颂》中，赞扬郑

子产不毁乡学教育观的明智。在潮州做刺史时，他重视地方教育，拿出自己的薪俸兴办州学，发展地方教育。

韩愈特别重视教育目的之实现。在他看来，教育目的规定着培养人才的标准和要求，而其中最主要的就是政治主张。韩愈的政治主张就是儒家的仁义之道以及"三纲""六纪"之说。为此，韩愈阐发了《礼记·大学》中的"修齐治平"之学，进一步将培养目标标准化。韩愈在《原道》里引用了《大学》中的"古之欲明明德于天下者，先治其国；欲治其国者，先齐其家；欲齐其家者，先修其身；欲修其身者，先正其心；欲正其心，先诚其意"。然后对之进行发挥："古之所谓正心而诚其意者，将以有为也。"（《原道》）韩愈将修心养性视为教育之本，强调"诚意""正心"，其目的是齐家治国平天下；强调"有为"，则在于反对佛老的"无为"。经过韩愈的重视和发挥，至宋代，《大学》遂成为独立的儒家经典，被南宋朱熹列为"四书"之一。

关于"师道"的论述，凸显了韩愈在教育史上的贡献。唐德宗贞元十八年（公元802年），社会上存在着"耻学于师"之风气，且此风气自魏晋始已流传了数百年。韩愈面对此不良风气，为恢复师道，专门在《师说》中对师道作了精辟论述："古之学者必有师，师者，所以传道、受业、解惑也。"这是中国教育史上第一次完整地对教师职责进行论述。韩愈所说的"传道"，指的是"传"儒家的修齐治平之"道"；"受业"，指的是"授"古文六艺等儒家经典之"业"；"解惑"，指的是"解"学生在"道""业"两方面存在之"惑"。在他看来，上述三项任务是紧密相连的，但"传道"是目的、是方向，因而是教师的首要任务；而"受业""解惑"则是"传道"的过程和手段。在文章写作上，韩愈更是提倡"道盛则气盛，气盛则文昌，文以贯道，文以明道，文以载道"。而"文以载道"的思想，无疑体现了"道统"说的精神实质。于是，"道统"说与"先王之教"的关系就自然而然地贯通起来了。

依韩愈之见，传承光大"道统"，行"先王之教"，不仅要重视教育，还必须研究人性。先秦以来儒家思想的驳杂、佛老二学的浸淫，使

韩愈清醒地意识到重新梳理、廓清儒家人性论之必要。他在《原性》一文中，系统厘析了孔、孟、荀、董仲舒、扬雄等儒士有关人性论思想后，在继承了董仲舒的"性三品"说的基础上，提出了自己的"性三品"说。韩愈认为，"性"作为人与生俱来的先天本质，可分为上、中、下三个等级。上品的人生来就能够按照道德标准行事；中品的人要通过修身养性才能做到；而下品的人由于其天生的劣性，只能用强制手段迫使其就范。教育对上品与中品的人是起作用的。对上品人来说，"就学而愈明"；对中品人来说，"可导而上下"；至于下品的人，则必须"畏威而寡罪"（《原性》），即使其畏惧法律而少犯罪孽。

"仁"与"礼"在儒家思想中，是相辅相成、互为一体之两面。韩愈将礼、乐、刑、政并提，既将其作为治国之重要方略，亦作为教育之主要内容。他奉"六经"又通百家，主张儒经与法律兼顾，刑政与教化并重。毋庸讳言，以上观点，固然有其时代及理论缺憾——敬律畏法不应仅仅局限于下等人，而是应当推廓及所有人，正所谓王子犯法应与庶民同罪，但他毕竟窥视到了人性中的弱点，主张应仁礼互鉴、礼法并用，以期扬善弃恶，从而以"先王之教"达至"畏威而寡罪"之目的。

通过对人性问题的厘析，韩愈还指出，在"性"之外还有"情"，情"接物而生"，它包括"喜、怒、哀、惧、爱、恶、欲"等七种。情也分为上、中、下三品，具有上品性的人，七情的表现都能"适中"；具有中品性的人，要求七情适中，但往往"有所甚""有所亡"，即过与不及，而不能恰如其分；具有下品性的人，"直情而行"，毫不节制。"三品"之间虽不能"移"，但在各"品"内部，则可通过教化或刑罚，使人之性情发生一定程度的改变。教育的作用，就在于能够在既定的品格之内使性情发生变化。

由上可见，韩愈既看到了教化的意义与作用，也意识到了法律的威严与神圣。他关注"人"的生存价值，关心百姓的生死冷暖："明先王之道以道之，鳏寡孤独废疾者有养也。其亦庶乎其可也！"（《原道》）对此，宋人苏轼称他创下了"文起八代之衰，而道济天下之溺"（苏轼

《潮州韩文公庙碑》）之伟绩。在维护、传承、光大儒家"道统"问题上，韩愈当仁不让、义无反顾。他的"道统"说、人性论，不仅对其学生李翱产生了重大影响，而且还开了宋明理学之先声。

更为难能可贵的是，韩愈对"道统"的尊崇与敬畏，丝毫也没有影响他在诗文创作上的气势磅礴、汪洋恣肆、纵横捭阖、声宏调激。这也充分彰显了韩愈的"敬畏"观，具有虔诚且自适的特征。

第四节　李翱："去情复性，循礼而动"

李翱（公元772—841年），字习之，唐陇西成纪（今甘肃秦安东）人，西凉李暠后裔，北魏李冲十世孙，自幼"勤和儒学，博雅好古"，贞元年间进士，历任国子博士、史馆修撰、考功员外郎、礼部郎中、中书舍人、桂州刺史、山南东道节度使等职，唐代著名的哲学家、文学家，作为韩愈的学生、侄婿，李翱曾师从韩愈学习古文，并协助韩愈推进古文运动。李翱虽然与高僧的私交颇深，但作为世俗的士大夫，在政治、文化等立场上又是崇儒排佛的。他尊孔子为"圣人之大者"，主张人们的言行都应以儒家的"中道"为标准。本于儒家经典，著有《李文公集》，该集中的《复性书》上、中、下三篇，充满了对儒家"道统"与"礼"的崇奉与敬畏。

作为韩愈的学生，李翱自然十分崇奉韩愈的"道统"说。"道统"说之学术内缘发端于孟子，孟子为申孔儒、辟杨墨曾如是说："由尧、舜至于汤，五百有余岁；若禹、皋陶，则见而知之；若汤，则闻而知之。由汤至于文王，五百有余岁，若伊尹、莱朱，则见而知之；若文王，则闻而知之。由文王至于孔子，五百有余岁，若太公望、散宜生，则见而知之；若孔子，则闻而知之。由孔子而来，至于今，百有余岁，去圣人之世，若此其未远也。近圣人之居，若此其甚也，然而无有乎尔，则亦无有乎尔。"（《孟子·尽心下》）孟子对儒家"道统"的接

续、韩愈对儒家"道统"的担当，都激励着处于中唐时期的李翱应对当时佛学对儒家"道统"的挑战，以复兴儒学的正统地位。

李翱在其散文《从道论》中指出："君子从乎道也，不从乎众也。"将"道"置于至上地位，是李翱针对当时佛教对儒学的抨击必然作出的理论回应。针对佛道二教之影响，他在另一篇散文中写道："溺于其教者，以夷狄之风而变乎诸夏，祸之大者也，其不为戎乎幸矣。"（《去佛斋论》）

以儒家经典《中庸》为理据，李翱在《复性书》中阐发了自己对儒家"道统"的新见解："昔者圣人以之传于颜子，颜子得之，拳拳不失，不远而复，其心三月不违仁。子曰：'回也其庶乎！屡空。'其所以未到于圣人者一息耳，非力不能也，短命而死故也，其余升堂者，盖皆传也。一气之所养，一雨之所膏，而得之者各有浅深，不必均也。子路……结缨而死。由也非好勇而无惧也，其心寂然不动故也。曾子之死也，……此正性命之言也，子思，仲尼之孙，得其祖之道，述《中庸》四十七篇，以传于孟轲。……轲之门人，达者公孙丑万章之徒，盖传之矣。遭秦灭书，《中庸》之不焚者一篇存焉。于是此道废缺，其教授者惟节行、文章、威仪、击剑之术相师焉。性命之源，则吾弗能知其所传矣。道之极于剥也必复，吾岂复之时邪？……性命之书虽存，学者莫能明，是故皆入于庄、列、老、释。不知者谓夫子之徒不足以穷性命之道，信之者皆是也。有问于我，我以吾之所知而传焉，遂书于书，以开诚明之源，而缺绝废弃不扬之道几可以传于时，命曰《复性书》，以理其心，以传乎其人。"

通过上述引文我们发现，李翱对儒家"道统"论的理解，是基于《中庸》本于心性的"性命之说"而发的，而韩愈的"道统"论则主要是依于《大学》的"外王之道"而言的。因此，"李翱对儒家道统的新的求思方向，直接开启了由'诚明'而达至'去情复性'之目标的性情论思想，也真正掘开了宋明理学之'源'"①。在一定意义上说，韩愈

① 马育良：《中国性情论史》，北京：人民出版社2010年版，第178页。

的《原道》开创了宋代新儒家重新解释儒家经典的历史，而其学生李翱的《复性书》，则结合儒释两家的学说，将儒家的道德约束从外在转向内在，从而使佛学理论与儒家学说贯通起来，并在一定程度上超越了韩愈的学说。

李翱作为上承先秦儒学、下启宋明理学的思想家，面对佛道两家尤其是佛家对儒学的挑战，以"道统"的继承者著《复性书》，意在重振儒家性命之道。在李翱看来，人性问题乃传统儒学的核心所在，复兴儒学首先急需真切面对儒学的人性问题。他对韩愈的人性论既有所继承，更有所发挥。他与韩愈一样，都承认人有性与情两个方面，性是基本的，性通过情得以表征。"情由性而生，情不由情，因性而情。"（《复性书·上》）至于"性"的来源，他既认为"性者，天之命也，圣人得之而不惑者也"（《复性书·上》），将"性"视为天赋的；又主张"清明之性，鉴于天地，非自外来也"（《复性书·中》），将"性"说成是主观自在的。关于"性"的性质，则是"人之性本皆善"（《复性书·中》）。也就是说，无论"圣""凡"，其"性"皆善，这与韩愈的上品性善，而下品性恶的人性论有所不同（诚然，韩愈在《原人》中，也有比李翱更为彻底的观点，即认为只要具备了"仁"，不仅人，即便是山川草木、日月星辰也都拥有了善性），关于"情"，李翱认为"情有善有不善"（《复性书·中》）。

李翱在此所说的"善"情，指的是"圣人"之情。他认为，"凡人"虽具有善的性，却纠缠着恶的情，唯有去情，方能复性。"人之所以为圣人者，性也，人之所以惑其性者，情也。喜怒哀惧爱恶欲，七者皆情之所为也。情既昏，性斯匿矣。非性之过也，七者循环而交来，故性不能充也。水之浑也，其流不清，火之烟也，其光不明，非水火清明之过，沙不浑，流斯清矣，烟不郁，光斯明矣。情不作，性斯充矣，性与情不相无也。"（《复性书·上》）在他看来，性乃人之所以为圣人者。人之所以背离本性，产生喜、怒、哀、惧、爱、恶、欲的情感，是由于受到外界的诱惑干扰，本性被遮蔽，因此便需要自觉地去"复性"，即

"复"人之"本性"。既然"性"是"情"的根据,"情"是"性"的表现,这样一来,是否会给人以"善性"产生"邪情"的"悖论"之嫌?对此,李翱的解释是:性虽产生情,但邪情则是七情交伐的结果,而非"善性"所致。由上可见,其人性论引入的"惑情"观点有其独到之处,体现了吸取其时代思想成果——援佛入儒的理论自觉。李翱人性论在儒学史上的意义就在于,第一次在主体自身设置了善和恶的双重根据,并设计了"去情复性"的道德修养方法以回复清明本性,达到明心见性的理想境界。

既然李翱以复兴儒学为其时代担当,那么"复性"论也就自然成为其思想核心所在。"性善情恶"是李翱对性情本质的认识,因此人性是人之所以成圣的内在根据。从现象看,李翱认为性情是彼此依赖、形影相随的关系;但依本质论,性情关系乃本末体用关系,性为情之本,情为性之动。此一认识规定了其修养论实质上是去情欲之私,复人性之正。李翱进而指出:"圣人者,人之先觉者也。觉则明,否则惑,惑则昏,明与昏谓之不同。明与昏性本无有,则同与不同二皆离矣。夫明者所以对昏,昏既灭,则明亦不立矣。是故诚者,圣人性之也,寂然不动,广大清明,照乎天地,感而遂通天下之故,行止语默,无不处於极也。复其性者,贤人循之而不已者也,不已则能归其源矣。"(《复性书·上》)诚之体,是圣人本性之依据,亦是贤人回复本性之目标。

为振兴儒学,李翱以儒为本,亦不可避免地吸收了同时代佛道两家的心性论,在《复性书》中,他注重对具有本体色彩之"诚"这一概念进行分析论证,并利用佛学《大乘起信论》"一心二门"的思维方式,论证凡人与圣人之间的心、性、情之关系,阐述凡人"去情复性"的必要性、可能性与具体路径。李翱的心性论,在一定程度上突破了汉唐儒学的"性三品"说,初步回答了人性中何以有善恶的原因。在"三教合一"的时代背景下,李翱在深入了解佛道两家思想理路的基础上,主动借鉴吸收佛道两家在建构性情论与修养论上的方法,且以儒为本、融会佛道,显示了其开阔的视野与渊博的学识。李翱以"心通"方法解经,

强调对于儒家经典之精神的把握，而不局限于文本以及前人的注疏，为后人大胆构建自己的理论体系起到了一种示范作用。

在李翱看来，"方静之时，知心无思者，是斋戒也。知本无有思，动静皆离，寂然不动者，是至诚也。《中庸》曰：'诚则明矣。'《易》曰：'天下之动，贞夫一者也。'……'率性之谓道'何谓也？'曰：'率，循也，循其源而反其性者，道也。道也者，至诚也。至诚者，天之道也。诚者定也，不动也。'……昔之注解《中庸》者，……彼以事解者也，我以心通者也"（《复性书·中》）。所谓"心通"，实则"明诚"。因此，他给《中庸》中的"诚"注入了新的内涵，使其成为具有抽象意义的本体概念："道也者，至诚也。至诚者，天之道也。……诚之者，人之道也。诚之者，择善而固执之者也。"（《复性书·中》）

对"心通"这一解经方法的重视与运用，凸显了李翱对《中庸》"反身而诚"的深刻感悟。对"诚"的信奉与敬畏，是儒家一以贯之的精神。《礼记·中庸》曰："顺乎亲有道，反诸身不诚，不顺乎亲矣；诚身有道，不明乎善，不诚乎身矣。"孔颖达疏："言明乎善行，始能至诚乎身。"《孟子·尽心上》云："万物皆备于我矣。反身而诚，乐莫大焉。强恕而行，求仁莫近焉。"李翱之所以对《中庸》及《孟子》"反身而诚"的思想如此重视，就在于他已明确意识到，儒家的心性之论、性命之道无不依托于对"诚"的信奉与敬畏。真诚、善良是人的天性，依着人的天性去行事，才是自然而然、恰如其分的状态。

《说文解字》中言："诚，信也。从言，成声。"李翱将之诠释为："诚之者，人之道也。诚之者，择善而固执之者也。修是道而归其本者明也。教也者，则可以教天下矣，颜子其人也。'道也者，不可须臾离也，可离非道也。'……其心不可须臾动焉故也。动则远矣，非道也。变化无方，未始离于不动故也。'是故君子戒慎乎其所不睹，恐惧乎其所不闻，莫见乎隐，莫显乎微，故君子慎其独也。'……慎其独者，守其中也。"（《复性书·中》）"诚信""修道""慎独""守中"乃儒家一以贯之的信条。

《中庸》认为，"诚"是天的根本属性，起着化生万物的精神实体作用："诚者，自成也，而道，自道也。诚者，物之终始，不诚无物。"努力求诚以达至合乎诚的境界是为人之道。一切事物的存在皆源于"诚"。李翱将"诚"视为"圣人之性"，是至静至灵、寂然不动的"心"（精神）。他融会儒、佛思想，以尽性或复性为"诚"，认为人之本性原为纯善，但被情欲所蔽，因而必须去情欲，而"情者，性之动也，百姓溺之而不能知其本者也"（《复性书·上》），唯有坚守"寂然不动"的性，才能不为情所动，复其本然之性，从而使"其心寂然，光照天地"，达到"诚"的至静而又至灵的精神状态。

在此，我们会发现，虽然李翱看上去力排佛老，但中唐盛行的佛性论还是对李翱的人性论产生了不容轻忽的影响。佛性论将"清净"视作人的本性，并认为，只有剔除妄念，方能回复清净本性。李翱所讲的"性"，与佛学所讲的"佛性"并无二致；李翱所讲的"情"，亦即佛学所讲的"妄念"。

至于如何复归"性命之道"，李翱自有其"去情复性"之方："弗虑弗思，情则不生；情既不生，乃为正思。正思者，无虑无思也。……知本无有思，动静皆离，寂然不动者，是至诚也。"（《复性书·中》）李翱提出的"弗虑弗思"即"正思"之说，实为一种"遮诠"式表述（从反面作否定之表述，排除对象不具有之属性，以诠释事物之义）。在李翱看来，成圣之方，就在于"弗虑弗思"，即与成圣无关之事都不要去思虑，唯如此，方能心静如水，排除一切干扰、防止邪情浸淫，以达"正思"状态。然而"正思"亦是"思"，还必须"知本无有思"，进而领悟到原本即无思，便"动静皆离"，心也就进入了"寂然不动"的状态，于是，"邪情"祛除，"善性"回归——人也就成了"复性"之圣人。

诚然，李翱并非一味地反对或抵牾顺应人性、表现人性的"情"，并认为，如果没有这种作为"性之动"的"情"，人性亦无从透显。因为，他认为："性不自性，由情以明。"（《复性书·上》）至于欲使情

"动而中礼"，性"由情以明"，就必须强调在祛除"妄念"的同时，亦须做到"视听言行，循礼而动"，从而复归"性命之道"（《复性书·上》）。

综上所述，李翱念兹在兹的"复性"说，虽力主"复性"必须"去情"，但又认为"性"与"情"犹车之两轮、鸟之两翼，相互对待，不可分割："圣人者岂其无情耶？圣人者，寂然不动，不往而到，不言而神，不耀而光，虽有情也，未尝有情也。然则百姓，岂无性耶？百姓之性与圣人之性弗差也，虽然，情之所昏，交相攻，未始有穷，故虽终身而不自睹其性焉。"（《复性书·上》）正由于"性"与"情"相反相成，所以，在"复性"的过程中，不可能不受到"情"的影响或干扰，因此，儒者必须恪守对"诚"的信奉与敬畏，以达"复性"之鹄的。

尽管李翱对"善性"与"邪情"之间关系的诠解未必圆满，对复性之方的推出亦未必令人信服，但其对"性善情恶""去情复性"等思想的论述，对开启宋代理学家将"性"分为纯善的天地之性和有善有恶的气质之性的性二元论，无疑产生了深远影响。基于此，李翱也就成为继孔、思、孟之后，第一位在敬畏"诚"的基础上，相对系统地建构凡人成圣思想体系的儒家学者，这在儒家性命学史上，无疑具有里程碑意义。

第五节　刘禹锡："蹈道必赏，违之必罚"

刘禹锡（公元772—842年），字梦得，祖籍洛阳。其父刘绪曾在江南为官，刘禹锡在那里度过了青少年时期。他自幼开始学习儒家经典并吟诗作赋，曾得当时著名诗僧皎然、灵澈的熏陶指点。作为唐代中晚期著名哲学家、政治家、诗人，他曾与柳宗元并称"刘柳"，与韦应物、白居易合称"三杰"，与白居易合称"刘白"。其曾有《陋室铭》《竹枝词》《杨柳枝词》《乌衣巷》等名篇问世，著有《刘梦得文集》，存世有

《刘宾客集》。其哲学著述《天论》三篇，论述天的本质，分析"天命论"产生的根源，氤氲着浓郁的虔诚又自适的敬畏意识。

始于魏晋延续至唐代的社会变革，标志着中国封建社会由前期向中后期转型。这一时期，政治上表现为统治阶级内部结构的改组，思想上表现为继先秦"百家争鸣"之后的又一次变革。西汉董仲舒所创立的天人感应论，在这场思想变革中被摇撼了根基，而摇撼此根基的思想家，在唐代集中体现为中唐的柳宗元和刘禹锡。刘禹锡的"天人交相胜"的哲学思想，锋芒直指当时占据主导地位的官方哲学之核心天人感应论。

在中古思想史上，刘禹锡除了具有政治家的情怀、文学家的气质、社会活动家的世俗精神，更具哲学家的睿智。当仕途达顺之时，其儒家的入世精神导引其精进向上之人生理想；当久困贬所之际，其哲学的理性审视便折射出思辨精神之智慧之光；当暮年回味人生时，敬畏意识与沧桑心态即呈现于世。在对历史与现实、个人与社会的盛衰荣辱的观照中，通过天人对话、主体意识升腾，刘禹锡在对历史沿革和人世沧桑的变化体验中找到了精神支撑。其思考的主题也由对自然外物的关注与感怀，渐渐转变为对社会问题和自我人生的审视与反思。

刘禹锡在孤愤与落寞中，时常借咏史或怀古，表达其思贤崇圣的人格理想、对英雄豪杰盖世之功的敬畏之情。在夔州做刺史时，其创作的一首五言律诗《蜀先主庙》（被选入《全唐诗》）吟道："天下英雄气，千秋尚凛然。势分三足鼎，业复五铢钱。得相能开国，生儿不象贤。凄凉蜀故妓，来舞魏宫前。"此诗意在赞誉刘备之功业，总结蜀汉亡国之教训，喟叹蜀汉功业后继乏人之悲凉。其另一首五言律诗《观八阵图》又吟道："轩皇传上略，蜀相运神机。水落龙蛇出，沙平鹅鹳飞。波涛无动势，鳞介避馀威。会有知兵者，临流指是非。"该诗由对八阵图的观赏而联想到一代贤相诸葛亮的功绩，对于古往圣贤的崇敬之情跃然纸上。也许正是这种对于圣贤理想人格的礼拜与崇敬，才使他在长期被贬谪期间，内心仍燃烧着炽热的报国情怀。

从政治命运到学术思想，刘禹锡与柳宗元都密不可分、相辅相成。

作为好友，柳宗元的《天说》完稿后，刘禹锡认为《天说》"非所以尽天人之际"，于是，遂作《天论》三篇，"以极其辩"（《刘宾客文集·天论上》），对柳宗元的《天说》加以补充发挥。柳宗元看了刘禹锡的《天论》之后，在给刘禹锡的复信中认为："生植与灾荒，皆天也；法制与悖乱，皆人也。二之而已，其事各行不相预。"（《答刘禹锡天论书》）柳宗元的上述观点否认了超自然的天命与神权的存在，在刘禹锡看来，现实中的天人关系并非如柳宗元所言的那样彼此"各行不相预"。

刘禹锡认为："天之所能者，生万物也；人之所能者，治万物也。""天之道在生植，其用在强弱；人之道在法制，其用在是非。阳而阜生，阴而肃杀；水火伤物，木坚金利；壮而武健，老而耗眊；气雄相君，力雄相长，天之能也。阳而艺树，阴而揪敛；防害用濡，禁焚用光；斩材嫠坚，液矿硎锘；义制强讦，礼分长幼；右贤尚功，建极闲邪，人之能也。"（《天论·上》）他不仅将"天之所能"与"人之所能"作了如上区分，而且还进一步指出："大凡入形器者，皆有能有不能。天，有形之大者也；人，动物之尤者也。天之能，人固不能也；人之能，天亦有所不能也。"（《天论·上》）天与人各有其自身的特点与功用，因此，"万物之所以为无穷者，交相胜而已矣，还相用而已矣。天与人，万物之尤者耳"（《天论·中》）。

依刘禹锡之见，天的法则在于生养万物，其作用是使万物强壮或衰弱；人的法则在于礼法制度，其作用在于明辨是非曲直。"阳"使万物旺盛而生，"阴"令万物肃杀萧条；水淹火焚可伤物体，木质坚硬金属锋利；强壮之躯威武矫健，年老之人昏聩衰弱；气魄雄健者争相为君，体力强健者争相为长：这是天的职能（自然法则）。"阳"时植树，"阴"时聚敛；防水成灾亦可灌溉（水之两面），防火成灾亦能照明（火之两面）；砍伐树木以加工成坚固之器物，冶炼矿石以打磨成金属之器具；以正义去制止强暴和奸佞，以礼仪来区分长幼与尊卑；尊重贤德崇尚功绩，建立准则防止邪恶：这些都是人所能做的。基于此，刘禹锡还进而认为，有形的东西，大多有其局限。天，是有形之物中最宏大的；人，

是动物中最优秀的。天能做到的，人固然做不到；但人能做到的，天也有做不到的。因此天与人的关系是各有所长、相互为用。

刘禹锡"天与人交相胜""还相用"的思想，在中国哲学史上第一次用明确的语言阐发了对"天人"关系的辩证理解，这显然比柳宗元的"天与人不相预""二之而已"的观点，不仅更为符合客观实际，而且更具思辨哲理。在此基础上，刘禹锡还针对天人感应论强调的"天"对"人"的主宰，进而分析了"人"之所以能够胜"天"的原因："夫物之合并，必有数存乎其间焉。数存，然后势形乎其间焉。……彼势之附乎物而生，犹影响也。"（《天论·中》）意即事物相互遇合，自然有其相对固有的"数"（规律性）存于其中，"数存"，自然有其演进的"势"（必然趋势）存乎其间。这种"势"，与事物本身的存在，就犹如形之于影、声之于响一样相伴相随、不离不弃。

为了增强理论说服力，刘禹锡还列举了大量事实加以论证："天形恒圆而色恒青，周回可以度得，昼夜可以表候，非数之存乎？恒高而不卑，恒动而不已，非势之乘乎？"（《天论·中》）既然"天"的形状永远是"圆"的，颜色永远是"青"的，运转的周期可以用度数计算，昼夜的长短可以用仪器测量，那么，就足以证明"数"是客观存在的；既然"天"永远在高处，且永远"动"而不休，那么，也就足以证明"势"是不可抗拒的。可见，世上所有的事物都不可能"逃乎数而越乎势"（《天论·中》）。

将此道理运用到对万物的理解中，刘禹锡得出了"天无私，故人可务乎胜也"（《天论·中》）的结论。也就是说，由于"天"没有意志，遵循的是具有客观必然性的"数"与"势"，因此，"人"就可以通过对"数"与"势"的了解、认识、把捉，从而"与天交胜"。更为难能可贵的是，刘禹锡还进而认识到：人之所以能胜天，还在于"人"能够组织社会，实行法制——"人能胜乎天者，法也。"（《天论·上》）他对此问题的论证是："夫旅者，群适乎莽苍，求休乎茂木，饮乎水泉，必强有力者先焉；否则，虽圣且贤莫能竞也。斯非天胜乎？群次乎邑郛，求荫于华榱，饱于饩牢，必圣且贤者先焉；否则，强有力莫能竞也。斯非人胜乎？苟道乎虞、芮，虽莽苍，犹郛邑然；苟由乎匡、宋，虽郛邑，犹莽苍然。是一日之途，天与人交相胜矣。"（《天论·中》）在此，刘禹锡将人们在荒野中或在城镇社会中，法制对其约束的有效与否，视为"天胜"或"人胜"的原因。

刘禹锡进而分析："是非存焉，虽在野，人理胜也；是非亡焉，虽在邦，天理胜也。"（《天论·中》）意即如果社会法制健全，是非标准存在，即使处于荒野，"人理"也能取胜；否则即使在文明都市，也只能是"天理"取胜。基于此，刘禹锡力主建立"是为公是，非为公非"（《天论·上》）的社会法则，使人们的活动能够受到共同准则的约束，以期克服人的自然性（生物性）之弊端。总之，"人之能胜天之实"就在于"人道明"（《天论·上》），亦即能够建立起严明的社会法则。

依刘禹锡之见，社会之所以"法大行"，是因为"是为公是，非为公非""蹈道必赏，违之必罚"（《天论·上》）；社会之所以"法大弛"，则是由于是非不分，人妖颠倒，"赏恒在佞，而罚恒在直"（《天论·上》）。天下人遵循合理的社会法则，理应受奖赏，违反法规理应被惩罚，祸福取决于人自身的所作所为。这样一来，人们便不会产生祸福由神秘天命主宰的观念，从而使人们树立起敬法畏律的敬畏意识。于是，人们便从敬畏神秘的天命，转向敬畏"是为公是，非为公非"的法制。在此，敬畏的对象与内容虽然发生了变化，但敬畏意识本身却依然保有。

在中国思想史上，思想家们在不同的人生阶段中、不同的遭际状态下，其思想观点会有较大变化或差异。毋庸讳言，极力论证"天与人交相胜，还相用"的刘禹锡，在其仕途坎坷、前程黯淡之际，也曾对自己极力驳斥过的"天命"充满敬畏之情。他在被贬谪南裔之际所写《吊张曲江序》中，曾如是评价张九龄（张曲江）："而燕翼无似，终为馁魂。岂忮心失恕，阴谪最大，虽二美莫赎耶？不然，何袁公一言明楚狱而钟祉四叶。以是相较，神可诬乎？"并作诗云："……良时难久恃，阴谪岂

无因。寂寞韶阳庙，魂归不见人。"（《读张曲江集作》）

他还在其散文《牛头山第一祖融大师新塔记》中如是写道："大师号法融，……依僧炅，改逢掖而缁之。徙居是山，宴坐石室。以慧力感通，故旱麓泉涌；以神功示现，故皓雪莲生。巨蛇摧伏，群鹿听法。贞观中，双峰过江，望牛头顿锡曰：'此山有道气，宜有得之者。'乃东，果与大师相遇。性合神契，至于无言，同跻智地，密付真印。揭立江左，名闻九围。学徒百千，如水归海。……盖神期冥数，必有所待。……事严而工人尽艺，诚达而山神来护。愿力既从，众心知归。撞钟告白，龙象大会。诸天声香之蕴，如见如闻。即相生敬，明幽同感。"在此，我们发现，刘禹锡所说的那些当下尚未知晓之"神功""冥数"等，主要还是指不可抗拒的法则、律令。对此，无疑应"即相生敬"（敬畏），而不能恣意妄言，肆意妄行。

刘禹锡以上所追求的"是为公是，非为公非"的"人道明"社会理想，坚守的"蹈道必赏，违之必罚"之法制信念，无不是其敬畏意识在对自然、社会、人事审视过程中的展现。其虔诚且自适的敬畏观对于当时乃至当今社会正确处理和解决人与自然、人与社会、人与自身的关系问题都具有启示意义。

第四章　宋明理学家自得洒落之敬畏观

宋明理学是儒、道、释长期论争与融合的产物，亦是先秦与汉唐儒学在新的历史条件下学理化、系统化的产物。宋明理学对儒学的推进主要表现为秉承、推廓了儒学的知识论特别是心性论取向。宋明理学家所强调的义理，与汉儒董仲舒不同，其重点不在政治哲学，而在心性之学；其对心性之学的阐发，与先秦元典儒学也不尽相同，更侧重于对心性之学的形上表达，因而逐渐完成了伦理型儒学向哲理型儒学的转化。这种转化，由于其理论旨趣在于对儒家伦理的必然性、普遍性的哲学阐释与形上把握，因而表现为对"天理"的不容置疑的"敬畏"。

理学奠基人之一的程颢曾经说过："吾学虽有所受，天理二字却是自家体贴出来。"[1]明代心学家王守仁主张："敬畏为洒落之功。"[2]作为被自家体贴出来的"天理"、将"敬畏"视为"洒落之功"的理学家们，其敬畏观也就自然表现出自得洒落之特征。

---

[1] 程颢、程颐：《二程集》上，王孝鱼点校，北京：中华书局2004年版，第424页。

[2] 王守仁：《王阳明全集》上，吴光、钱明、董平等编校，上海：上海古籍出版社2012年版，第162页。

第一节　张载：“恭敬撙节退让以明礼”

张载（公元1020—1077年），字子厚，凤翔郿县（今陕西眉县横渠镇）人，世称横渠先生，又因讲学于关中，其建立的学派又被称为“关学”，北宋哲学家、教育家、理学奠基人之一，与周敦颐、邵雍、程颢、程颐合称“北宋五子”。张载在刻苦攻读儒家经典的同时，亦出入佛老，并逐渐建立起自己的思想体系。其主要著作有：《正蒙》《易说》《经学理窟》《语录》等。今有《张载集》问世。

王夫之曾如是评价张载：“张子之学，上承孔孟之志，下救来兹之失，如皎日丽天，无幽不烛，圣人复起，未有能易焉者也。”（《张子〈正蒙〉注序》）“从中国思想史来看，张载处于从汉唐儒学到宋明理学转折的关节点上；从理学内部来看，张载是宋明理学理论规模与为学进路的奠基人；……因而从一定程度上说，抓住了张载哲学，也就等于抓住了宋明理学的生发之源。”[1]张载思想中蕴涵着丰富的敬畏意识，从其“天人合一”“乾父坤母”“民胞物与”“恭敬撙节退让以明礼”等著名命题可见一斑。在张载看来，人生在世，只有尊顺自然、敬畏天道，方能立天、立地、立人；只有诚意、正心、格物、致知、明理，方能修齐治平，达至圣贤境界。张载在致力于对理学的探讨过程中，为自己设定了“为天地立志，为生民立道，为去圣继绝学，为万世开太平”[2]的使命。

张载所言之“天地”，是指由“太虚”和阴阳之“气”所创生的“动植”“金铁”“山川”等生生不息的大千世界。依张载之见，宇宙万物的存在和运行既是有机的，亦是有序的，而支撑宇宙万物生存、运行的动力则是“太和”之道。他在《正蒙·太和》篇中开宗明义地指出：

---

① 丁为祥：《“芭蕉心尽展新枝”——陕西师范大学“关学研究院”成立缘起》，《光明日报》2020年2月22日第11版。

② 张载：《张载集》，章锡琛点校，北京：中华书局1978年版，第320页。

"太和所谓道，中涵浮沉、升降、动静、相感之性，是生絪缊、相荡、胜负、屈伸之始。其来也几微易简，其究也广大坚固。起知于易者乾乎！效法于简者坤乎！散殊而可象为气，清通而不可象为神。不如野马、絪缊，不足谓之太和。语道者知此，谓之知道；学《易》者见此，谓之见《易》。"①张载对"天地"生生不息图景的生动描绘，肯定了世界的真实存在，凸显了与佛教不同的儒家天道观立场。

在张载看来，虽然太虚本体"至静无感"②，但其作为宇宙生成万物的动力则是无所不感的。"感"即感应、感通，亦即特定主体对"他者"产生关联整合作用的机制，在张载这里，主要是指太虚本体能够将自身与阴阳之气整合为统一的宇宙之创生力。张载将这种创生力视为"万物之一源"的"性"，而此"性"又是"合虚与气"才得以构成的。他在论述"感"与"性"二者之间的关系时认为："感者性之神，性者感之体。"③把"感"视为生成的机制，将"性"看作感应的根源。基于此，张载主张"太和"之道中蕴涵了"相感之性"，且"性与天道合一"④，"性即天道"⑤。

依据《易传·系辞上》中的"太极生两仪"思想，张载提出了"天参"说："天所以参，一太极两仪而象之，性也。"⑥此处的"参"即"叁"，《穀梁传·庄公三年》曰："独阴不生，独阳不生，独天不生，三合然后生。"⑦"三合"指的是阴阳二气与天三种力的会合、交参、互感、互动，从而成为万物生成的动力、根源。在这种创生力的推动下，宇宙万物便在其生生不息的过程中达至"太和"之境。在张载看来，与"天参"相关联的是"三才"。他以《易传》为文本依据，将宇宙视为由

① 张载:《张载集》,章锡琛点校,北京:中华书局1978年版,第7页。
② 张载:《张载集》,章锡琛点校,北京:中华书局1978年版,第7页。
③ 张载:《张载集》,章锡琛点校,北京:中华书局1978年版,第63页。
④ 张载:《张载集》,章锡琛点校,北京:中华书局1978年版,第20页。
⑤ 张载:《张载集》,章锡琛点校,北京:中华书局1978年版,第63页。
⑥ 张载:《张载集》,章锡琛点校,北京:中华书局1978年版,第10页。
⑦ 阮元校核:《十三经注疏》下册,北京:中华书局1980年版,第2381页。

天、地、人三者构成的整体，人类自诞生之日起便"参"与宇宙万物生生不息的创化过程。"天参"关涉宇宙本体论和宇宙生成论，而"三才"则强调的是天、地、人的整体存在以及人在天地之间的位置，揭示的是人与天地之间共生共荣之关系。张载以上思想，不仅丰富了儒家的天道论或宇宙论哲学，也为人与自然的和谐观念奠定了坚实的哲学基础①。

在张载看来，在"太和"之道中包孕着作为万物生成根源的"相感之性"，"太和"之道是创生宇宙万物之力。"太和"之道创生万物的性能离不开宇宙的太虚本体与阴阳之气这些不同力量之间的相感互动，而这正是万物的生成机制及生化过程的开始。张载强调，只有通晓这种"一以贯天下"的"乾坤"之道和"易简"之理，才有资格被称作"知道"且"见《易》"之人，"易简然后能知险阻，易简理得然后一以贯天下之道"②。

尽管宇宙复杂多变，然其运行绝非杂乱无章，而是有着自身的章法。用张载的话说就是有"天序"或"天秩"："生有先后，所以为天序；小大、高下相并而相形焉，是谓天秩。天之生物也有序，物之既形也有秩。知序然后经正，知秩然后礼行。"③这无疑是对《尚书·皋陶谟》关于"天序有典""天秩有礼"思想的承继与"发越"。"天序"，意指在先的宇宙本原与在后的万物之间是生成与被生成之关系；"天秩"，意指作为创生本原的天道与万物之间小大、高下、尊卑之关系。强调"天序""天秩"的存在，根源于宇宙自然本有之礼："礼所以持性，盖本出于性，持性，反本也。凡未成性，须礼以持之，能守礼已不畔道矣。礼即天地之德也，……礼非止著见于外，……礼本天之自然。"④张载以上思想，继承并延展了先秦思想家"敬天""畏天""知天""事天"的传统，体现了人对广袤无垠、至尊至善的"天"或"天道"的尊崇，

---

① 参见庞朴：《一分为三论》，上海：上海古籍出版社2003年版，第132页。
② 张载：《张载集》，章锡琛点校，北京：中华书局1978年版，第36页。
③ 张载：《张载集》，章锡琛点校，北京：中华书局1978年版，第19页。
④ 张载：《张载集》，章锡琛点校，北京：中华书局1978年版，第264页。

凸显了人的自知之明——通过自身"存心养性""知化""穷神"的功夫，进而与宇宙大道保持亲近、融洽的一体关系，最终达至"圣其合德"的境界。

基于此，张载认为天或天地也像人一样有"心"，即"天地之心"："大抵言'天地之心'者，天地之大德曰生，则以生物为本者，乃天地之心也。……天地之心惟是生物，……人之德性亦与此合。"①"天本无心，及其生成万物，则须归功于天，曰：此天地之仁也。"②

张载还依据《中庸》将"知道者所谓诚"称之为"天德"，将万物生成的创生力（"性"）称作"天能"，并进而将"乾坤"称为"父母"："乾称父，坤称母；予兹藐焉，乃混然中处。故天地之塞，吾其体；天地之帅，吾其性。民吾同胞，物吾与也。……尊高年，所以长其长；慈孤弱，所以幼（其）幼。圣其合德，贤其秀也。……知化则善述其事，穷神则善继其志。不愧屋漏为无忝，存心养性为匪懈。"③也就是说，是天地赋予了我们以人的形体和人的本性，世上所有的"民"，都是我们的友好同胞，天下所有的"物"，都是我们的友好伙伴，人与万物都是与我同等的生命存在。人们只有拥有对天地的敬畏、对万物（包括人）的慈爱，才能真正达至理想的境界。

《西铭》篇以宇宙本体论之社会伦理与自然伦理原则为圭臬，关涉自然与社会多重关系结构。其中含摄以乾坤父母为表征的宇宙本体论，以仁孝为核心的道德价值论，以人在宇宙间自我担当为责任的伦理义务论，并在先秦思孟学说的基础上，首次将"天人合一"作为一个重大命题提了出来："儒者则因明致诚，因诚致明，故天人合一，致学而可以成圣，得天而未始遗人。"④"天人合一"命题的提出，意味着张载已坚信经由"为学之道"是能够实现"成圣"之理想的，而"为学之方"则

---

① 张载：《张载集》，章锡琛点校，北京：中华书局1978年版，第113页。

② 张载：《张载集》，章锡琛点校，北京：中华书局1978年版，第266页。

③ 张载：《张载集》，章锡琛点校，北京：中华书局1978年版，第62页。

④ 张载：《张载集》，章锡琛点校，北京：中华书局1978年版，第65页。

是"穷理"（"明"）与"尽性"（"诚"）的交互为用。"天人合一"命题将人伦道德推廓至自然生态，既具有伦理境界意义，亦拥有自然生态价值。张载还进而对天人关系进行了如下厘析："气与志，天与人，有交胜之理。"①张岱年先生在刊载在《张载集》中的《关于张载的思想和著作》一文中指出："二程极力推崇张载所写的《西铭》，程颢说：'《西铭》某得此意，只是须得他子厚有如此笔力，他人无缘做得。孟子以后未有人及此。得此文字，省多少言语。且教他人读书，要之仁孝之理备于此。'"②

张载将"气"或"元气"视为人与万物的最初本原，认为"气"或"元气"与阴阳二气是相依相伴、相反相成、升降互变的关系，阴阳二气的交互运动产生了人与万物。形态不同的万物，是气的不同表现形态。无论是聚而有象的"万物"，还是散而无形的"太虚"，究其实质，都是"气"的不同形态，因此，"太虚即气"。"太虚无形，气之本体，其聚其散，变化之客形尔；至静无感，性之渊源，有识有知，物交之客感尔。客感客形与无感无形，惟尽性者一之。"③质言之，气的本然状态是无形的太虚，气的基本特性是动静有序。太虚之气充满宇宙，在不断地进行着蒸腾凝聚、健顺动止等不同形式的变化。万物生死、动静之变化，皆为气之万殊变化的体现与结果。

由于人与万物都由"气"创生、构成，而"气"又有清浊、精粗、明昏、偏全、厚薄之分，因此由气生成的万物便有了千差万别之特性。气的本性亦即人与万物的本性，同出于"太虚之气"。在《正蒙·太和》篇中，张载对自己的哲学体系作了如下概述："由太虚，有天之名；由气化，有道之名；合虚与气，有性之名；合性与知觉，有心之名。"④这一体系将"天道"观与"心性"论有机勾连起来。他进而认为："知礼

---

① 张载：《张载集》，章锡琛点校，北京：中华书局1978年版，第10页。
② 张载：《张载集》，章锡琛点校，北京：中华书局1978年版，第12页。
③ 张载：《张载集》，章锡琛点校，北京：中华书局1978年版，第7页。
④ 张载：《张载集》，章锡琛点校，北京：中华书局1978年版，第9页。

成（性）而道义出。……以知为德，以礼为业也"，"非知，德不崇；非礼，业不广。"①从而将"知"与"礼"相合，知礼成性，变化气质，成就德性，道义便从德性中产生出来。他将"性"理解为"合虚与气，有性之名"。"虚"即"太虚"，即"气"之本性。"气"即人身秉受之气，有清浊昏明之分。太虚本性与人身秉受之气的契合构成了人之性。人人皆具太虚本性，但由于人生下来之后受到不同的身体、生理、家庭和自然环境等后天因素的影响，造成个体人性的千差万别。天地之性诚明至善，是善的来源，而气质之性有善有恶，是恶的来源。人的本然之性，即天地之性，无不善，只是由于气质之性的遮蔽、阻塞而有不善。为了使人为善，就必须变化气质，返本为善。而变化气质之性的方法是接受教育，学习礼乐，养气集义。

变化气质是一个循序渐进的"有序"过程。"天本无心，及其生成万物，则须归功于天，曰：此天地之仁也。仁人则须索做，始则须勉勉，终则复自然。人须（常）存此心，……若能常存而不失，则就上日进。立得此心方是学不错，……以此存心，则无有不善。"②学习求知既不能停止间断，也不能急于求成，需每日勤学苦读，日积月累，经过如此这般的渐进功夫，方可有成。学有所成，还必须博学精思。

为了思之精，察之微，就要有"尊敬之心"与"至诚"之意，并使"是心"常在常存："诚谓诚有是心，有尊敬之者则当有所尊敬之心，有养爱之者则当有所抚字之意，此心苟息，则礼不备，文不当，故成就其身者须在礼，而成就礼则须至诚也。"③二程曾高度评价张载"知礼成性变化气质"学说之价值："子厚以礼教学者，最善，使学者先有所据守。"④

依张载之见，知礼成性变化气质尚需"虚心"，唯有虚心，方能接

① 张载：《张载集》，章锡琛点校，北京：中华书局1978年版，第191页。
② 张载：《张载集》，章锡琛点校，北京：中华书局1978年版，第266页。
③ 张载：《张载集》，章锡琛点校，北京：中华书局1978年版，第266页。
④ 程颢、程颐：《二程集》上，王孝鱼点校，北京：中华书局2004年版，第23页。

纳万物，汇通各种知识，进入神明之境。"虚心"即"静心"，就是不以已有之知存于心中，干扰接纳新知。张载曰："天地以虚为德，至善者虚也。虚者天地之祖，天地从虚中来。"①"静者善之本，虚者静之本。静犹对动，虚则至一。""与天同源谓之虚，须（行）事实故谓之实，……天地之道无非以至虚为实，人须于虚中求出实。圣人虚之至，故择善自精。"②唯有虚心、静心，方能道济天下、利济众生。基于此，张载不满自汉唐以来的儒者专注于典籍章句训释及玄空清谈之风，强调"学贵有用""笃行践履"。"人生固有天道。人之事在行，不行则无诚，不诚则无物，故须行实事。惟圣人践行为实之至，得人之形，可离非道也。"③圣贤之心如太虚之大而无外，只有大其心，"行实事"，才能体认天下万物，契合天道之心。

天道之心顺应天道之理，张载将宇宙万物依据天道之理相互影响、相摩相荡称之为"感"："天性，乾坤、阴阳也，二端故有感，本一故能合。"④万物皆以阴阳为天性，阴阳二端相感，然感之道不一。在此，张载从考察万物相感之缘由出发，发现万物运动变化的内在根据是阴阳二气的屈伸相感，其具有规律性："天地之气，虽聚散、攻取百涂，然其为理也顺而不妄。"⑤"天之生物也有序，物之既形也有秩。"⑥"理不在人皆在物。"⑦理如川之流，源泉混混，不舍昼夜，无复回却，相继而不已。因此，"天地之道，以术知者却是妄"⑧。

由于人性与物性同源，因此人在社会中要遵守"人伦"、在自然中要遵循"物理"。既然人与宇宙万物都是具有内在生命结构的有机体，

---

① 张载：《张载集》，章锡琛点校，北京：中华书局1978年版，第326页。
② 张载：《张载集》，章锡琛点校，北京：中华书局1978年版，第325页。
③ 张载：《张载集》，章锡琛点校，北京：中华书局1978年版，第325页。
④ 张载：《张载集》，章锡琛点校，北京：中华书局1978年版，第63页。
⑤ 张载：《张载集》，章锡琛点校，北京：中华书局1978年版，第7页。
⑥ 张载：《张载集》，章锡琛点校，北京：中华书局1978年版，第19页。
⑦ 张载：《张载集》，章锡琛点校，北京：中华书局1978年版，第313页。
⑧ 张载：《张载集》，章锡琛点校，北京：中华书局1978年版，第312页。

人类社会中的伦理道德规范也应适用于宇宙万物。人的价值并非体现在征服和控制自然外物，而是体现为对天道、万物之敬畏——"恭敬搏节退让以明理。"（《礼记·曲礼》）

在张载看来，人间的仁义礼乐是人类观天地之象、循万物之理的文明硕果，体现的是天地之大德，而非人类专为等级名分而设立的法则或规范。"天地之礼自然而有，何假于人？……学者有专以礼出于人，而不知礼本天之自然。"因此，"礼即天地之德也，……礼非止著见于外，亦有无体之礼。盖礼之原在心，礼者圣人之成法也，除了礼天下更无道矣"①。正如蒙培元先生所言："张载直接从性命之学讲天人关系，而不是一般地讲所谓宇宙本体论哲学，而张载所说的性命之学本质上是一种德性学说。张载的德性之学不是建立在宗教神学之上的，也不是建立在纯粹自然主义之上的，而是建立在自然界的内在价值之上的。"②既然自然界不是由于人的需要才拥有内在价值，而是"本天之自然"，那么，圣人不仅必须忧苍生所忧，经世以除患，还必须拥有"民胞物与"之"大心""大德""大爱"，体贴、敬畏宇宙万物，以彰显圣贤情怀。

既然"礼本天之自然"，不以人的意志为转移，那么，人就应该意识到自己只不过是万物中之一物，与万物地位平等。人与万物之"不齐"，不在于可以强行为万物"立法"，而在于能够实现至善的"天德"赋予的"天地之性"，从而在"知礼成性"的过程中，接受教化、修身养性，从而使"天地之性"贯通天人。"以爱己之心爱人则尽仁，……大人所存，盖必以天下为度，……则吾道行矣。"③

由于"循天下之理之谓道，得天下之理之谓德，……'大德教化'，仁智合一，厚且化也"④，因此人类必须在"循天下之理"的过程中得"道"；在"得天下之理"的过程中修"德"。由于礼体现了天地本质，

---

① 张载:《张载集》,章锡琛点校,北京:中华书局1978年版,第264页。

② 蒙培元:《张载天人合一说的生态意义》,《人文杂志》2002年第5期,第27页。

③ 张载:《张载集》,章锡琛点校,北京:中华书局1978年版,第32页。

④ 张载:《张载集》,章锡琛点校,北京:中华书局1978年版,第32页。

对礼的遵循就意味着对天地的敬畏。于是，礼便成为行为举止的评判标准——"非礼勿视，非礼勿听，非礼勿言，非礼勿动。"（《论语·颜渊》）视、听、言、动之所以要遵循"礼"，就在于人所禀赋的天地之性所拥有的敬畏之心——对生命多样性的首肯与敬重，对人类生存的自然环境、社会境遇所具有的忧心与焦虑。"对天、天道、自然怀有敬畏和感激之心，是儒家的一个重要传统，是埋藏在中华民族心灵深处的信念基础。"①

在张载那里，其敬畏意识体现为"事天"与"诚身"两个方面："事天"即效法大化流行、生生不息的"天地之仁"，并由此形成对天地的称颂与敬畏。"天地之大德曰生，则以生物为本者，乃天地之心也。……人之德性亦与此合。"②"诚身"则是反身而求，发挥主体的自觉能动性。敬畏之心通过"事天""诚身"得以朗现，而"事天"必须"知礼"，"知礼"方能"诚身""成性"。"知礼成性"方能"变化气质"。因为不诚无物，尽心方能尽物。"义命合一存乎理，仁智合一存乎圣，动静合一存乎神，阴阳合一存乎道，性与天道合一存乎诚。天所以长久不已之道，乃所谓诚。仁人孝子所以事天诚身，不过不已于仁孝而已。故君子诚之为贵。"③"事天"与"诚身"其实是一而二、二而一的关系：天地为乾坤父母，人理应敬天、事天；人作为区别于其他物种的天之骄子，又负有落实天地之性的义务与责任，以天下万物为一体，反身而诚、实现一体之仁。

实现一体之仁必须"合内外，平物我，自见道之大端。道德性命是长在不死之物也，己身则死，此则常在"④。"修持之道，既须虚心，又须得礼，内外发明，此合内外之道也。当是畏圣人之言，考前言往行以

---

① 林乐昌：《论张载的生态伦理观及其天道论基础——兼论张载生态伦理观的现代意义》，《孔子研究》2013年第2期，第75页。

② 张载：《张载集》，章锡琛点校，北京：中华书局1978年版，第113页。

③ 张载：《张载集》，章锡琛点校，北京：中华书局1978年版，第20—21页。

④ 张载：《张载集》，章锡琛点校，北京：中华书局1978年版，第273页。

畜其德，度义择善而行之。"①在此，"虚心"与"得礼"兼修，"畏圣人之言"与"度义择善而行"兼顾，体现的是"天道"与"人道"的相互贯通：人的行为不但应符合"天道"，而且人还必须以实现"天道"为己任，将"天道"落实在"人道"之中，以达至"天人合一"之境。

张载将天地万物视为一个有机系统，必然会对天地秩序予以遵循与敬畏，对其他有生命及无生命物种都予以尊重与珍爱。"'君子无所争'，彼伸则我屈，知也；彼屈则吾不伸而伸矣，又何争！……'天下何思何虑'，明屈伸之变，斯尽之矣。……敬斯有立，有立斯有为。'敬，礼之兴也'，不敬则礼不行。'恭敬撙节退让以明礼'，仁之至也，爱道之极也。"②恭敬撙节福之基，骄横傲慢祸之始。行恭、态敬、节制、谦让，乃君子敬礼、明礼之要义，亦是知礼成性变化气质之良方。天地创生万物、容人容物，人类决不能违天道而自舞，而应具有"民胞物与"的仁爱之心，从而彰显"恭敬撙节退让以明礼"之敬畏意识，将诚心仁念施及宇宙天地、自然万物，从而向着"天人合一"的理想境界迈进。

第二节　二程："涵养须用敬"

程颢（公元1032—1085年），字伯淳，又称明道先生。程颐（公元1033—1107年），字正叔，又称伊川先生。二人为同胞兄弟，河南伊川人，世称二程。二程"世居中山，后徙为河南人。高祖羽，太宗朝三司使。父珦，太中大夫"③。程家二兄弟都曾求学于周敦颐，并同为宋明理学的奠基人，因长期在洛阳讲学，他们的学说又被称为"洛学"。就

---

① 张载：《张载集》，章锡琛点校，北京：中华书局1978年版，第270页。

② 张载：《张载集》，章锡琛点校，北京：中华书局1978年版，第36页。

③ 黄宗羲：《宋元学案》一，全祖望补修，陈金生、梁运华点校，北京：中华书局2007年版，第537页。

二程学说的主旨而言，兄弟俩虽无二致，但对义理的具体理解、阐释却有较大差异。清初启蒙学者黄宗羲在《宋元学案》中曾如是评价二程：大程德行宽宏，规模阔广，以光风霁月为怀。小程气质刚方，文理密察，以削壁孤峰为体。其道虽同，而造德各有所殊。"明道、伊川大旨虽同，而其所以接人，伊川已大变其说，故朱子曰：'明道宏大，伊川亲切。'"①二程的"洛学"既承接了新儒学草创时期的学术成就，又融会了并世诸学之精华。其具有深刻的内省精神与严密的逻辑体系，既满足了北宋社会的需要，又分别创立和代表了两大学术方向。南渡之后，程颐的理论，由朱熹接续完善，世称"程朱理学"；程颢的思想，则由陆九渊接续，至明代王阳明完成，世称"陆王心学"。

理学的产生有着比较复杂的背景。佛教传入中国之后，其所倡扬的三世因果之彼岸性，在深刻影响儒家学者的同时，也刺激着中国的本土宗教道教和儒家思想的演进。但相对而言，儒家的应变总体上具有一定的滞后性。在唐代，儒家学者中的有识之士如韩愈、李翱等，就已经意识到儒学面临着佛道二教尤其是佛教在文化上的挑战。于是，韩愈主张"人其人，火其书"（《原道》），试图通过政府行政干预去禁止佛教的传播和发展；李翱对此思考得相对深入一些，主张援道入儒、以儒包佛应对佛教文化的冲击。从儒学自身发展来看，理学作为一种哲学思潮或者儒学复兴运动，它所强调的义理之学是对汉唐儒学的一种扬弃——摒弃汉唐训诂之学而直面儒家经典、复归圣人之道。

经过五代十国的动荡，北宋时期的儒学吸纳了佛道两家之思想精华，展开了对儒学的复兴，并承担起重建儒学价值体系的职能。通过对理论挑战和现实问题的创造性回应，北宋儒士冲破了汉唐儒学的束缚，借鉴道佛思想以阐释儒家义理，形成了以"理"为核心的"新儒学"体系——"理学"。理学的奠基人是"北宋五子"，二程无疑是"五子"中的杰出代表。

---

① 黄宗羲：《宋元学案》一，全祖望补修，陈金生、梁运华点校，北京：中华书局2007年版，第652页。

二程确立了理学的最高范畴"天理"，并将天理与伦理道德勾连起来，认为"人伦者，天理也"①，"天下善恶皆天理"②。在其"格物致知"的认识论中，又将知识、道理、天理联系起来，主张物皆有理。二程之前，"天理"一般指的是规律或伦理规范，但自从二程将理作为宇宙的最高本原后，"天理"的含义就有了根本性变化。程颢说："天者理也，神者妙万物而为言者也。帝者以主宰事而名。"③以"天"为"理"，视"天理"为最高实体和万物的存在根据、宇宙的普遍法则，天理便成为贯通自然和社会的普遍原理。在二程看来，自然法则、社会规则、人性及理性虽然各有范围，但都统一于天理，天理支配着宇宙、社会、人生，决定着人与事物的本性，因而是宇宙万物的最高本体。

北宋之初，由于"道衰学废，世不得闻此言也久矣。虽闻之，必笑之，以为迂且诞也"④。为了复兴、光大儒学，遂"逼出了宋儒的创造性心灵与真切感受"，从而将儒家原有的"成德之教""内圣之教""天地性命相贯通之教"加以提炼、弘扬⑤。经由二程开创的理学（洛学），继承并延展了孔孟对内在品格的追问，弱化了汉儒特别是董仲舒对外在法度规制的过分关注，从而改变了"自孟子没而《中庸》之学不传，后世之士不循其本而用心于末，故不可与入尧、舜之道"⑥的局面。这也是宋明理学之所以被称为"新儒学"的主要缘由。二程的这一心性转向，意味着理学注重的是人的内在品格，而非外在规则，并在此基础上建立起有关人生存、发展的新理念，确立起生活的意义与价值。

程颢以"理"作为全部思想的基础，将"理"视为先于万物的"天理"，认为万物皆只是一个天理，万事皆出于理，"天理具备，元无欠

---

① 程颢、程颐：《二程集》上，王孝鱼点校，北京：中华书局2004年版，第394页。

② 程颢、程颐：《二程集》上，王孝鱼点校，北京：中华书局2004年版，第14页。

③ 程颢、程颐：《二程集》上，王孝鱼点校，北京：中华书局2004年版，第132页。

④ 程颢、程颐：《二程集》下，王孝鱼点校，北京：中华书局2004年版，第1251页。

⑤ 参见牟宗三：《宋明儒学的问题与发展》，上海：华东师范大学出版社2004年版，第11页。

⑥ 程颢、程颐：《二程集》上，王孝鱼点校，北京：中华书局2004年版，第334页。

少"①。现行社会秩序为天理所定，遵循它便合天理，否则就是逆天理。他强调人性本善，性即理也，认为人由于气禀不同，因而人性有善有恶。浊气和恶性，其实都是人欲。人欲蒙蔽了本心，便会损害天理。因此教人"存天理、灭人欲"。要"存天理"，必须先"明天理"，要"明天理"，便要"即物穷理"，逐日认识事物之理，一旦积累达到一定程度，便能豁然贯通。

程颢力主以"识仁"为要。"学者须先识仁。仁者，浑然与物同体。义、礼、知、信皆仁也。识得此理，以诚敬存之而已。"②其所言之"仁"，即"理"或"道"，亦即生生之理、生机流行之道；其所言之"识"，并非认知性的"识"，而是对该生生之理、流行之道的领悟、感通抑或"体贴"："医书言手足痿痹为不仁，此言最善名状。"③"切脉最可体仁。"④"周茂叔窗前草不除去，问之，云：'与自家意思一般。'"⑤"观鸡雏。此可观仁。"⑥总之，程颢以生生之理言"仁"，用"医书""切脉""蓄草""观鸡雏"涵泳三昧，凸显其对自然万物一体之"仁"的洞见，对生活世界之生命意蕴的"体贴"。

在程颢看来，天理亦即天道，具有贯通自然万物与现实人生的普遍有效性："有道有理，天人一也，更不分别。"⑦"理则天下只是一个理，故推至四海而准。"⑧他认为，物之理与人之理只是天理不同的表现形式。天理绝非玄思之物，亦非造作之物，而是自然而然的道理："天地万物之理，无独必有对，皆自然而然，非有安排也。"⑨此天理亦是"生

---

① 程颢、程颐：《二程集》上，王孝鱼点校，北京：中华书局2004年版，第43页。
② 程颢、程颐：《二程集》上，王孝鱼点校，北京：中华书局2004年版，第16页。
③ 程颢、程颐：《二程集》上，王孝鱼点校，北京：中华书局2004年版，第15页。
④ 程颢、程颐：《二程集》上，王孝鱼点校，北京：中华书局2004年版，第59页。
⑤ 程颢、程颐：《二程集》上，王孝鱼点校，北京：中华书局2004年版，第60页。
⑥ 程颢、程颐：《二程集》上，王孝鱼点校，北京：中华书局2004年版，第59页。
⑦ 程颢、程颐：《二程集》上，王孝鱼点校，北京：中华书局2004年版，第20页。
⑧ 程颢、程颐：《二程集》上，王孝鱼点校，北京：中华书局2004年版，第38页。
⑨ 程颢、程颐：《二程集》上，王孝鱼点校，北京：中华书局2004年版，第121页。

生之谓易"的"易理"："生生之谓易，天地设位而易行乎其中。"①人必须依"易理"默识而自得："'忠信所以进德'，'终日乾乾'，君子当终日对越在天也。盖上天之载，无声无臭，其体则谓之易，其理则谓之道，其用则谓之神，其命于人则谓之性，率性则谓之道，修道则谓之教。"②

程颢进而指出："'天地设位而易行乎其中'，只是敬也。敬则无间断，体物而不可遗者，诚敬而已矣，不诚则无物也。"③此处所言"无间断""体物不遗""诚敬"，意味着天道的实存与人的道德实践如影随形。"易"之要义在"生生之德"。"'生生之谓易'，是天之所以为道也。天只是以生为道，继此生理者，即是善也。善便有一个元底意思。'元者善之长'，万物皆有春意，便是'继之者善也'。'成之者性也'，成却待它万物自成其性须得。"④

由上可见，程颢视"理"为宇宙本原，并将天道的本质形容为"生"，谓世界生生不已，充满生意。生生不已之天道，通过阴阳二气的氤氲化生，创生天地万物，人只不过是得天地中正之气而已。故"人在天地之间，与万物同流"⑤。人要学道，首先要认识天地万物本来就与我一体的道理，明白了这个道理，达到了此种境界，即为"仁者"。其关注的焦点不在外物的生长变化，而是人内心自有的"明觉"抑或良知良能。

依程颢之见，天之道与仁之理虽"分属"天、人，但其义非二。"天理……不为尧存，不为桀亡。人得之者，故大行不加，穷居不损。"⑥"理则天下只是一个理，故推至四海而准，须是质诸天地，考诸

① 程颢、程颐：《二程集》上，王孝鱼点校，北京：中华书局2004年版，第136页。
② 程颢、程颐：《二程集》上，王孝鱼点校，北京：中华书局2004年版，第4页。
③ 程颢、程颐：《二程集》上，王孝鱼点校，北京：中华书局2004年版，第118页。
④ 程颢、程颐：《二程集》上，王孝鱼点校，北京：中华书局2004年版，第29页。
⑤ 程颢、程颐：《二程集》上，王孝鱼点校，北京：中华书局2004年版，第30页。
⑥ 程颢、程颐：《二程集》上，王孝鱼点校，北京：中华书局2004年版，第31页。

三王不易之理。"①意即该一体之天理既具有"不为尧存，不为桀亡"的客观性，又具有"推至四海而准"的普遍性。在天理面前，人与万物是平等的。因此，"所以谓万物一体者，皆有此理，只为从那里来。'生生之谓易'，生则一时生，皆完此理"②。就人与物"皆完此理"而言，均为天道作用的体现，人与物并无差别，所谓一体而尽仁者，其确当义便是尽人之性、尽物之性而全人之生、全物之生。生生即天道，即仁。

尽管二程的思想主旨在本质上大体是一致的，但在某些学术倾向上又存在着一定差异，因此，二者的思想也就有不同的接续者。程颢认为万物本属一体，人生的最高境界就是发明本心，自觉达到与万物一体，因此较多地强调内心静养的修养方法，后来的陆王大致沿着程颢的理路，将其发展为陆王心学；而程颐则强调探求事物所以然之理，认为人生的根本在于居敬穷理，格物致知，较多地强调由外而内的体认，后来的朱熹，大致沿着程颐的理路将其发展为程朱理学。

二程兄弟虽然追求万物一体境界的路径不一，但二者在"居敬""持敬""主敬"之"严恭俨恪"的修持上则并无二致。对此，明末清初史学家姜宸英（公元1628—1699年）曾如是说："河南二程子以持敬之学教学者。其旨以严恭俨恪为要，其功始于动容貌、正颜色、出辞气之间，而推之至于尽性达天知命，盖作圣之基，学者无时而可离者也。"（姜宸英：《湛园集》卷三《持敬堂记》）清初理学家熊赐履（公元1635—1709年）也认为："自尧舜以来，圣圣相传，不越一敬。敬者，彻上彻下，成始成终之道也。""二程子既以一敬接千圣之传，而伊川则特为主一无适之解，又从而反复发明之，庶几学者有所持守，以为超凡入圣之地。朱子谓程氏之有功于后学，最是主敬得力。"（熊赐履：《学统》卷八《正统·程伊川先生》）

在道德修养方面，二程极为重视"敬"的功用。"敬"就是心有所主，毫不懈怠。若能"敬以直内"地修养自我之敬畏之心，则会逐渐达

---

① 程颢、程颐：《二程集》上，王孝鱼点校，北京：中华书局2004年版，第38页。
② 程颢、程颐：《二程集》上，王孝鱼点校，北京：中华书局2004年版，第33页。

至"理"的境界，即"诚"的境界。"不能动人，只是诚不至；与事厌倦，皆是无诚处。"①以诚感人者，人亦诚而应之，诚者，真实无妄之谓，也就是不受外物诱惑、无欲无我的境界。主敬和与诚信是相互联系、密不可分的。正所谓："行己须行诚尽处。"②

在中国古代典籍中，"敬"有多种解释。"敬，警也，恒自肃警也。"（《释名·释言语》）此"敬"有严肃、警醒之义。"五行不遂，灾及乎亲，敢不敬乎？"（《吕氏春秋·孝行》）该"敬"有畏惧、谨慎之义。《尚书》已有"敬"的观念，并伴之以浓厚的道德意味："惟不敬厥德，乃早坠厥命。"（《尚书·召诰》）《论语》中也有诸多关于"敬"的论述："居处恭，执事敬""修己以敬""敬事而信""言忠信，行笃敬"等。以上所言"敬"，大多还是就具体行事而言，说明"敬"在当时主要是若干德目之一，还未被提炼为心性之修养的根本功夫。

对"敬"的内涵之深入发掘，在《左传》《易传》与《孟子》中均有体现。《左传·僖公三十三年》曰："敬，德之聚也。能敬必有德，德以治民，君请用之。"《易传·文言》曰："君子敬以直内，义以方外，敬义立而德不孤。"《孟子·离娄上》云："陈善闭邪谓之敬。"至此，"敬"之意涵便从泛泛的道德之义，提升为心性修养的践履功夫。这种功夫，又在宋代理学的心性论中得以推廓、深化。

由于儒、道、释三家在重视"心"之作用、心性修养功夫问题的主张上并无二致，因此，宋代理学家以"敬以直内，义以方外"为依据，将道、释两家关于心性修养的主要方法"静"，融会于儒家心性修养方法"敬"之中。"主静"说在道家的老子那里表现为"致虚极，守静笃""归根曰静"（《道德经》第十六章）之说；在庄子那里有"万物无足以挠心者，故静"（《庄子·天道》）之说，以及"心斋""坐忘"之心法；佛教也主张"静坐"无欲，并以此作为达至"真如"境界之不二法门。儒学之"主静"说，萌发于宋初周敦颐的《太极图说》："圣人定之

---

① 程颢、程颐：《二程集》上，王孝鱼点校，北京：中华书局2004年版，第78页。

② 程颢、程颐：《二程集》上，王孝鱼点校，北京：中华书局2004年版，第45页。

以中正仁义而主静，立人极焉。"在周敦颐看来，"主静"的实质，无外乎"无欲""静虚""纯一"，因而具有明显的道、释色彩。

在"三教并用，尤重儒学"的宋代，作为以重振儒学为己任的理学家，虽然其修养方法与道、释不存在本质差异，但还是力图与道、释划清界限，况且"静"这一概念也确实难以涵摄儒家修养方法的丰富内涵。于是，自二程始，特别是晚年的程颐便以"主敬"取代了"主静"，以凸显儒学所具有的道德与修养功夫内外感通之功夫论特质。"敬而无失，便是'喜怒哀乐未发之谓中'也。"①在一定意义上说，"主敬"之学是儒、道、释并存时期形成的宋代新儒学所具有的心性之功夫说。

虽然二程都非常重视儒家传统有关"敬"的思想，认为"敬"揭示了立身之本与处世之则，但二人也有所不同，"程颢以诚与敬并提，他说的敬近于诚的意义，同时他十分强调敬的修养必须把握一个限度，不应伤害心境的自在和乐；程颐则不遗余力地强调敬，他所谓主敬的主要内容是整齐严肃与主一无适，要求人在外在的容貌举止与内在的思虑情感两方面同时约束自己"②。质言之，程颢力主诚敬并提，敬不伤和乐，敬乐合一。程颐则认为敬即内心敬畏与外表严肃，提倡"敬以直内，义以方外"的修养功夫。

程颐以"主敬"为主旨、以"敬""义"为心性修养论的支点，构建起了理学心性功夫论的基本框架。"敬是持己，恭是接人。……君臣朋友，皆当以敬为主。"③"古之人，耳之于乐，目之于礼，左右起居，盘盂几杖，有铭有戒，动息皆有所养。今皆废此，独有理义之养心耳。但存此涵养意，久则自熟矣。敬以直内是涵养意。言不庄不敬，则鄙诈之心生矣；貌不庄不敬，则怠慢之心生矣。"④在程颐看来，"敬"既是理学的出发点和归宿，亦体现了本体与功夫的关联。正所谓"诚者合内

① 程颢、程颐：《二程集》上，王孝鱼点校，北京：中华书局2004年版，第44页。

② 陈来：《宋明理学》，沈阳：辽宁人民出版社1991年版，第105页。

③ 程颢、程颐：《二程集》上，王孝鱼点校，北京：中华书局2004年版，第184页。

④ 程颢、程颐：《二程集》上，王孝鱼点校，北京：中华书局2004年版，第7页。

儒家敬畏观钩玄

外之道，不诚无物"①。用敬于内、行义于外、身心交融、内外契合。"敬"能够保证良心不外逸，操存本心（道心）——"直内"；"义"则使得处理外事裁制合宜，公平合理——"方外"。"敬"乃"义"之内在依据，"义"则是"敬"之外在表征。"敬""义"相契，以达"止于至善"。因此，"学者须敬守此心，不可急迫，当栽培深厚，涵泳于其间，然后可以自得"②。

将"敬"作为自我涵养的主要方法或功夫，程颐力主"'主一之谓敬'……'无适之谓一'……'齐庄整敕，其心存焉；涵养纯熟，其理著矣'"③。涵养有诸多方法与路径，而程颐却笃推崇"敬"，其意在于强调涵养莫如敬。所谓"主一无适"，"一"者无他，只是整齐严肃，其心便一，一则自是无非僻之奸。而"敬"只是主"一"，亦即主"中"，无所偏颇，如是则自然天理明。无问西东，不此不彼，不妄做作，正心于内即是"无适"。即心主一事，决不三心二意；保持不偏不倚的中和状态，从而排除一切干扰而持"中"。

依程颐之见，《中庸》成于子思，乃孔门传授之精髓。"'小人之中庸，小人而无忌惮也'，小人更有甚中庸？脱一反字。小人不主于义理，则无忌惮，无忌惮所以反中庸也。亦有其心畏谨而不中，亦是反中庸。"④"其心畏谨"却"反中庸"，则自然不会明"理"。

通过对"主敬"思想的厘析，我们发现，二程特别是程颐的"主敬"思想蕴涵着丰富的敬畏意识，无论是对"敬以直内"还是"义以方外"的推崇，都是对"天理"的笃诚与敬畏。正所谓：动容貌，整思虑，则自然生敬。相由心生，如果人的外貌端正严肃，衣冠整齐，举止规范，思想按照仁义礼智等道德原则加以涵泳，那么"非僻之奸"就无

---

① 程颢、程颐:《二程集》上，王孝鱼点校，北京:中华书局2004年版，第9页。

② 程颢、程颐:《二程集》上，王孝鱼点校，北京:中华书局2004年版，第14页。

③ 程颢、程颐:《二程集》下，王孝鱼点校，北京:中华书局2004年版，第1173页。

④ 程颢、程颐:《二程集》上，王孝鱼点校，北京:中华书局2004年版，第160—161页。

机可乘，遂自然生敬。存天理的前提，必须"主一无适""止于至善"。

程颐进而认为："'知天命'，是达天理也。'必受命'，是得其应也。命者是天之所赋与，如命令之命。天之报应，皆如影响，得其报者是常理也；不得其报者，非常理也。然而细推之，则须有报应，但人以狭浅之见求之，便谓差互。天命不可易也，然有可易者，惟有德者能之。"①程颐秉承儒学道统，主张"一德立而百善从之"②，培养善心是道德行为的关键所在。"教人者，养其善心而恶自消。治民者，导之敬让而争自息。"③在他看来，"理也，性也，命也，三者未尝有异。穷理则尽性，尽性则知天命矣。天命犹天道也，以其用而言之则谓之命，命者造化之谓也。《书》言天叙，天秩。天有是理，圣人循而行之，所谓道也"④。

"克己可以治怒，明理可以治惧。"⑤这是二程兄弟的共同心声。圣人亦包括所有人，都应对"天秩""天理"抱有敬畏之心，从而"循而行之"。而克服恐惧之方，就在于"明理"。"明理"对于理学家来说，至关重要，"明理"使得其"敬"、其"畏"皆在"理"也。

由以上分析可知，二程理学通过对"天理"的"自家体贴"，主张"涵养须用敬"⑥，这无疑凸显了二程自得洒落的敬畏意识，对于荡涤当时人们内心深处潜藏的污浊、狂妄、傲慢与蒙昧具有道德重建和心灵重塑的作用。对圣贤的崇敬，对天理的敬畏，使得二程的理学思想得以在宋代急需整顿纲纪，建立一套适合当时社会发展需要的伦理道德的情况下，成为时代精神的体现。

---

① 程颢、程颐：《二程集》上，王孝鱼点校，北京：中华书局2004年版，第161页。
② 程颢、程颐：《二程集》下，王孝鱼点校，北京：中华书局2004年版，第1175页。
③ 程颢、程颐：《二程集》上，王孝鱼点校，北京：中华书局2004年版，第411页。
④ 程颢、程颐：《二程集》上，王孝鱼点校，北京：中华书局2004年版，第274页。
⑤ 程颢、程颐：《二程集》上，王孝鱼点校，北京：中华书局2004年版，第12页。
⑥ 程颢、程颐：《二程集》上，王孝鱼点校，北京：中华书局2004年版，第188页。

第三节　朱熹："君子之心常存敬畏"

朱熹（公元1130—1200年），字元晦，又字仲晦，号晦庵，晚称晦翁，谥号文，世称朱文公，祖籍徽州府婺源县（今江西省婺源县），出生于南剑州尤溪（今福建省尤溪县），宋朝著名理学家、教育家、诗人。他曾创办书院，讲解经书，宣传理学，培养了大批弟子，并创立"闽学"学派，是宋代理学的集大成者。朱熹著述甚多，有《四书章句集注》《太极图说解》《通书解说》《周易读本》《楚辞集注》，后人辑有《朱子大全》《朱子语类》等。其《四书章句集注》成为封建社会后期钦定的教科书和科举考试标准。朱熹在坚守儒家立场的同时，吸取佛道思辨哲学的营养，创建了一个"至广大，尽精微，综罗百代"的理学体系。该体系不仅使儒家"仁者爱人"的根亥得以固培，而且使得儒家"常存敬畏"的"君子之心"得以滋养。

作为宋代理学的集大成者，朱熹为了重建儒学的人文信仰，在精神层面弘扬儒家的价值理想，力图确立起对"天理"的信仰与敬畏，以便能够指导个体的身心修养及社会的制度创建。他将"天""天命""天道"等概念均诠释为"天理"，并将其描述为"天理—阴阳五行—人物化生"的过程。"天道流行，发育万物，其所以为造化者，阴阳五行而已。而所谓阴阳五行者，又必有是理而后有是气。及其生物，则又必因是气之聚而后有是形。故人物之生必得是理然后有以为健顺仁义礼智之性，必得是气然后有以为魂魄五脏百骸之身。"（《大学或问》卷一）

在朱熹那里，"理"既被理解为必然之理，又被诠释为当然之则。作为必然之理，它指的是事物的本原、形式、规律、秩序等；作为当然之则，它是至当之理，即人类为了自身生存发展的需要而制定出来的合乎人性，且应当遵守的伦理规范、道德准则。朱熹不仅是一位对"形而上"问题感兴趣的智者，更是一位具有强烈济世情怀的仁者。作为智

者，他认为天理大化流行，是存在于自然史、社会史中的必然之理，是一种可以客观描绘、理性思考的法则；作为仁者，他主张"天理"不仅仅是一种独立自在的被理性思辨着的客体，更主要的是体现在每一个体内在身心性命之中的不可须臾离开的安身立命之本："道者，日用事物当行之理，皆性之德而具于心，无物不有，无时不然，所以不可须臾离也。若其可离，则岂率性之谓哉？是以君子之心，常存敬畏，虽不见闻，亦不敢忽，所以存天理之本然，而不使离于须臾之顷也。"①此语强调人们对"道"与"理"应始终保持一种"常存敬畏"的"君子之心"，只有对敬畏之目标专注纯一，在德性修养上不存在丝毫的放纵与懈怠，方能达至人生理想之境界。

朱熹是基于传承道统的责任感和使命感而全身心投入学术研究的。"天理"，既是朱熹学术视域的主要聚焦点，也是朱熹道德理想的目标所在。他在《中庸章句序》中揭示了《中庸》作者的目的："中庸何为而作也？子思子忧道学之失其传而作也。盖自上古圣神，继天立极，而道统之传有自来矣。"②据此，朱熹探讨"天理"是以个体的自我体认、修身养性，以执行"天理"或"天道"的律令为鹄的的。"天理"不是外在于人的，而是与人的内在德性、与自我生命息息相关的。在朱熹那里，儒家的伦理已被形上化，他甚至认为主体内在的对天理的"戒惧"程度，会直接关系到天理的实现程度。他在诠释《中庸》"致中和，天地位焉，万物育焉"时说："致，推而极之也。位者，安其所也。育者，遂其生也。自戒惧而约之，以至于至静之中无少偏倚，而其守不失，则极其中而天地位矣；自谨独而精之，以至于应物之处无少差谬，而无适不然，则极其和而万物育矣。盖天地万物，本吾一体，吾之心正，则天地之心亦正矣；吾之气顺，则天地之气亦顺矣。故其效验至于如此，此学问之极功，圣人之能事，初非有待于外，而修道之教，亦在其中

---

① 朱熹：《四书集注》，长沙：岳麓书社1985年版，第30页。
② 朱熹：《四书集注》，长沙：岳麓书社1985年版，第25页。

矣。"①依朱熹之见,人们对道统、天理神圣性的"戒惧而约之",有助于道统的贯彻、天理的大化流行。

朱熹的"致中和"思想,既包含着对心与性、已发与未发的知识论分析与理性思辨,更蕴涵着对天理的实践体认与方法论探索。他最终确立的体认天理的方法是"主敬以立其本,穷理以进其知。"(《朱文公文集》卷七十五《程氏遗书后序》)"主敬以立其本",包含着对天命之大本的存养和体认;"穷理以进其知",则蕴涵着对天理(也包括对知识)的认知与深化。正所谓:"尊德性,所以存心,而极乎道体之大也。道问学,所以致知,而尽乎道体之细也。二者,修德凝道之大端也。"②尊德性、道问学二者相辅相成,不可偏废。

由上可见,朱熹理学虽然由一系列抽象的哲学范畴构成,但当他使用这些范畴来表达"天理"之内涵,并以此为中心建构其哲学体系时,"天理"始终不是一个纯粹思辨的对象,而是存在于每个人的内在心灵、先天本性之中,并在人的道德实践活动中呈现的先天存在。故而,它是道德主体以获得永恒、神圣意义的象征。朱熹在对孟子"尽其心者,知其性也。知其性,则知天矣"(《孟子·尽心上》)进行诠释时如是写道:"心者,人之神明,所以具众理而应万事者也。性则心之所具之理,而天又理之所从以出者也。……愚谓:尽心知性而知天,所以造其理也。存心养性以事天,所以履其事也。不知其理,固不能履其事,然徒造其理而不履其事,则亦无以有诸己矣。"③在此,朱熹对儒家心性作出了自己的诠解:心是人的主宰,是人的灵气所在,它统摄着人的"性"。天下万物之理都包容于"心"中,"心"制约着人的思想和行为,是人适应、应对环境,理顺事务的灵处所在。

朱熹虽然以"理"为最高范畴,但其哲学的真正目的在于通过讨论"心与理"的关系,以解决人的精神境界抑或心灵境界问题。因为境界

---

① 朱熹:《四书集注》,长沙:岳麓书社1985年版,第30—31页。

② 朱熹:《四书集注》,长沙:岳麓书社1985年版,第57页。

③ 朱熹:《四书集注》,长沙:岳麓书社1985年版,第443页。

乃心灵之境界，心灵乃有境界之心灵。正由于此，朱熹对于"心"极为关切，其重视程度绝不亚于"理"，对于心的论述，绝不比任何一位心学家少。"学者千章万句，只是理会一个心。"①"要之，千头万绪，皆是从心上来。"②心全然是理，理全然在心，心与理一，浑然不分。

对作为存在于自然、社会中的必然法则的"天理"，朱熹认为必须通过理性认识的途径，即通过格物致知的功夫去加以把握；但对内在于人们心灵中的为人类提供安身立命支撑的神圣"天理"，则必须通过直觉体悟的方式去加以探寻。正是在此意义上，他主张把握天理须"正其衣冠，尊其瞻视，潜心以居，对越上帝。足容必重，手容必恭，择地而蹈，折旋蚁封。出门如宾，承事如祭，战战兢兢，罔敢或易"（《朱文公文集》卷八十五《敬斋箴》）。

正因为"天理"既是必然之理，又是当然之则，是此岸世界中贯通于人生理想与生活世界中的先天存在，所以它既是神圣的，又是贴己的，是值得人们"敬畏"的。人们在追求天理的过程中，必须保持一颗"长存敬畏"的"君子之心"。这种因"理"之神圣、崇高而获得的自觉的、深层的心灵体验，是建立在敬畏之心基础之上的。于是，在朱熹那里，"敬畏"既是达至理想境界的道德规范、伦理准则本身，亦是达至理想境界的方法和路径。

朱熹的敬畏意识与其"主敬"学说有着内在的逻辑关联。"主敬"学说既是其理学体系的重要组成部分和必要逻辑环节，也是其为学之方的主要意涵，更是其敬畏观的集中体现。儒家的敬畏意识历史悠久，包蕴着道德智慧、道德自律的内容。早在春秋时期，孔子就提出了"修己以敬"（《论语·宪问》）的思想，强调用严肃庄敬的态度来进行道德修养，这一思想得到了宋代理学家的倡扬。二程曾提出"涵养须用敬，进学在致知""入道以敬为本"等思想（前文已论述），在此基础上朱熹提出："'敬'字工夫，乃圣门第一义，彻头彻尾，不可顷刻间断。

---

① 黎靖德编:《朱子语类》第三册,王星贤点校,北京:中华书局1999年版,第1081页。

② 黎靖德编:《朱子语类》第一册,王星贤点校,北京:中华书局1999年版,第97页。

'敬'之一字，真圣门之纲领，存养之要法。"①此后，"主敬工夫"被视为理学修养功夫之第一要义，其重要性超过了其他任何修养功夫。

朱熹在程颐以"主一""涵养""操约""整齐严肃"等诠释"敬"的基础上，明确赋予"敬"以"畏"的意蕴，即以"畏"释"敬"，强调"敬"中的"敬畏"之义："敬有甚物？只如'畏'字相似。"②"敬不是万事休置之谓，只是随事专一，谨畏，不放逸耳。敬，只是一个'畏'字。"③"敬"的这一新意涵，使儒家的"主敬"学说与"敬畏"意识直接勾连起来。朱熹还对"诚"与"敬"予以比较区分："诚只是一个实，敬只是一个畏。妄诞欺诈为不诚，怠惰放肆为不敬，此诚敬之别。"④至此，朱熹的"主敬"学说较之儒家之前的相关学说，无疑有了深化与拓展。

三国时期魏国哲学家刘邵在《人物志》中曾这样写道："盖人道之极，莫过爱敬。是故《孝经》以爱为至德，以敬为要道。《易》以感为德，以谦为道。《老子》以无为德，以虚为道。《礼》以敬为本。《乐》以爱为主。然则人情之质，有爱敬之诚，则与道德同体，动获人心，而道无不通也。"⑤刘邵的有关"爱敬"思想，不仅具有伦理意义，而且具有方法论价值，朱熹的主敬学说亦是对刘邵思想的延展与活化。

对"为学之方"即方法论问题之深入探讨，是朱熹哲学最为突出的特点和贡献。对此，陈来认为："用敬贯动静、敬贯始终、敬贯知行概括朱子的为学之方，是比较全面地反映了朱熹的思想的。"⑥在方法论问题上，朱熹虽然倡扬"格物致知"，但也主张"知敬双进"，并且认为"学者功夫，唯在居敬、穷理二事。此二事互相发。能穷理，则居敬工夫日益进；能居敬，则穷理功夫日益密。……持敬是穷理之本，穷得理

---

① 黎靖德编：《朱子语类》第一册，王星贤点校，北京：中华书局1999年版，第210页。
② 黎靖德编：《朱子语类》第一册，王星贤点校，北京：中华书局1999年版，第208页。
③ 黎靖德编：《朱子语类》第一册，王星贤点校，北京：中华书局1999年版，第211页。
④ 黎靖德编：《朱子语类》第一册，王星贤点校，北京：中华书局1999年版，第103页。
⑤ 柏源译注：《人物志译注》，长沙：湖南科学技术出版社1990年版，第115页。
⑥ 陈来：《宋明理学》，上海：华东师范大学出版社2004年版，第139页。

明，又是养心之助"①。朱熹理学是一个充满活力的生命伦理体系，在这一体系中，通过"敬"的方式，将外在的自然宇宙和内在的心灵世界融为一体。在这个统一体中，"天即人，人即天""天人本只一理"②，万物氤氲于"天人合一"的境界之中。在此，自然宇宙拥有了深厚的道德意蕴，而人生也包孕着自然宇宙的无私胸襟。人与自然相互依傍，共生共荣地同处于一个生存空间。正是这一宇宙情怀，使得人们虽身处世俗生活之中，但其不俗之心灵却总是在追寻着这一宇宙精神的"仁"境，而追寻的主要方式即"敬"。

对于"敬"与"仁"的关系，朱熹如是说："别纸所论敬为求仁之要，此论甚善。所谓'心无私欲即是仁之全体'，亦是也。但须识得此处便有本来生意融融泄泄气象，乃为得之耳。颜子不改其乐，是他功夫到后自有乐处，与贫富贵贱了不相关，自是改它不得。仁智寿乐，亦是功夫到此，自然有此效验。"③在朱熹看来，"仁"是生意之本，而"敬"是求"仁"之要。"仁"是自孔子以来儒家所追求的最高人生境界，亦是儒家整个思想体系的轴心范畴。"仁"的意义就在于能够使"老者安之，朋友信之，少者怀之"（《论语·公冶长》）。"仁"的境界本身就是人的情感世界和意义世界的提升、升华。对"仁"的信仰、敬畏，凸显了儒家以人类情感中最为深厚又最有分量的"敬"去求"仁"、去"敬畏""仁"的圣者襟怀。

基于此，在朱熹那里，"敬"就不仅是求仁之方，亦是人类最为浓郁的生命情感。生命情感是生命本性的显发，更是人之为人的基本特质的呈现。"敬"无论表现于人与人之间，还是人与自然宇宙之间，都蕴涵着生意融融的和谐气象。正由于此，朱熹才如是说："'敬'字工夫，乃圣门第一义，……'敬'之一字，真圣门之纲领，存养之要法。……只敬，则心便一。敬，只是此心自做主宰处。人常恭敬，则心常光

---

① 黎靖德编：《朱子语类》第一册，王星贤点校，北京：中华书局1999年版，第150页。

① 黎靖德编：《朱子语类》第一册，王星贤点校，北京：中华书局1999年版，第150页。
② 黎靖德编：《朱子语类》第二册，王星贤点校，北京：中华书局1999年版，第387页。
③ 朱熹：《朱熹集》卷六十一，成都：四川教育出版社1996年版，第3170页。

118

儒家敬畏观钩玄

明。"①正是有了对生命、对生活世界之"敬",才会有"孔颜之乐"的精神境界。在朱熹那里,"敬"既是境界亦是功夫,是境界与功夫的融通。如果"人能存得敬,则吾心湛然,天理粲然,无一分着力处,亦无一分不着力处"②。所谓"吾心湛然,天理粲然"也就是指在"敬"的烛照下所获得的"大乐"境界。颜子能忘于"贫富贵贱",并处之泰然而"不改其乐",亦"乐在其中",即"敬"之"效验"。因此,朱熹认为,所谓"圣"就在于一个"敬",亦即"大事小事皆要敬。圣人只是理会一个'敬'字"③。

"敬"之意蕴还表现在"爱"的情感体验之中。"爱"是人类一种充满仁慈而又具有神圣意味的情感。在儒学中,"爱"是"仁"的题中应有之义,而"敬"则是"仁"的一种内在规定性。《论语·颜渊》曰:"樊迟问仁,子曰:爱人。"朱熹曰:"爱乃仁之已发,仁乃爱之未发。"④《左传·僖公三十三年》中就有关于"敬,相待如宾。……敬,德之聚也。……出门如宾,承事如祭,仁之则也"的记载。然而,内于心的"爱",如果不以一定的行为方式,特别是"敬"的方式传达给被"爱"者,那么这种"爱"还不具备现实性。与此相联系,如果表现于行为之中的"敬"缺乏内在真诚的"爱",那么这种"敬"也就具有玄虚的意味。因此,朱熹主张为爱而敬、为敬而爱,敬爱融通,并明确地将"敬"与"畏"联系起来:"爱而不敬,非真爱也;敬而不爱,非真敬也。敬非严恭俨恪之谓,以此为敬,则误矣。只把做件事,小心畏谨,便是敬。"⑤将"敬"与"爱""畏谨"相连,使得朱熹的主敬哲学氤氲着浓郁的敬畏意识。

"敬"并不只是严肃刻板,而且渗透了"和乐"气象:"敬是'喜怒

---

① 黎靖德编:《朱子语类》第一册,王星贤点校,北京:中华书局1999年版,第210页。
② 黎靖德编:《朱子语类》第一册,王星贤点校,北京:中华书局1999年版,第210页。
③ 黎靖德编:《朱子语类》第七册,王星贤点校,北京:中华书局1999年版,第2868页。
④ 黎靖德编:《朱子语类》第七册,王星贤点校,北京:中华书局1999年版,第2810页。
⑤ 黎靖德编:《朱子语类》第二册,王星贤点校,北京:中华书局1999年版,第564页。

哀乐未发之中’，和是‘发而皆中节之和’。才敬，便自然和。……‘敬存于此，则氤氲磅礴，自然而和。’”①朱熹以"心统性情"的理念，阐述了"中和"包括"敬"与"和"的思想。"敬"与"和"虽异但都本于"心"，"敬与和同出于一心"②。"性"与"情"，都只是"心"之不同体用而统一于"心"。"心与理一"的基本精神即"中和"。因此，朱熹认为"敬"与"和"都具有共同之本体，都生发于"心"。"自心而言，则心为体，敬和为用"，即"心统敬和"。同时，"敬"有似于"性"，"和"有似于"情"。"敬"是本然之性，"和"是"已发"之"敬"，由此，"以敬对和而言，则敬为体，和为用"，但都统一于"心"。正是"敬"与"和"之间的这种内在一致性，使得朱熹将"敬"与"和"视为只是"一事"，有"敬"则必然有"氤氲磅礴，自然而和"之气象，"和"中自然也有"敬"。既然"敬"与"和"是相互贯通的，那么"敬"也就自然地通向了"和乐"之境。朱熹还以"鸢飞鱼跃""活泼泼地"等生动意象之词，描述"敬"之美感，以强调"敬"自有天理流行、全体呈现之妙处。

无论是生意融融之"敬"，还是"爱"之"敬"、"畏谨"之"敬"、"和乐"之"敬"，在朱熹看来，都贯穿着人与人、人与自然宇宙之和谐精神。朱熹崇尚理想人格，注重人的精神境界的提升，从而也将儒家的伦理本体化。于是，"敬"不仅充满着生意，氤氲着丰富的"爱"，更有着"活泼泼"之"大乐"与"神圣"，且在本质上饱含着伦理精神与敬畏意识。

朱熹理学虽然大胆地对佛老思想加以吸纳借鉴，但却始终坚守儒学固有的内圣外王之精神方向、修己以安百姓之人文理想，以崇德敬业为常道，充满了强烈的现实感和人文关怀。朱熹虽然借鉴佛老的思维方式使儒学更具思辨色彩，但却最终又总是将佛老的"空""虚"落脚到现实的社会人生和道德理想。朱熹理学中蕴涵的敬畏观念，为当时社会重

---

① 黎靖德编：《朱子语类》第二册，王星贤点校，北京：中华书局1999年版，第519页。
② 黎靖德编：《朱子语类》第二册，王星贤点校，北京：中华书局1999年版，第519页。

整纲纪、重建伦常、培养理想人格，提供了思想资料和价值之源。

在朱熹看来，教育的目的在于通过"明人伦"而最终达至明"天理"。道德教化的方法或功夫可以概括为：立志、居敬、存养、省察、力行。其中最为重要的是"居敬"，因为它一以贯之地渗透于这些方法或功夫之始终。"居敬"要求"内无妄思，外无妄动"①。"敬则德聚，不敬则都散了。"②这种对"天理"的敬畏之情，所激发的当然不会仅仅是对天理作为自在实体的认知，抑或作为理论概念的辨析，而主要的是对天理作为超越性存在、神圣性对象的"畏谨"（敬畏），并在这种独特精神状态下获得对天理的直觉体认。同样，"天理"作为一种内在于人的心灵之中的超越性存在，作为道德实践主体的内在主宰力量，必须依赖、借助于人的"尽心知性""存心养性"等涵养功夫，而绝非仅仅以"格物致知"的知识积累、概念辨析所能贯彻、流行。

于是，朱熹进而认为："为学之道，莫先于穷理；穷理之要，必在于读书，读书之法，莫贵于循序而致精；而致精之本，则又在于居敬而持志。"（《朱文公文集》卷十四《甲寅行宫便殿奏札二》）"居敬"，乃儒家从政、为人、治学之根本态度，亦是理学家倡扬的道德修养和理性认知的根本方法。《论语·雍也》曰："居敬而行简，以临其民，不亦可乎？""居"，即时时心神虚静专一，根除人欲杂念，尊奉天理教化德性；"敬"，即审慎、敬畏、不怠慢。"敬，慎也。"（郑玄笺）"敬，谓不敢慢也。"（杨倞注）主张审慎立身处世行事，确立并坚守远大志向。"穷理"，即"穷理尽性以至于命"（《易传·说卦传》），"穷极万物深妙之理"（孔颖达疏）。可见，"穷理"是既穷尽"万物之理"，又穷尽"性命之理"。于是，"居敬"与"穷理"作为为学之方就成为密不可分且相辅相成的两个方面。质言之，"居敬"与"穷理"作为达至内圣外王之理想人格——既"尊德性"又"道问学"的根本方法，是一而二、二而一的"学者工夫"。尊奉虚静专一，克制妄欲，为人处世常怀敬畏、审慎

---

① 黎靖德编：《朱子语类》第一册，王星贤点校，北京：中华书局1999年版，第211页。

② 黎靖德编：《朱子语类》第一册，王星贤点校，北京：中华书局1999年版，第210页。

之心为"居敬";以推究、格致万物包孕之理为"穷理"。

"居敬穷理",是一个在"敬畏"意识观照下,通过推究万物中包孕的理而通达天理的过程。这一过程在一定意义上也可以视为知识与德性有机统一的过程。在儒家看来,知识与德性有着内在的逻辑关联——分辨是非、知善知恶是为善去恶的前提。连何谓善恶都无法分辨的人,是不可能自觉地去扬善弃恶的。对此,孔子有着精辟的见解:"未知,焉得仁?"(《论语·公冶长》)知是仁的必要条件,"知者利仁"(《论语·里仁》)。只有具备了"仁知统一"品格的仁者,才能将"行善"建立在"知善"的基础上,使"行善"达至理性自觉。

作为儒学的光大者,朱熹进一步阐述了"知善"与"行善"的关系。依朱熹之见,只有通过"格物穷理"的功夫才能知当然;只有知善,才能在行善的过程中,自觉地培养自己的理想人格。圣贤不但德性完满,而且是"为学而极至者","圣贤无所不通,无所不能,那个事理会不得?……所以圣人教人要博学"①。在朱熹看来,圣人之所以是圣人,就在于他既"尊德性",又"道问学"。在一定意义上,"道问学"是"尊德性"的内在诉求,因为只有"道问学","尊德性"才尊得"明白"。基于此,朱熹特别注重"知敬双进",即在"敬"的烛照下,去"格物致知",进一步知"仁"、求"仁",以期求证"敬"之所以然。

诚然,知识与德性并不具有本然的一致性,有知识未必就一定有德性,有些"恶人"可能有着可供炫耀的所谓学问或才华;拥有德性也未必就学问高深,有些"善人"可能连基本的学校教育都不曾接受。何况,在某种意义上说,知识本身也应涵盖德性之知。知善与行善的统一是在"居敬穷理"的过程中实现的。真正的理想人格,应该是知识与德性的完美统一。培养理想人格的途径,也就必然是"居敬"与"穷理"的统一。正如《礼记·中庸》所言:"故君子尊德性而道问学,致广大而尽精微,极高明而道中庸,温故而知新,敦厚以崇礼。"

---

① 黎靖德编:《朱子语类》第七册,王星贤点校,北京:中华书局1999年版,第2830—2831页。

儒家敬畏观钩玄

综上所述，朱熹理学是围绕着一种深深的敬畏感而展开的。敬畏感不是与生俱来的自发情感，即它不是单纯依附在人与动物身上的自发的畏惧或恐惧的感觉，而是在社会中培养的人性情感。它是社会的、文化的、历史的产物，是一切善恶的基础。敬畏感也不是固定不变的，而是始终处于生成性过程之中。没有敬畏感的时代是野蛮的时代，没有敬畏观念规范的社会是注定会走向陨落的社会。敬畏感不是愚昧、委琐的代名词，而是人类拥有伦理智慧的象征。在此意义上说，敬畏意识是人类培养理想人格、安身立命之前提所在。

朱熹的敬畏观与其鬼神观有着密切关联。朱熹言鬼神的最大特色，就在于将以气论鬼神与以祭祀言鬼神联系起来。当朱熹将鬼神纳入"气"的范畴加以审视时，其旨趣在于试图对鬼神现象作出合乎自然的诠释，以期批驳佛教宣扬的鬼神不灭说、生死轮回说，并对世俗社会信奉的怪、力、乱、神等现象进行抵制。"自天地言之，只是一个气。自一身言之，我之气即祖先之气，亦只是一个气，所以才感必应。"[1]当朱熹以祭祀言鬼神时，他认为鬼神问题的言说，是一个关涉神灵崇拜、祖先祭祀这一中国文化传统与儒家文化传统如何契合的大问题。儒家有一套作为生活实践模式的礼仪规范，祭祀便是礼仪系统的主要内容。朱熹认为："如鬼神之事，圣贤说得甚分明，只将《礼》熟读便见。"[2]尽管"鬼神只是气"，但人们必须将与气相关联的鬼神，置于祭祀这一虔诚的行为之中才能做出较为合理的诠释。祭祀关乎信仰，祭祀者发自内心的信仰无疑已超出"知"的范畴。"鬼神之理，即是此心之理。"祭祀之理，有其诚则有神，无其诚则无神。"尽其诚敬"，便有"感格"[3]。

其实，将鬼神与祭祀联系起来加以审视的观点，在孔子那里已经具有："祭如在，祭神如神在。子曰：'吾不与祭，如不祭。'"（《论语·八佾》）祭祀如不亲与，就违反了"如在"之诚。祭祀行为中的

---

① 黎靖德编：《朱子语类》第一册，王星贤点校，北京：中华书局1999年版，第47页。

② 黎靖德编：《朱子语类》第一册，王星贤点校，北京：中华书局1999年版，第34页。

③ 黎靖德编：《朱子语类》第一册，王星贤点校，北京：中华书局1999年版，第50页。

诚敬，与鬼神在祭祀者心中的地位和意义息息相关。参加祭祀时，言谈举止要按照具体规范进行，更为重要的是内心一定要虔诚。心诚是礼制的内涵，也是礼制的规要与鹄的。虔诚内发于心，表现于身。如果不能亲自参加礼节仪式，而采用其他形式，内心的虔诚就无法体现出来。

在朱熹看来，虽然鬼神存在与否"自是难说"，但"鬼神之理"就存在于"祭祀之礼"中。人们唯有抱持诚敬、敬畏之心，才可由"气"之感通，而实现与祖先之气的"感格"，从而使得祖先神灵（鬼神）的存在在祭祀中得到证实，意即通过祭祀实践体现且证实鬼神观念的真实性。祭祀过程中的诚敬、敬畏之心成为证实"鬼神亦只是实理"的关键所在，否则祭祀就只能是自欺欺人的行为。这也在一定意义上说明，朱熹认为祭祀鬼神不是一个言说问题，而是一个实践问题，而诚敬、敬畏之心也只能通过实践予以体现。

毋庸讳言，朱熹的敬畏意识虽然为当时社会提升人们的道德境界、培养理想人格提供了价值之源，但其内在的某些极端成分，亦有一些负面作用，如在一定程度上束缚了人们心灵的精神自由。今天，我们有必要对朱熹的敬畏意识进行辩证扬弃，批判地吸取其合理因子，为新时代加强公民道德建设，构建和谐社会提供文化资源。朱熹敬畏意识中的合理成分，有助于永恒的智慧之光对宇宙、人类的普照。人类不能为所欲为，而是应该在敬畏观的规范下，将主敬、畏谨、仁爱的原则贯通于社会，再从社会推及自然宇宙，以消灭由于人类的病态痴狂而导致的战争、流血和动乱，以遏制因工具理性极度膨胀所造成的对自然宇宙的横征暴敛。

后现代思想家德里达认为："对逻各斯中心主义的批判首先是对他者（the other）的追求。""对他者的尊重"是"唯一可能的伦理律令"①。"他者"是一个外延十分宽泛的范畴，不仅涵盖他人，而且包括

---

① 转引自王治河：《作为一种生活方式的后现代主义》，《北京大学学报》（哲学社会科学版）2006年第3期，第20页。

人类社会、自然宇宙。人类只有像朱熹倡扬的那样"君子之心，常存敬畏"，保持对"他者"、对天命或天理（自然和社会之必然律令、人类安身立命之内在本原）足够的、应有的"敬畏"，才有助于"狂性自歇"，在敬畏意识的范导下理智地生存、道德地生活，以期寻找到安身立命之本。

第四节　王守仁："敬畏为洒落之功"

王守仁（公元1472—1529年），幼名云，字伯安。浙江绍兴府余姚县（今属宁波余姚）人，因曾筑室于会稽山阳明洞，自号阳明子，学者称之为阳明先生，亦称王阳明，弘治十二年（公元1499年）进士，历任刑部主事、贵州龙场驿丞、庐陵知县、右佥都御史、南赣巡抚、两广总督等职，晚年官至两京兵部尚书、都察院左都御史，因平定宸濠之乱有功被封为新建伯，隆庆年间追赠新建侯，谥文成，故后人又称王文成公，明代著名哲学家、文学家、思想家、教育家和军事家，"心学"（明代理学）之集大成者。其弟子众多，世称"姚江学派"。其学术思想经中国传至日本、朝鲜半岛及东南亚。其一生的语录、书札及其他论学诗文，被后人收集编为《王文成公全书》，今有《王阳明全集》上、中、下三卷本付梓。

陈来对"明代理学"曾做过如下概述："明代理学可以说是围绕着阳明所谓'戒慎'与'和乐'或'敬畏'与'洒落'之辩展开的。""'心即是理'或'心外无理'是阳明伦理学的第一原理，集中体现了心学自孟子以来的伦理哲学。"①阳明心学在承袭、发挥孟子"良知"说主旨，并秉承、推廓儒家心性论取向的基础上，更为注重探究道德的形上依据（"伦理哲学"）。阳明将"洒落"视为"吾心之体"，将"敬

---

① 陈来：《有无之境：王阳明哲学的精神》，北京：生活·读书·新知三联书店2009年版，第11、21页。

畏"视作"洒落之功"①，进而使得道德主体的情感挥洒与理性自觉相互依傍，在一定程度上既避免了道德主体拘泥于本然之体而丢失自由天性，又防止了自由天性背离本然之体而变得肆意任性。因此，阳明心学比之早期儒学更具形上性，较之程朱理学则更具本真性，在"洒落"与"敬畏"之双重变奏中，在"致良知"的征程上奏响了明代心学之华章。

南宋心学之发轫者陆九渊，承延孟子的"本心"思想，以"发明本心"为圭臬，进而提出了"心即理"的命题，并对其加以释义："人皆有是心，心皆具是理，心即理也"；"盖心，一心也，理，一理也，至当归一，精义无二，此心此理，实不容有二"；"万物森然于方寸之间，满心而发，充塞宇宙，无非此理"②。"朱陆之辩"时，朱熹依据的经典文本是《大学》，而陆九渊依据的则是《孟子》。《孟子》关于"本心"的论述虽然较为明晰，但《大学》将"三纲领""八条目"作为践履规范则更为缜密。因此，"朱陆之辩"始终未能针对论争主题展开聚焦辨析，这也决定了陆九渊不仅未能从心学立场对朱熹论点展开系统反驳，而且在对"格物致知""致知力行"等问题的理解上，亦难以摆脱朱熹理学之影响。

在某种意义上说，朱陆之争是导致理学分化的主因之一。自宋末至明初，理学家们往往从各自不同的视角对朱陆之争进行诠解、厘析，从而为理学在明代发生"转向"提供了思想资源，阳明心学便在时代风云交际与理学内部纷争的背景下应运而"发"。

阳明心学既是其人生经历之思想结晶，亦是对广义上的宋代理学（包括陆九渊心学）的守正与扬弃。青年时期的阳明，曾深受"心"与"理"关系问题之困扰，也曾因循朱熹到"事事物物"之中去求"理"。其"亭前格竹穷理"的过程与结果，使他对朱熹"格物穷理"思想产生了质疑，于是，便在秉承陆九渊思想进路的同时，继续展开"心"与

---

① 王守仁：《王阳明全集》上，吴光、钱明、董平等编校，上海：上海古籍出版社2012年版，第162页。

② 陆九渊：《陆九渊集》卷一，钟哲点校，北京：中华书局2010年版，第149、4—5、423页。

"理"关系问题的对话与交锋。在赴龙场之前，阳明就曾针对朱熹将"心"与"理"离析为二的倾向，寄储柴墟诗曰："愿君崇德性，问学刊支离。"①崇尚"一以贯之"的"德性"，质疑"支离"的"问学"，凸显了阳明基于陆九渊心学立场，而与朱熹理学对峙的倾向。在赴龙场途中，他在《别三子序》文首毫不掩饰地写道："自程、朱诸大儒没而师友之道遂亡。《六经》分裂于训诂，支离芜曼于辞章业举之习，圣学几于息矣。"②此时的阳明，虽然已将陆九渊的"心即理"作为自己"心学"的支点，但还未能真正找到有力反驳朱熹"格物穷理"的思想的路径。如不继续深入探究"心与理""心与物"之关系，无疑难以达到其构建心学体系的理论目的。

关于"龙场悟道"，阳明《年谱》中有较为详细的记载："（先生）自计得失荣辱皆能超脱，惟生死一念尚觉未化，乃为石墩自誓曰：'吾惟俟命而已！'日夜端居澄默，以求静一；久之，胸中洒洒。……因念：'圣人处此，更有何道？'忽中夜大悟格物致知之旨，寤寐中若有人语之者，不觉呼跃，从者皆惊。始知圣人之道，吾性自足，向之求理于事物者误也。"③传说中的"龙场悟道"，虽然具有某种神秘体验之意味，但其结论在心学意义上却具有震撼性："理"原本不存在于外物之中，而是内在于人的"心"中——"吾性自足"。至此，阳明为学方向得以确立——向"内"亦即向"心性"之学拓展与深耕。

阳明在生死困境中大彻大悟的"吾性自足"，遂成为其心学的基点。在此基础上，阳明不仅高扬人的主体性，通过"心外无物""心外无理"等命题，将理学（广义）之"心学"一脉发扬光大，而且在坚守儒家立场的基础上，以其自身的生命体验，将自北宋以来儒家既坚守修齐治平

---

① 王守仁：《王阳明全集》中，吴光、钱明、董平等编校，上海：上海古籍出版社2012年版，第571页。

② 王守仁：《王阳明全集》上，吴光、钱明、董平等编校，上海：上海古籍出版社2012年版，第191页。

③ 王守仁：《王阳明全集》下，吴光、钱明、董平等编校，上海：上海古籍出版社2012年版，第1006—1007页。

的入世理念，又吸纳佛道两家生存智慧之精神修炼加以融会贯通。

"心性合一"是中国传统心性论的基本要义。阳明既谈"心"亦论"性"，谈"心"主张"心即理"，论"性"力主"吾性自足"。"心即理"作为阳明心学的主体性原则，与之相对应的表述自然是"心外无理"。他在致友人的书信中首次阐发了这一观念："夫在物为理，处物为义，在性为善，因所指而异其名，实皆吾之心也。心外无物，心外无事，心外无理，心外无义，心外无善。吾心之处事物，纯乎理而无人伪之杂，谓之善，非在事物有定所之可求也。处物为义，是吾心之得其宜也，义非在外可袭而取也。格者，格此也；致者，致此也。必曰事事物物上求个至善，是离而二之也。"①

在阳明看来，"心外无理"亦即"心外无善"。"善"并非意味着人的外在行为合乎伦理规范，而是指发自人的内在德性的动机或意图出自"善"。因为善的动机或意图是使人的外在行为具有伦理意义的本原所在。基于此，善抑或至善，不可能来自外物，而只能出于主体自身。既然至善来自主体自身，那么格物致知就必须基于对至善根源的挖掘与发问。于是，任何原则、规范、学问都必须反求诸己、反求于"心"。因此，"心者身之主宰，目虽视而所以视者心也，耳虽听而所以听者心也，口与四肢虽言动，而所以言动者心也。故欲修身在于体当自家心体"。"心不是一块血肉，凡知觉处便是心，如耳目之知视听，手足之知痛痒，此知觉便是心也。"②

在此，阳明明确指出，"心"并非指人血肉之躯中的心脏，也不是指支配统摄人的各种感官的控制中枢、种种知觉的综合，因为知觉既有善，亦有恶，不具备规范与准则的意味。此处所论"心"，既拒斥感性欲念，也不以"认知"为鹄的，而是以求得"至善"为圭臬，其任务就

---

① 王守仁：《王阳明全集》上，吴光、钱明、董平等编校，上海：上海古籍出版社2012年版，第134页。

② 王守仁：《王阳明全集》上，吴光、钱明、董平等编校，上海：上海古籍出版社2012年版，第106页。

在于，确定实践原则到底是以主体内在的原则论定，还是以主体以外的准则决定的问题。鉴于此，我们或许不能轻易对所谓"心学"难以完成"认知"任务，而加以指谪或诘问。

由上可见，阳明力主的"心即理"之"心"，亦即孟子的"本心"抑或"心体"。何谓"心体"？阳明曰："洒落为吾心之体。"①何谓"洒落"？阳明曰："君子之所谓洒落者，非旷荡放逸，纵情肆意之谓也，乃其心体不累于欲，无入而不自得之谓耳。夫心之本体，即天理也。天理之昭明灵觉，所谓良知也。君子之戒慎恐惧，惟恐其昭明灵觉者或有所昏昧放逸，流于非僻邪妄而失其本体之正耳。……和隔莹彻，充塞流行，动容周旋中礼，从心所欲而不逾，斯乃所谓真洒落矣。是洒落生于天理之常存，天理常存生于戒慎恐惧之间。"②

在阳明看来，"洒落为吾心之体"，"洒落"乃"自得"，亦即"心体不累于欲"；"洒落"又"生于天理之常存"，而"天理"亦即原本就存在于人心之中的"良知"。人们只要推及良知于事事物物，则一切行为活动就自然合乎天理，亦即自然合乎天道及伦理道德准则。于是，"心"与"理"就被阳明表述为如下关系："理也者，心之条理也。是理也，发之于亲则为孝，发之于君则为忠，发之于朋友则为信。千变万化，至不可穷竭，而莫非发于吾之一心。故以端庄静一为养心，而以学问思辨为穷理者，析心与理而为二矣。"③据此，"心即理"也就是"心之条理"。质言之，人的各种知觉活动有其自然条理，这些自然条理也就是人的行为规范和道德准则，是人的知觉活动的"心之条理"，在人的践履活动中赋予了事物以条理，从而使得事物本身呈现出伦理秩序。可见，事物之"理"的根源抑或根据不可能在"心外"，因此，"心外无

---

① 王守仁：《王阳明全集》上，吴光、钱明、董平等编校，上海：上海古籍出版社2012年版，第162页。

② 王守仁：《王阳明全集》上，吴光、钱明、董平等编校，上海：上海古籍出版社2012年版，第161—162页。

③ 王守仁：《王阳明全集》上，吴光、钱明、董平等编校，上海：上海古籍出版社2012年版，第233页。

理”，无须外求。

杨国荣认为：“王阳明以心立言，又以良知释心，心（良知）构成了王学的基石。王阳明在以理为良知的内容的同时，又赋予良知以吾心（自心）的形式。这种包含二重性的良知既不同于朱熹的超验天理，亦有别于陆九渊的吾心，它在一定意义上表现为天理与吾心在过程中的融合。”①这种“融合”，是在一定程度上将“天理”的外在强制与“良知”的内在规约的融通。而“良知”对主体的内在规约，则以主体对“良知”的自觉体认为前提。

阳明强调：“圣人之学，以无我为本，而勇以成之。”②“无我”，即化去心中所有窒碍，进入来去自由、自得、“洒落”之境界。依阳明之见，周敦颐之光风霁月、邵雍之安乐逍遥、程颢之吟风唱月、陆九渊之收拾精神……皆为“洒落”之表征。这种“洒落”实为“自得”，亦是心灵摆脱了所有对货利声色的依赖或占有的一种自由自在的心境。这种心境亦是儒者追寻的“孔颜乐处”。此“乐”乃“真乐”，虽与常人追求的“七情之乐”有别，但并不与之相悖：“乐是心之本体，虽不同于七情之乐，而亦不外于七情之乐。虽则圣贤别有真乐，而亦常人之所同有。”③

可见，阳明既强调君子“真乐”境界的超拔性，亦认可世俗“七情之乐”存在的合理性，从而重拾早期儒家之仁者真性情——“吾与点也”，使得“洒落”真正成为“吾心之体”。

既然“心即理”，“吾心之体”亦即“理”，于是阳明便强调：心“‘常知、常存、常主于理’，即‘不睹不闻、无思无为’之谓也。‘不睹不闻，无思无为’，非槁木死灰之谓也。睹、闻、思、为一于理，而

---

① 杨国荣：《王学通论——从王阳明到熊十力》，上海：华东师范大学出版社2003年版，第2页。

② 王守仁：《王阳明全集》上，吴光、钱明、董平等编校，上海：上海古籍出版社2012年版，第196页。

③ 王守仁：《王阳明全集》上，吴光、钱明、董平等编校，上海：上海古籍出版社2012年版，第61页。

未尝有所睹、闻、思、为，即是动而未尝动也。所谓'动亦定，静亦定'、'体用一原'者也"①。阳明在此所说的"心"，无疑是指"良知"内含的当然之则和"心之条理"。至于"一于理"，意味着"睹、闻"（人的感知活动）和"思、为"（人的思维和实践活动）都必须符合"心之条理"。因为"良知即是天理。思是良知之发用。……良知发用之思，自然明白简易，良知亦自能知得"②。质言之，"良知"作为本然的"心之条理"，能够对"思、为"起自发的调节作用。倘若"思、为"合乎"良知"或"心之条理"，就能够使道德主体的体察省思明白简易，反之，则会使理性体认杂混悖乱。

阳明晚年曾对"狂者"特立独行、洒落奔放、自适自怡的真性情予以称颂。"狂者志存古人，一切纷嚣俗染，举不足以累其心，真有凤凰翔于千仞之意，一克念即圣人矣。"③在阳明看来，"狂者"志存高远，犹如凤凰展翅，"一克念"间即可入于圣域。在此，阳明心学关于"洒落为吾心之体"的本真性跃然纸上。

狂者虽"一克念即圣人"，然而，狂者毕竟不是圣人，儒家的理想人格必须由"狂"入"圣"，绝不能止步于"狂"。阳明对此亦有深刻领悟：不畏权贵、蔑视世俗、放荡旷达的"狂者"，只是儒家的现实人格，唯"圣人"方是理想的人格。但他又深知，人们只有先做狂者，才有可能入于圣域，如果连狂者都达不到，何谈成圣？孔子尝曰："不得中行而与之，必也狂狷乎！狂者进取，狷者有所不为也。"（《论语·子路》）在孔子看来，理想的人格应是合乎"中行"即中道的圣人，但圣人难以做到，便求其次做个"狂者"吧。阳明秉承了这一理念，认为"古之狂者，嘐嘐圣人而行不掩，世所谓败阙也，而圣门以列中行之次。

---

① 王守仁：《王阳明全集》上，吴光、钱明、董平等编校，上海：上海古籍出版社2012年版，第55页。

② 王守仁：《王阳明全集》上，吴光、钱明、董平等编校，上海：上海古籍出版社2012年版，第63页。

③ 王守仁：《王阳明全集》下，吴光、钱明、董平等编校，上海：上海古籍出版社2012年版，第1058页。

忠信廉洁，刺之无可刺，世所谓完全也，而圣门以为德之贼。某愿为狂以进取，不愿为愿以媚世"①。在此，阳明"愿为狂以进取"，率性而行，不愿为乡愿而媚俗的真性情，实为难能可贵。

正如孔子"吾与点也"的真性情，需要"不逾矩"来加以调适，阳明的"洒落"亦需要"敬畏"来加以规约。因为心之本然之体，虽原本无所亏欠，但在现实境遇中，难免受到各种外在因素习染，为了最终能够回到心之本然，就必须在"功夫"上有一番大作为。在阳明那里，"洒落"与"敬畏"并非相互扞格，而是"洒落生于天理之常存，天理常存生于戒慎恐惧之无间"。基于此，"敬畏"就理应"为洒落之功"了②。也就是说，"作为戒慎恐惧的敬畏是致良知的根本工夫，这个工夫既可朗现先验的道德主体，又可以使心回到本真情态"③。

依阳明之见，人生价值就在于通过"致良知"，将作为本体的心性显露出来，而"敬畏"与"洒落"则是显露心性的两种基本方式。儒家的"从心所欲不逾矩"以及"仁者与物同体"的人生境界，凸显了"敬畏"与"洒落"的辩证契合。人是有理想的存在物，但又生活在现实之中。良知的澄明无蔽，在儒家那里体现为"仁者与物同体"的理想境界。而进入这一境界，则意味着在遵循"畏天命"的训诫、"戒慎恐惧"地从事着无违于天理的践履时，亦拥有了真正的"吾性自足"之自得与"洒落"。

对于"敬畏"与"洒落"之间的关系，阳明曾针对舒国用关于"敬畏之增，乃不能不为洒落之累"所作的解答，凸显其哲人妙思："孰谓'敬畏之增，乃反为洒落之累'耶？惟夫不知洒落为吾心之体，敬畏为洒落之功，歧为二物而分用其心，是以互相抵牾，动多拂戾而流于欲速

① 王守仁：《王阳明全集》下，吴光、钱明、董平等编校，上海：上海古籍出版社2012年版，第1301页。

② 王守仁：《王阳明全集》上，吴光、钱明、董平等编校，上海：上海古籍出版社2012年版，第161—162页。

③ 陈来：《有无之境：王阳明哲学的精神》，北京：生活·读书·新知三联书店2009年版，第279页。

助长。是国用之所谓'敬畏'者，乃《大学》之'恐惧忧患'，非《中庸》'戒慎恐惧'之谓矣。程子常言：'人言无心，只可言无私心，不可言无心。'戒慎不睹，恐惧不闻，是心不可无也。有所恐惧，有所忧患，是私心不可有也。尧舜之兢兢业业，文王之小心翼翼，皆敬畏之谓也，皆出乎其心体之自然也。出乎心体，非有所为而为之者，自然之谓也。敬畏之功无间于动静，是所谓'敬以直内，义以方外'也。敬义立而天道达，则不疑其所行矣。"①在此，阳明以回应的方式，明确地将"洒落"理解为"吾心之体"，于是乎，心体不累于欲，自得于对天理的自觉、对天人相分的超拔。

阳明认为，问者（舒国用）之所谓"敬畏"，是就《大学》"心有所恐惧，有所忧患"而言，而不是指《中庸》"戒慎不睹，恐惧不闻"的"敬畏"。心既"有所忿懥，有所恐惧，有所好乐，有所忧患"，则其心便已为外物所累而不平不正矣。此时之敬畏，实乃紧张忧郁，因此愈"敬畏"，便愈不"洒落"。但若就《中庸》之"戒慎不睹，恐惧不闻"而言，该"敬畏"便是存养吾心本体之天理，常保其昭明灵觉，自然无所牵扰，从而自得洒落；如是，"敬畏"与"洒落"自能相通而一贯——"敬畏为洒落之功"。

在阳明看来，"尔那一点良知，是尔自家底准则。尔意念着处，他是便知是，非便知非，更瞒他一些不得。尔只不要欺他，实实落落依着他做去，善便存，恶便去。他这里何等稳当快乐！"②质言之，"不要欺他"（良知）即"敬畏"，"稳当快乐"（自得）即"洒落"。唯有勿"欺他"，方能真"快乐"。"洒落"与"敬畏"之相通一贯、相反相成，方为真正的儒者之志。

阳明曰："尽心、知性、知天，是生知安行事；存心、养性、事天，

① 王守仁：《王阳明全集》上，吴光、钱明、董平等编校，上海：上海古籍出版社2012年版，第162页。

② 王守仁：《王阳明全集》上，吴光、钱明、董平等编校，上海：上海古籍出版社2012年版，第81页。

是学知利行事；……尽心即是尽性，'惟天下至诚为能尽其性，知天地之化育'，存心者，心有未尽也。知天，如知州、知县之知，是自己分上事，已与天为一；事天，如子之事父，臣之事君，须是恭敬奉承，然后能无失，尚与天为二，此便是圣贤之别。……'事天'虽与天为二，已自见得个天在面前。"①阳明在此所说的"知天"的"知"，是指对本然之体的认识与体悟；而"事天"的"事"，则是指对天理良知的尊奉与敬畏。在现实的生活世界中，天人是二分的，因此人须敬畏对象性的天。然而，一旦"知天"，天人又是合一的，人在"天"面前就拥有了一定的自在与洒落。正是"与天为一"的"知天"和"与天为二"的"事天"，构成了人生在世"洒落"与"敬畏"相辅相成的辩证法。

既然"敬畏"即"事天"，事天是主体尚与天为二，那么主体在事天的过程中，自我"戒慎恐惧"地"敬畏"着、侍奉着天理良知，天理良知作为"被敬畏"的对象，就自然呈现于主体面前；既然"洒落"即"知天"，知天是主体与天合二为一，那么主体的自得洒落情怀便得以显发。

作为"理学家"，阳明关于"敬畏"与"洒落"关系的见解，既是对朱熹有关敬畏学说的承继，亦是依据"良知"说对其进行的修正与发挥。朱熹将"理"既视为宇宙本体，又看成事物自身的规律：作为本体，"理"先于外在的万物而存在；作为规律，"理"又内在于万物（包括人性）而存在。"万物皆有此理，理皆同出一原。但所居之位不同，则其理之用不一。……近而一身之中，远而八荒之外，微而一草一木之众，莫不各具此理。"②然而，如欲把握万物及人性自身的"理"（规律），必须通过对理的"敬畏"与认知方能达至。阳明对朱熹的理本论虽然不尽赞同，认为朱熹所言之"理"有"义外"之嫌——离析了心与理本然一体之关联，但却认可"事天"中的主体确实"尚与天为二"，

---

① 王守仁：《王阳明全集》上，吴光、钱明、董平等编校，上海：上海古籍出版社2012年版，第5页。

② 黎靖德编：《朱子语类》第二册，王星贤点校，北京：中华书局1999年版，第398页。

即在"事天"的过程中，仍需要怀有一颗戒慎恐惧之心以"敬畏"天。所不同的是，阳明的"天"是指自我的内在法则"良知"，并将其本体化为形上法则。作为形上法则的"良知"，就自然成为被"敬畏"之对象。质言之，道德主体正是在"天人相分"抑或"尚与天为二"的前提下，通过"敬畏"这一践履功夫，而达至"吾性自足"之"与天为一"的。

现实中人的活动是对象性的，自然要受到客观必然性的规约，阳明显然意识到了这一点，并试图对之进行超越："佛氏不著相，其实著了相。吾儒著相，其实不著相。"[①]"著相"意味着有待，须"敬畏"天理；"不著相"意味着无待，可"洒落"自在。于是，我们发现阳明虽力主"天人合一""知行合一"，但他是在"相分"的基础上谈"合一"的，亦即是在"著相"上论"不著相"的。在此意义上说，阳明心学无疑是对朱陆哲学的承继与"发越"。朱熹重视"二分"，陆九渊力主"合一"，阳明则主张"二分"基础上的"合一"。由此，其所谓的"真洒落"无疑是氤氲着"敬畏"的"洒落"，是二者的相反相成，凸显了阳明心学的辩证特质。

阳明关于"敬畏为洒落之功"的论断，既彰显了道德主体的理性自觉，也体现了情感主体的意志挥洒。"敬畏"与"洒落"的双重变奏，使得在阳明那里折射出的本真性与形上性相互贯通的新儒学精神，得以推廓张扬。

在阳明看来，尽管"良知"天赋于人心，但其最初的状态只具有本然性，唯有通过后天的"致良知"，方能使之由本然转化为自觉。"良知自知，原是容易的。只是不能致那良知，便是'知之匪艰，行之惟艰'。"[②]意即"良知"本体自始存在，唯有肯下功夫去"致"吾心之

① 王守仁:《王阳明全集》上,吴光、钱明、董平等编校,上海:上海古籍出版社2012年版,第86页。

② 王守仁:《王阳明全集》上,吴光、钱明、董平等编校,上海:上海古籍出版社2012年版,第106页。

"良知"，方可见父自然知孝，见兄自然知弟，见孺子入井自然知恻隐，此即良知不假外求。屈己外求，只会是舍本逐末、缘木求鱼而已。

依阳明之见，心为身之主，良知为心之体，学问思辨、言听视动，皆由"心"所生。作为理学家（广义上的"理学"），阳明既要探讨理气、道器、性命问题，更须直面"心"与"理"的关系问题，因为这既是理学家建构其以"本体—功夫"为基本框架结构的理论体系之基础，亦是实现其精神理想的基本进路。

阳明曰："戒慎恐惧是致良知的功夫。学者时时刻刻常睹其所不睹，常闻其所不闻，工夫方有个实落处。"①作为"戒慎恐惧"之"敬畏"，实为"致良知"的根本功夫，此功夫，既能使道德主体得以朗现，又能使"心"回归其本然状态。正如"戒慎恐惧"虽为"心"之所发，但却属"定""静"而非"动""燥"一样，"戒慎恐惧"虽为"敬畏"，但却不是一般的"恐惧""忧患"，而是出乎心体，非有所为而为之的自然之畏，是"敬以直内，义以方外"、无间于动静的敬畏。

阳明弟子钱德洪在《刻文录序说》中这样写道："先生之学凡三变，其为教也亦三变：少之时，驰骋于辞章；已而出入二氏；继乃居夷处困，豁然有得于圣贤之旨：是三变而至道也。居贵阳时。首与学者为'知行合一'之说；自滁阳后，多教学者静坐；江右以来，始单提'致良知'三字，直指本体，令学者言下有悟：是教亦三变也。"②

"致良知"说的提出，意味着阳明心学思想愈加成熟。在阳明看来，良知不仅是每个人心中固有的为圣之资，而且这种天赋"良知"人人自有，个个圆成。即使是愚不肖者，其良知亦与圣人无异："心之良知是谓圣。圣人之学，惟是致此良知而已。自然而致之者，圣人也；勉然而致之者，贤人也；自蔽自昧而不肯致之者，愚不肖者也。愚不肖者，虽

---

① 王守仁：《王阳明全集》上，吴光、钱明、董平等编校，上海：上海古籍出版社2012年版，第108页。

② 王守仁：《王阳明全集》下，吴光、钱明、董平等编校，上海：上海古籍出版社2012年版，第1306页。

其蔽昧之极，良知又未尝不存也。苟能致之，即与圣人无异矣。此良知所以为圣愚之同具，而人皆可以为尧舜者，以此也。是故致良知之外无学矣。"①在阳明那里，良知既是每个人先验的是非准则，亦是人的内在道德判断与道德评价的标准。

于是，阳明将"一于理"的"良知"既视为"致知"的起点，又看作所达目标的终点，认为人们通过"致良知"即可成圣，因而充分首肯主体在道德上具有自我内省、规范、造作之功能。与此同时，他亦十分明智地意识到，即使人们具备了成圣的先天依据，也不意味着人人已是现实中的圣人。因为人人虽然都被赋予了先天的善根，但又不可避免地受到后天环境的习染，最终仍难免有善恶之分："人生初时，善原是同的。但刚的习于善则为刚善，习于恶则为刚恶；柔的习于善则为柔善，习于恶则为柔恶，便日相远了。"②

人的"本心"为天所赋，同样其"本性"也由天所赋。天赋人心纯粹至善，亦即"吾心自足"；天赋人性亦纯粹至善，可谓"吾性自足"。"吾性自足"作为先天的道德本体范畴，可对其作如下理解：首先，就本质而言，由于人的本性纯粹至善，因而超越了现实中善与恶的对峙，也就无所谓善恶；其次，就形式而言，人的本性充塞了天所赋予的所有美好品格，因而本身是自足的，不需要外铄或添增。性本体这一至善无缺之特点，是人所共有的，即所谓"天命之谓性"。然而，在具体的社会实践中，性善本体的实现却往往面临着诸多困境：一方面，性善本体只是潜在的，虽然人人俱有，但并非为人人所认知。倘若不被认知，就难以真正实现。另一方面，生活在现实中的人，不同程度地会受到后天诸多外在因素影响，本性之善难免被遮蔽，于是就可能出现不同程度的恶。怎样分别善恶、为善去恶，复归其性善本体，即阳明所要做的"心

---

① 王守仁：《王阳明全集》上，吴光、钱明、董平等编校，上海：上海古籍出版社2012年版，第236页

② 王守仁：《王阳明全集》上，吴光、钱明、董平等编校，上海：上海古籍出版社2012年版，第108页。

学"功夫，亦即"致良知"的功夫。

这一功夫，通过阳明之"四句教"得以表征："无善无恶是心之体，有善有恶是意之动，知善知恶的是良知，为善去恶是格物。"①此"四句教"，是其哲学内核的集中体现，凸显了其心学思想的基本宗旨。阳明心学，不是简单地强调人的意识功能，亦非单就精神世界强调人与周围事物的关系，而是注重人与外物、精神与存在的相互影响、相互作用，强调精神对存在、精神现象转化为现实存在的辩证统一过程。

"四句教"的意涵，还旨在说明"心之本体"与"意之发动"之间的关系。阳明将"心之本体"规定为无善无恶，意在肯定主体先天具有至善本性，具有超越具体善恶的天性。"意之所发"虽然有善有恶，但通过"致良知"即可辨别是非善恶，而"为善去恶"的功夫则在于"格物"。阳明之"格物"不同于朱熹，朱熹的"格物"主要是去外物中寻求事物之理，而阳明则主张"格物即革心"，因为"心外无物""心外无理""心即理"。"革心"的立足点是"诚"，"诚"即为善去恶、无丝毫私意，因而"诚"是辨识善恶的试金石、分水岭。基于此，他特别强调建立在"诚"基础上的抑恶扬善、改过迁善对于"致良知"之必要。

阳明尤为重视并充分发挥《礼记·中庸》的率性与修道思想，认为"率性"即循着天性即道，"修道"即通过修养达到性与天道的统一。众人皆率性，但难以修道；贤人则能"修道之谓教"；而圣人则既能率性（"洒落"）也能修道（"敬畏"）。在心性修养层次上，圣与贤、凡是不同的，圣人之所以能够圆满地率性修道，就在于能够在"致良知"的过程中，将性与天道合二为一。

如果肯定道德主体先天具有至善本性，从而为成圣之可能做了先验预设，那么"意之发动"的有善有恶，则强调的是通过后天的"革心"以达"诚"之必要。欲将成圣之可能变为现实，就必须致力于"诚"，在端正意念，返于至善上下功夫："人有习心，不教他在良知上实用为

① 王守仁：《王阳明全集》上，吴光、钱明、董平等编校，上海：上海古籍出版社2012年版，第103页。

善去恶工夫，只去悬空想个本体，一切事为俱不着实，不过养成一个虚寂。"①阳明极力反对仅仅以反观先天本体为达至诚的途径，而是注重"为善去恶"之道德践履的真实功夫。"故致知者，意诚之本也。然亦不是悬空的致知，致知在实事上格。……诚意工夫，实下手处在格物也。"②既然为善去恶的功夫就见之于日用常行，那么，"良知"为知，而"致"则具有"力行"之义，"行"抑或"力行"就成为"致良知"的题中应有之义。"致良知"抑或"知行合一"，自然成为阳明心学之必然归宿。

章太炎对阳明的"致良知"说曾有过如下评价："王守仁南昌、桶冈之功，职其才气过人，而不本于学术。……观守仁诸说，独'致良知'为自得，其他皆采自旧闻，工为集合，而无组织经纬。"③在他看来，阳明虽事功与"才气过人"，但唯有"致良知"为其"自得"，亦即自家体贴出来的。章太炎还在《诸子略说》中，对于在"格物"问题上展露的程朱陆王之辨有过如下评说："朱子以穷知事物之理为格物（宋人解格物者均有此意，非朱子所创也），阳明初信之，格竹三日而病，于是斥朱子为非是。朱子之语，包含一切事物之理，一切事物之理，原非一人之知所能尽，即格竹不病，亦与诚意何关，以此知阳明之斥朱子为不误。然阳明以为格当作正字解。格物者，致良知以正物；物即心中之念，致良知，则一转念间，知其孰善孰恶，去其恶，存其善，斯意无不诚。"④

将阳明的"物"释为"心中之念"，将"格物"视作"致良知以正

① 王守仁：《王阳明全集》上，吴光、钱明、董平等编校，上海：上海古籍出版社2012年版，第103页。
② 王守仁：《王阳明全集》上，吴光、钱明、董平等编校，上海：上海古籍出版社2012年版，第105页。
③ 章太炎：《章太炎全集·〈訄书〉重订本》，朱维铮点校，上海：上海人民出版社2014年版，第146—147页。
④ 章太炎：《章太炎全集·演讲集》，章念驰编订，上海：上海人民出版社2015年版，第990页。

物"，体现了章太炎对阳明心学实质的理解与把捉。章太炎还在《适宜今日之理学》一文中写道："夫耻一物之不知者，有但作此说而未尝躬行。亦有躬行而终不能至焉，若朱晦庵，自知日不暇给，不复能穷知事物之理，是但言之而不行者也。"①意即朱熹"格物"之学的核心问题，在于没有将"知"与"行"真正勾连起来，由于不注重躬行践履，故而才会对"格物"理解有误。而阳明的"致良知"抑或"知行合一"思想，实属修己治人之学，对于儒家省过学说的推廓和理想人格的培植，无疑具有重要价值。

由上可见，在阳明看来，"洒落"与"敬畏"之相反相成，实乃人生之理想境界。对这种理想境界的赞赏与追求，使得阳明心学比之早期儒学更具形上性，较之程朱理学则更具本真性，并在一定程度上完成了由伦理儒学向"伦理哲学"（陈来语）的创造性转化，与此同时，亦使中国哲学家的思辨水平达到了一个新的高度。

第五节 罗汝芳："敬谨益至恐无所施"

罗汝芳（公元1515—1588年），字惟德，号近溪，江西南城泗石溪（今江西南城天井源乡罗坊村）人，明中后期著名哲学家、教育家、文学家，被誉为明末清初启蒙思想家之先驱，嘉靖三十二年（1553年）进士，授太湖知县，擢刑部主事，历宁国知府，官至云南布政司参政。他曾求学于颜钧，为王艮再传弟子，泰州学派的主要代表人物之一，曾讲学于广慧寺、水西书院及两浙、闽广等地，著有《孝经宗旨》《明通宝义》《近溪子文集》等，今经方祖猷等编校成《罗汝芳集》。

16世纪中叶以降，阳明心学逐渐演变为明代中晚期的主流思潮，罗汝芳正是这股思潮中的一位重要代表人物。作为泰州王学的传人，其心

① 章太炎：《章太炎全集·演讲集》，章念驰编订，上海：上海人民出版社2015年版，第509页。

学思想有其独特风格，其理论意涵可概约为：一是以"求仁"为立论宗旨、以"孝悌慈"为核心内容、以"万物一体"为最终归宿的儒家思想体系；二是以"天心"观为基础，以敬畏天命为主要内容的生命伦理学说；三是以"化俗"为目的的讲学活动，以宣讲"圣谕六言"、制定"乡约"为主要内容的社会政治思想。在明代中晚期"心学"发展史上，罗汝芳思想成为判断阳明心学及泰州王学走向的一个重要参照系，其学术及社会历史价值主要在于，补充和拓展了以"良知"自律（敬畏）为基本特征的心学理论，凸显了儒家生命哲学世俗性的社会功能及实践意义。

生命是一个动态整体，生命观是对生命本体、生命现象以及生命变化发展过程及其规律的认知。牟宗三先生认为："中国哲学，从它那个通孔所发展出来的主要课题是生命，就是我们所说的生命的学问。它是以生命为它的对象，主要的用心在于如何来调节我们的生命，来运转我们的生命、安顿我们的生命。"①作为阳明后学泰州学派的主要代表人物之一，罗汝芳以阳明心学为本，纳佛道思想为己用，以"赤子之心"替代阳明的良知本体，追求"万物一体之仁"的生命境界，不仅拓展与深化了"心学"关于生命之学的内涵，亦为解决时人及世人的生存焦虑提供了借鉴。

罗汝芳一生虽"学无常师，善无常主"②，但儒学仍然是其根本面向。罗家当时属当地的名门望族，罗汝芳之父罗锦，二十岁时师从临川饶行斋（王阳明弟子）学习阳明良知学。罗锦每中夜披衣起坐，罗汝芳便侍立一旁，聆听其讲述阳明和行斋思想。五岁时，母亲就教罗汝芳诵读《孝经》《小学》以识字，"年至十五，方读《论语》……一意以道学

_____

① 牟宗三：《中国哲学十九讲》，上海：上海古籍出版社1997年版，第6页。

② 罗汝芳：《罗汝芳集》，方祖猷、梁一群、李庆龙等编校整理，南京：凤凰出版社2007年版，第919页。

自任"①。罗汝芳研习《近思录》《性理大全》等理学典籍，并"信受奉行，到忘食寝、忘生死地位"②。

毋庸讳言，对于儒家士大夫而言，入世为官有儒学信仰作支撑，但在面对个体生老病死问题时，与佛道二教相比，儒学的理论资源就显得有些相对有限。罗汝芳二十八岁中举后，遂放弃殿试机会而外出游学参访十年。科举通过会试的罗汝芳之所以暂时放弃殿试（三十九岁时方进京参加殿试，登进士），主要是因为在他看来，此时性命之学尚未得心，科名宦业不能平心，"吾学未信，不可以仕"③。在游学参访的十年间，他不分门户和地位，既与儒士究仁，亦与道士论玄、与僧侣谈禅；而且"早年于释典玄宗，无不探讨，缁流羽客，延纳弗拒，人所共知"④。

罗汝芳曾随道士胡宗正学《易》，其间，心自欣快，悟生生之德，彻底驱散了压制心体的谜团。其自言："忽然灵光爆破，粉碎虚空，天也为天，地也为地，人也为人，物也为物，浑作个圆团团、光烁烁的东西，描不成、写不就，不觉得信手秃点一点，元也无名也无字。后来却只得叫他做乾画，叫他做太极也，此便是性命的根源。"⑤此段文字，映射的是道教功夫论的某种境界。此种境界对罗汝芳生命观的形成无疑产生了重要影响。其生命观中浸润着的道家思想，深化了他对生命的认识。

佛教在唐代大致完成中国化之后，至中晚明时已形成儒道佛三教合一的局面。罗汝芳家族不仅有崇儒之传统，亦有信佛之倾向，其母即一

① 罗汝芳：《罗汝芳集》，方祖猷、梁一群、李庆龙等编校整理，南京：凤凰出版社2007年版，第220页。

② 罗汝芳：《罗汝芳集》，方祖猷、梁一群、李庆龙等编校整理，南京：凤凰出版社2007年版，第989页。

③ 罗汝芳：《罗汝芳集》，方祖猷、梁一群、李庆龙等编校整理，南京：凤凰出版社2007年版，第829页。

④ 罗汝芳：《罗汝芳集》，方祖猷、梁一群、李庆龙等编校整理，南京：凤凰出版社2007年版，第387页。

⑤ 罗汝芳：《罗汝芳集》，方祖猷、梁一群、李庆龙等编校整理，南京：凤凰出版社2007年版，第80页。

位佛教居士，晚年唯瞑目静坐。据罗汝芳回忆："如是三载，忽食顷，集诸妇语曰，人生苦欲多寿，即千龄，与此日何殊？随呼婢设浴具。浴毕，持笄栉钥，置高所，婢曰，明取不复劳乎？笑曰吾不复用此矣。夜半疾坐，端坐，鼻流双筋而终。"①能够预知死期坐化而亡，无疑证明其母佛教修炼之功效。罗汝芳对佛教思想的熟稔，深受其母影响。他曾自述读佛经之缘故："余生孱弱多病，不能啖肉食，先人惧其弗育，尝令习作佛事。稍长，为举子业，辄因读《法华》诸经，而所为文词遂大畅达，若启之者，余亦莫知其所以然也。从是，故于释氏家说，未敢轻訾。"②

罗汝芳曾与佛教人士交往甚密，其时盛行的禅宗思想，对罗汝芳"不屑凑泊、不依涯岸"③的学风有直接影响。在他看来，"夫一切世界皆我自生，岂得又谓有他；若见有他，即有对，有对即有执；对执既滞，则愈攻愈乱矣"④。佛教关于一切世界皆我自生，有他则有对，有对则有执的观点，成为罗汝芳生命观的思想来源之一。

"教虽分三，道乃归一。"⑤罗汝芳接受的佛道思想为其生命哲学增添了色彩。在时人批评其学驳杂无统，博大不纯，非醇正儒家心法时，罗汝芳曾反驳道："大出于天，机原自统；博本乎地，命亦自纯。"⑥罗汝芳的自信，来自其坚守儒者本位，没有门户之见，虚心求教佛道诸家的生命智慧，终成融会三教、别具魅力的生命哲学。

① 罗汝芳：《罗汝芳集》，方祖猷、梁一群、李庆龙等编校整理，南京：凤凰出版社2007年版，第638页。

② 罗汝芳：《罗汝芳集》，方祖猷、梁一群、李庆龙等编校整理，南京：凤凰出版社2007年版，第438页。

③ 罗汝芳：《罗汝芳集》，方祖猷、梁一群、李庆龙等编校整理，南京：凤凰出版社2007年版，第62页。

④ 罗汝芳：《罗汝芳集》，方祖猷、梁一群、李庆龙等编校整理，南京：凤凰出版社2007年版，第387页。

⑤ 张伯端：《悟真篇浅解》，王沐浅解，北京：中华书局1990年版，第2页。

⑥ 罗汝芳：《罗汝芳集》，方祖猷、梁一群、李庆龙等编校整理，南京：凤凰出版社2007年版，第931页。

杜维明认为：道是人类存在的终极意义[①]。儒家的生存根据是"道"：孔子力主"朝闻道，夕死可矣""士志于道"（《论语·里仁》），"道也者，不可须臾离也，可离非道也"（《礼记·中庸》）。闻道、体道、悟道、证道，是"儒士"获得生命圆满价值的唯一进路。道家思想的核心是"道"，老子主张"人法地，地法天，天法道，道法自然"（《道德经》二十五章）。庄子认为："夫道，……自本自根，未有天地，自古以固存；神鬼神帝，生天生地；在太极之先而不为高，在六极之下而不为深，先天地生而不为久，长于上古而不为老。"（《庄子·大宗师》）将"道"视为宇宙的本原和万物运动变化的法则。佛家也为"道"赋予理想色彩，主张："欲得见真道，行正即是道。"（《坛经·般若品》）意即身口意三业清净，一切行动正直无邪，就是切实的道行。罗汝芳以儒家生命观为根基，博采佛道思想资源，承接阳明良知本体、发明赤子仁心，观本体以知生命之来处，察现象以明生命之变化。他以安顿生命为圭臬，将学问修成了生命之学，彰显了独特的生存智慧和敬畏意识。

阳明心学以"良知"为生命本体抑或生命的根本灵明，认为良知不依赖于外物而先天具有道德本性，这种不思不虑而得的先验性，是天地万物之根源。"良知本体"提出后，遂引发争议。刘宗周曾分析时人对良知本体认识的混乱："致良知，则阳明之本旨也。今之贼道者，非不知之患，而不致之患。不失之情识，则失之玄虚，皆坐不诚之病，而求之于意根者疏也。故学者以诚意为极则，而不虑之良知于此起。"[②]鉴于此，罗汝芳提出以"赤子之心"统摄生命本体的思想。"赤子之心"是对"良知"的具体化，作为本体的"赤子之心"如何应对死生如环、往来不息的生命变化，是罗汝芳必须解答的问题。在他看来，人的生命是肉体与灵魂的统一体，肉体是有形有相之"阳"，灵魂是无形无相之"阴"，只有通过阴阳和合的交感，才可产生生命："精气为物，便指此

---

① 参见杜维明：《杜维明文集》第三卷，武汉：武汉大学出版社2002年版，第503页。
② 刘宗周：《刘子全书》卷六，清道光年间刻本。

身；游魂为变，便指此心。所谓状，即面目也，因魂能游，所以始可以来，终可以返，而有生有死矣。然形有生死，而魂只去来，所以此个良知灵明，可以通贯昼夜，变易而无方，神妙而无体也。"①

精气游魂属元气论范畴，宋明理学家大多对鬼神、游魂不作人格化理解，如张载言："鬼神者，二气之良能也。圣者，至诚得天之谓；神者，太虚妙应之目。凡天地法象，皆神化之糟粕尔。……鬼神之实，不越二端而已矣。"②无论游魂还是鬼神，都是阴阳二性的元气运动之产物。罗汝芳也以元气论诠释游魂："吾夫子之赞《易》曰：'乾知太始，坤作成物'……要之，实一元之气，浑沦磅礴，浩渺无垠焉尔。是气也，名之为天则天矣，天固乾之所以始乎坤也；名之为地则地矣，地固坤之所以成乎乾也；名之为我则我矣，我固天地之所以成始而成终者也。夫合天地万物，而知其为一气也。……是故君子由一气以生天生地，生人生物，直达顺施而莫或益之也，本诸其自然而已也。"③在罗汝芳看来，生命的生灭，其实就是元气的运动变化过程，是"本诸其自然"。他以"游魂"解释赤子心体加入后天知识后所形成的人之心——见闻之知，从而将本体（赤子之心）与现象（生命死生轮转）勾连起来。

探究生命真谛，讲清生从何来，死往何去，了解生命本原和终极价值，是不可或缺的生命观要旨。作为有限存在的个体，因为摆脱不了肉身死亡的限制，所以对生死问题的追究便成了生命终极关怀之必然。鉴于此，罗汝芳对儒家的"鬼神"观做了创造性诠释："夫子于鬼神深叹其德之甚，岂有相远之理？且洋洋在吾上、在吾左右，体物而不遗。又谁得而远之？窃意'远'字不作去声，正是幽深玄远。如《中庸》引《诗》所谓'神之格思，不可度思'之云也。如此，则不惟己之敬谨益至，而诏事

---

① 罗汝芳：《罗汝芳集》，方祖猷、梁一群、李庆龙等编校整理，南京：凤凰出版社2007年版，第70页。

② 张载：《张载集》，章锡琛点校，北京：中华书局1978年版，第9页。

③ 罗汝芳：《罗汝芳集》，方祖猷、梁一群、李庆龙等编校整理，南京：凤凰出版社2007年版，第349页。

之意亦恐无所施矣。语意更觉妥帖。"①罗汝芳将"远"释为"幽深玄远"，认为孔子对鬼神的态度是存而不论。鬼神的存在、轮回的事实，能使贤人君子诚敬其心，让凡夫俗子不敢肆惮造恶，此种敬畏意识，无疑有助于稳定社会、净化人心，以弘扬古贤以人文化成天下之传统。

在罗汝芳看来，如果立志"穷理尽性以至于命""便自精神百倍，而圣人地位方有可望矣"②。学人若能臻入圣域，赤子心性显露，则生死苦恼自然消除。他还独具匠心地将"寿"释为"受"，认为"夫寿者，受也。人所受乎天，莫大于仁，而仁在吾人，则固根于其心而生生不息者也"③。个体生命的圆满来自世代人对"道"锲而不舍的弘传，人在弘道的过程中接续着前人的精神生命，圆满着自身的精神价值。

君子黄中通理，正位居体，美在其中。罗汝芳认为，学人因开明之心自见光辉发越，使人身心轻快，喜怒哀乐合乎礼仪，天地万物皆归吾仁。"盖心者，身之灵明，则主宰于一腔之中。"④心是身之主宰，灵明即"赤子之心"之发用。"精气载心为身……灵知宰身为心……惟圣人与之合德，故身不徒身，而心以灵乎其身；心不徒心，而身以妙乎其心。"⑤他以"神"统贯精气之身和心知之身，"神也者，浑融乎阴阳之内，交际乎身心之间，充满弥漫宇宙乾坤之外，所谓无在而无不在者也"⑥。此处的"神"，非独立、外在的人格神，而是指在形而下的阴阳

---

① 罗汝芳：《罗汝芳集》，方祖猷、梁一群、李庆龙等编校整理，南京：凤凰出版社2007年版，第385页。

② 罗汝芳：《罗汝芳集》，方祖猷、梁一群、李庆龙等编校整理，南京：凤凰出版社2007年版，第173页。

③ 罗汝芳：《罗汝芳集》，方祖猷、梁一群、李庆龙等编校整理，南京：凤凰出版社2007年版，第23页。

④ 罗汝芳：《罗汝芳集》，方祖猷、梁一群、李庆龙等编校整理，南京：凤凰出版社2007年版，第325页。

⑤ 罗汝芳：《罗汝芳集》，方祖猷、梁一群、李庆龙等编校整理，南京：凤凰出版社2007年版，第185页。

⑥ 罗汝芳：《罗汝芳集》，方祖猷、梁一群、李庆龙等编校整理，南京：凤凰出版社2007年版，第186页。

作用之上，身心之间神妙不测之用即无相有对的生命本体功能。"心知之身"，不是与肉身相对之实体，是赤子心体的灵明知性转为灵魂的状态。

依罗汝芳之见，天道宇宙有其身心，人亦有其身心，天道是生之根源，万物就是天之身，天之心就是生生之德能；而人是万物之一，则天心与人心相通。罗汝芳把天人关系拉回至人之身心中，不再以汉儒宇宙论之思维诠解身心，而是将"天人合一"具化为"身心合一"，成为人自身存在的一种方式，化为人的一种精神境界。他进而以冰水关系喻人之身心："故吾此身，既心性之坚冰。若善知善养，以显著修为，使心运乎身、身体乎性，亦即冰寒之水而凝成冰。"①意即唯有修身使"心运乎身，身体乎性"，方能实现身心合一，进而天人合一、身可同天。罗汝芳所言之"身可同天"，非道教所言的肉体长生不死，而是指人的精神价值长存，意即"物我同仁"②是实现人心的仁德外放，弥纶天地之道，与万物一体的境界。

作为有着成圣志向的儒者，罗汝芳既没有消解心体的形上超越，也没有否定形下的功夫践履，而是主张本体需功夫以契合。在他看来，虽然道德践履的功夫就在于顺适当下，但个人身心性命又联通着家国天下，故而为万世开太平方能实现生命的价值。罗汝芳明确了身心关系、形色天性之分，为了复归赤子之心，他以《周易》"生生"释仁，以"乐"释仁，希求达到孔颜乐事之仁乐相融的境界。

在宋明理学家那里，"乐"被视作"受用"，是学者学问是否真正得心的标志。阳明论儒者之乐——"自不觉手舞足蹈，不知天地间更有何乐可代"③，从而将乐视为"心之本体"。王艮的"乐学"思想认为，剔

---

① 罗汝芳：《罗汝芳集》，方祖猷、梁一群、李庆龙等编校整理，南京：凤凰出版社2007年版，第326页。

② 罗汝芳：《罗汝芳集》，方祖猷、梁一群、李庆龙等编校整理，南京：凤凰出版社2007年版，第327页。

③ 王守仁：《王阳明全集》上，吴光、钱明、董平等编校，上海：上海古籍出版社2012年版，第92页。

除人心私欲，恢复良知，人心便是乐。学者若不能体会真乐，就不能达至圣人之境。罗汝芳承继了阳明心学有关"乐"的思想，并将其推扩开来，认为："此心之体，其纯乎仁时，圆融洞彻，通而无滞，莹而无疑。恒人学力未到，则心体不免为怒所迁，为过所贰也。颜子好学纯一，其乐体常是不改。乐体不改，则虽易发难制之怒，安能迁变其圆融不滞之机耶？"①

正因为"乐体"意即心体"纯乎仁时"，圆融通彻，无滞无碍，所以颜回才能"不改其乐"。"仁""乐"联系密切，"仁"是"乐"之源，"乐"是"仁"之现，为学之乐是在赤子之心上"循其良知"，达到"乐"的境界。对如何至此"乐体"，罗汝芳认为，"乐"是本自具足的，用力只是保持不失，"乐"并非高兴欢喜，只无愁是也。如果把"乐"仅仅当作一种欣喜境界追求，一定不能长久保"乐"。"乐"是人心之理的表现，因"心地原平等"，故道在平常，所以"乐"不能脱离日用常行。冯友兰认为，程朱是把道与仁当作追求目标，乐是其副产品②。而在罗汝芳看来，"乐体"根植于赤子之心，是良知本体的显现。人天然之乐趣，由生生之机发显。"活而加快，生意活泼，了无滞碍，即是圣贤之所谓乐，即是圣贤之所谓仁。"③仁乐并行，由"生"意统归。"生"意活泼无碍、流转不息正是圣人仁乐的根源。正因为有仁德，所以乐中有生意。正因为有乐体不改的功夫，罗汝芳才能云淡风轻地面对人生得失宠辱，专心力行性命之道。时人赞罗汝芳"讲学以身而非以口"④，"以身"即践履、即功夫。

---

① 罗汝芳：《罗汝芳集》，方祖猷、梁一群、李庆龙等编校整理，南京：凤凰出版社2007年版，第251页。

② 参见冯友兰：《中国哲学史新编》下卷，北京：人民出版社1999年版，第77页。

③ 罗汝芳：《罗汝芳集》，方祖猷、梁一群、李庆龙等编校整理，南京：凤凰出版社2007年版，第257页。

④ 罗汝芳：《罗汝芳集》，方祖猷、梁一群、李庆龙等编校整理，南京：凤凰出版社2007年版，第422页。

牟宗三谓罗汝芳之功夫是"无工夫的工夫，亦即吊诡的工夫"[1]。"无工夫的工夫"就是不刻意人为，即自然无造作。人在良知显露处直道而行，随良知本心而为即功夫。"工夫难得凑泊，即以不屑凑泊为工夫，胸次茫无畔岸，便以不依畔岸为胸次，解缆放船，顺风张掉，则巨浸汪洋，纵横任我，岂不一大快事也耶？"[2]不刻意造作，顺适当下，方能使"圣人之学，工夫与本体，原合一而相成也"[3]。对此，王守仁曾曰："合着本体的，是功夫；做得功夫的，方识本体。"[4]功夫与本体原本即是相辅相成、通而无滞之关系。

罗汝芳特别重视"放下"的功夫，"此道炳然，宇宙原不隔乎分尘，故人己相通、形神相入，古今自直达也。后来见之不到，往往执诸言诠。善求者，一切放下、放下，胸目中更有何物可有耶！愿同志共无惑、无惑焉。盱江七十四翁罗某顿首书"[5]。其临终绝笔亦只是告诫学人一切放下，不待言说，令心无所挂碍、身无所牵绊，顺适当下本心之自然。针对那些自认为一切放下就是骄纵张扬，任心自恣，无所事事之辈，罗汝芳告诫道："但此要力量大，又要见识高，稍稍不如，难以骤语。"[6]一切放下即无功夫之功夫，亦是功夫的最高境界。

"人的生存意义上的这种境界（'不动心'境界——笔者注），就其

---

① 牟宗三：《从陆象山到刘蕺山》，上海：上海古籍出版社2001年版，第207页。

② 罗汝芳：《罗汝芳集》，方祖猷、梁一群、李庆龙等编校整理，南京：凤凰出版社2007年版，第62页。

③ 罗汝芳：《罗汝芳集》，方祖猷、梁一群、李庆龙等编校整理，南京：凤凰出版社2007年版，第80页。

④ 王守仁：《王阳明全集》下，吴光、钱明、董平等编校，上海：上海古籍出版社2012年版，第961页。

⑤ 罗汝芳：《罗汝芳集》，方祖猷、梁一群、李庆龙等编校整理，南京：凤凰出版社2007年版，第299页。

⑥ 罗汝芳：《罗汝芳集》，方祖猷、梁一群、李庆龙等编校整理，南京：凤凰出版社2007年版，第116页。

终极关怀状态而言，其标志是突破生死关。"①王守仁龙场悟道时"于一切得失荣辱皆能超脱，惟生死一念尚不能遣于心"，说的即生死关的"突破"，对于每一个体来说，都可谓至辛至艰。生命只有一次，人们面对死亡时难免惊恐、忧愁、悲伤，乃至绝望，而罗汝芳倾尽毕生精力践行自己的生命之学，临终前告诫诸门生"变化气质，是为学第一件事，不然，讲说无益"②。

理论的生命力，无疑体现为自身的实践价值。罗汝芳的生命观洋溢着对生命的珍爱与敬畏。他从赤子之心言"仁"、以不住功夫体"仁"、以日用常行践"仁"，为弘扬儒家仁爱精神进行了不懈努力。他解释生命变化时，秉承儒家传统以"生"释"仁"——"天地之大德曰生"，并以此论证其天人合一的生命本体论和以人为本的生命价值观。正是基于这样的生命观，罗汝芳方能以仁爱精神积极入世、教化百姓、济世救民，并以仁爱精神推行"以教化代刑罚"的施政理念，在为官期间创设了治世的成功范例。罗汝芳生命观中洋溢着的浓浓爱意，启示生命教育首先应对人们进行珍爱生命、敬畏生命、热爱生活的"仁爱"教育。"仁者爱人"——爱他者，人恒爱之；爱己者，己则兴之。"民胞物与"——作为"仁者"，不仅要"爱人"，而且对于与人类相伴相随的宇宙中的其他生命，也应有爱心、同情心和敬畏之心。

罗汝芳生命观关于生命本体、赤子之心的思想，关于"我于尘世不着一毫，此心廓然矣"③的心态，既凸显了儒家圣贤之学的魅力，又展示了其生命观对"修之于身，其德乃真"所做的亲证。所有这些，既有助于人们克服对死亡的恐惧与忧悲，也有助于避免将死亡视为最终解脱烦恼与痛苦，从而放弃生命的极端思维。罗汝芳是在珍爱生命、敬畏生

---

① 陈来：《有无之境：王阳明哲学的精神》，北京：生活·读书·新知三联书店2009年版，第284—285页。

② 罗汝芳：《罗汝芳集》，方祖猷、梁一群、李庆龙等编校整理，南京：凤凰出版社2007年版，第424页。

③ 罗汝芳：《罗汝芳集》，方祖猷、梁一群、李庆龙等编校整理，南京：凤凰出版社2007年版，第296页。

命的基础上，将生命历程中的生老病死，看成一个自然过程的，因而面对自然到来的、不可避免的生理极限时，方能以"此心廓然"之心境坦然接受，以期避免漠视生命、践踏生命等极端行为，从而失去生命之灵性，感受不到生命之乐，无从理解生命的价值和意义。

赞叹精神生命之不朽，以期拓展薪火相传、生生不息地为理想而奋斗的精神价值，是罗汝芳生命观之圭臬。他对生命现象有诸多具有灵性的描述，对生命本质有诸多睿智的见解："泛观虫鱼，爱其群队恋如，以及禽鸟之上下、牛羊之出入，形影相依、悲鸣相应，混融无少间隔，辄恻然思曰，何独于人而异之？"①既然虫鱼、禽鸟、牛羊皆能融入群体生命之中，那么作为鼎立于现实社会中的人，就更应该尊重、敬畏生命且融入一体之仁的宏大生命系统之中，赞天地生生之化育。真可谓："草木花卉，一遇春风则万紫千红，满前尽是一片生机。"②

毋庸讳言，罗汝芳作为泰州学派的标杆人物，虽然为明代心学的传播和延展作出了重要贡献，但其生命观在今天看来仍然有其理论局限。罗汝芳将其生命观建立在"良知"先天现成的基础之上，并以"赤子之心"统摄生命本体，进而主张不学不虑、自知自能、先天而具的"赤子之心"，使得现实生活中人们的生命呈现出先天自在的圆满具足性等。以上观点，虽然使得抽象的心学"良知"本体论在一定程度上得以通俗化，并使其生命观在一定意义上易于为人们所接受，但其毕竟具有某种先验色彩。因此，有必要对罗汝芳的生命观进行辩证厘析，从而使其在新时代获得创造性转化、创新性发展。

---

① 罗汝芳：《罗汝芳集》，方祖猷、梁一群、李庆龙等编校整理，南京：凤凰出版社2007年版，第112页。

② 罗汝芳：《罗汝芳集》，方祖猷、梁一群、李庆龙等编校整理，南京：凤凰出版社2007年版，第762页。

第五章　清代儒士笃实切理之敬畏观

　　明末清初，在经济发展和政治变革的情势下，王学末流崇尚清谈的风气受到质疑，经世致用的实学又得以兴起。随着中西文明对话渠道的开掘，中西文化开始了真正意义上的接触与碰撞。此时的黄宗羲、顾炎武、王夫之、戴震等思想家，针对理学的空疏，以复古求启蒙，以经致相标榜，以汉学相号召，以笃实为职志，逐渐形成了笃实切理的治学风格。他们出于对"天命""名节""理势""天道"等的敬畏，在与宋明理学既对峙又融通的过程中阐发各自的学术思想。正如梁启超所言："这些学者虽生长在阳明学派空气之下，因为时势突变，他们的思想也像蚕蛾一般，经孵化而得一新生命。"①

第一节　黄宗羲："名以立行，行以俟命"

　　黄宗羲（公元1610—1695年），浙江绍兴府余姚县人，"东林七君子"黄尊素长子，字太冲，一字德冰，号南雷，别号梨洲老人、鱼澄洞主、双瀑院长、古藏室史臣等，学者称梨洲先生，明末清初著名哲学家、史学家、政治家、教育家，与顾炎武、王夫之并称"明末清初三大

　　① 梁启超：《中国近三百年学术史》，北京：人民出版社2008年版，第15页。

思想家"，与弟黄宗炎、黄宗会号称"浙东三黄"，与顾炎武、方以智、王夫之、朱舜水并称为"明末清初五大家"。黄宗羲思想深邃，学问极博，著作宏富，一生著述多至50余种，共300多卷，其中最为重要的有《宋元学案》《明儒学案》《明夷待访录》《孟子师说》《破邪论》《易学象数论》等，今汇编成《黄宗羲全集》共十二册。

明末清初的黄宗羲，亲身经历了明亡清兴的朝代更迭。为了明辨天下治乱之源、探寻百姓民生之本，他对当时的社会时局进行了"制度"与"理念"的双重省思：在批判腐朽封建专制制度的基础上，以极大的理论勇气提出了限制君权、保障人民基本权利、改革现实社会等一系列启蒙理念。与此同时，他还针对世人可能存在的启蒙冲动，警示人们既要驱除蒙昧、开启民智，又要遵循规律、"敬畏"天道。

如果说《明夷待访录》集中展现了黄宗羲启蒙理念中的时代特质与突破性见解，那么《孟子师说》《易学象数论》与《破邪论》[①]则为这种突破寻找到了经典理据，从而使得"启蒙"与"敬畏"这两个原本在常人看来相互抵牾的概念，在黄宗羲那里却拥有了相互补正、相互成就的意蕴（尽管黄宗羲著述中没有出现"启蒙"与"敬畏"这两个相互对应的概念，但作为启蒙学者，其对问题的认识与论述，无疑彰显了对二者及其关系的辩证见解）。

"启蒙"一词，泛指人们通过宣传教育、普及新知、祛除愚昧、开启民智，从而促进社会进步的思潮或运动。其核心元素包括科学理性、独立思考、个性解放等。至于"启蒙"的具体内涵，在不同时代、不同国度各有其自身特点。

所谓"敬畏"，意指人们在面对与人类生命攸关的具有必然性、神

---

①《明夷待访录》完稿于康熙二年，即公元1663年；《孟子师说》撰成于康熙七年前后，即公元1668年前后；《破邪论》系黄宗羲晚年之作，写于康熙三十年前后，即1691年前后。参见黄宗羲：《黄宗羲全集》第一册，浙江古籍出版社1985年版，第423—432页。《易学象数论》据黄宗羲自注云，"作《象数论》之年"，壬子当为康熙十一年，即公元1672年。参见郑宗义：《黄宗羲与陈确思想因缘之分析》，《汉学研究》1996年第2期，第59—74页。

圣性、神秘性事物或对象时，所产生的崇敬、恐惧及惊讶的情绪或感受。当代法国哲学家保罗·里克尔指出："经由害怕而不是经由爱，人类才进入伦理世界。……所畏惧的危险本身是伦理的。"①在一定意义上说，"伦理"是在"害怕""畏惧"亦即"敬畏"的基础上产生的。"敬"体现的是一种"自强不息"的人生态度与价值追求；"畏"显发的是一条"有所不为"的警示界限与自省智慧。

18世纪的欧洲，在文艺复兴运动的推动下，自然科学取得了重大进展，对自然界诸多奥秘的揭示，使得天主教会的一些说教不攻自破，人们的主体意识大为增强。与此同时，在西欧资本主义迅猛发展和英国资产阶级革命的影响下，人们要求摆脱专制统治桎梏和天主教会压迫的愿望日趋强烈，由此便兴起了一场空前的、轰轰烈烈的思想解放运动，历史上称之为启蒙运动。启蒙运动是欧洲继文艺复兴之后的又一次反专制、反教会的思想解放运动。在运动中，文艺批评家、宗教怀疑者、政治改革派以"理性"为旗帜，以批判专制制度、宗教愚昧及特权主义为内容，以实现自由、民主、平等为目标，对未来社会蓝图进行了描绘与展望。这一时期的启蒙思想家，较之文艺复兴时期的学者有其自身特质：他们不再以宗教辅助文学与艺术复兴，而是力图诉诸"理性"——在"理性"之光烛照下，以富有深度的"理性"思考，使知识或思想系统独立于宗教的影响，进而为创建一个以"理性"为基础的社会，提供一整套哲学理论、政治纲领和社会改革方案。

比欧洲启蒙运动兴起大约早一个世纪，中国也曾涌动过启蒙思潮。其代表人物之一黄宗羲，曾参加过明末清初的一系列政治、军事斗争，虽然这些斗争最后都归于失败，但对其之后的学术思想均产生了深刻影响。在学术上，作为宋明理学的总结者，黄宗羲坚守"学贵履践"的经世致用精神，融理、气、心为一体，使"心学"复归"知行合一"之正源，补救了"空空穷理"之流弊；在《宋元学案》与《明儒学案》中，

---

① [法]保罗·里克尔：《恶的象征》，公车译，上海：上海世纪出版集团2005年版，第27页。

黄宗羲对宋明理学史进行了脉络清晰的梳理，尤其对各学派的传承关系进行了详细论述，因而其开创的中国哲学史研究新方法具有了谱系学特征；在《明夷待访录》中，黄宗羲以合历史目的论视域、从具体历史的演进历程出发，揭示出君主专制产生的根源及原因，并对其"合法性"进行质疑与解构，进而提出了具有近代启蒙色彩的"治法""议政"等民主制度原则，将中国古代的民本思想，提升到一个新的高度。

黄宗羲作为17世纪中国启蒙学派的主要代表，其代表作《明夷待访录》的问世时间比卢梭的《社会契约论》（亦译为《民约论》，发表于1762年）早了将近一百年。"明夷"是《易经》的卦名，象征火入地中，昏主在上，明臣在下，有智之士处于困境之中，难以显露其明智；"待访"即期待明君来访，以共议天下大事，进行社会改革。维新派代表梁启超曾如是评价黄宗羲的这部名著："梨洲有一部怪书，名曰《明夷待访录》。这部书是他的政治理想。从今日青年眼光看去，虽象平平无奇，但三百年前——卢骚《民约论》出世前之数十年，有这等议论，不能不算人类文化之一高等产品。……对于三千年专制政治思想为极大胆的反抗。……虽在今日或将来，依然有相当的价值。"[1]对此，"韦政通教授也承认'黄宗羲是中国民本思想发展的高峰，因此对清末民主运动有过启蒙作用'"[2]。

在《明夷待访录》中，黄宗羲承继并发展了孟子"民贵君轻"的民本思想，对封建君主专制制度予以猛烈抨击："后之人主，既得天下，唯恐其祚命之不长也，子孙之不能保有也，思患于未然以为之法。然则其所谓法者，一家之法，而非天下之法也。是故秦变封建而为郡县，以郡县得私于我也；汉建庶孽，以其可以藩屏于我也；宋解方镇之兵，以方镇之不利于我也。此其法何曾有一毫为天下之心哉！而亦可谓之法

---

① 梁启超：《中国近三百年学术史》，北京：人民出版社2008年版，第52—53页。

② 转引自吴光：《黄宗羲民本思想研究的新高度——"黄宗羲民本思想国际学术研讨会"综述》，《探索与争鸣》2006年第6期，第50页。

乎?"①他清醒地意识到,专制制度的本质是特权人治,"视天下人民为人君橐中之私物"②。其所谓的"法",只不过是维护特权阶层利益的工具而已。因此,他反对"一家之法",主张"天下之法",并提出了"治法先于治人""公天下是非于学校""天下之治乱,不在一姓之兴亡,而在万民之忧乐"③等一系列具有启蒙意义的新理念。这些理念意在破除国人对皇权的崇拜,从而"突破了宋儒以'王与天同大'来论证皇权的至上性和传统的'有治人而无治法'的特权人治观念,鲜明地提出了'有治法而后有治人'这一具有划时代意义的新学说"④。

中国17世纪的启蒙思潮与欧洲18世纪的启蒙运动,虽然发生在不同时期、不同国度,但却有着诸多鲜明的共性。除了二者都具有祛除蒙昧、开启民智的特征之外,其共性还突出地表现为:"启蒙"与"敬畏"如影随形。在欧洲启蒙思想家那里,"启蒙"并非意味着摈弃一切、唯我独尊。他们用政治自由抵御专制暴政,用信仰自由对抗宗教压迫,用"天赋人权"反对"君权神授",用"法律面前人人平等"驳斥贵族的等级特权,其实都是奠基在以崇奉、敬畏"理性"为前提、用"理性"摧毁天主教的信仰权威和宗教偶像的基础之上的(这种对"理性"的崇奉与敬畏后来发展到极致,导致出现了诸多负面效应)。中国启蒙之父黄宗羲倡扬的"启蒙",亦绝非横空出世式的蔑视传统、无所顾忌,而是在继承与发扬儒家"民本"思想的基础上,既强调开启民智、破除旧观念的重要性,又注重在"破"的同时,必须对"天道"或"天命"(规律、法则)有所依循、有所忌惮、有所敬畏。尽管欧洲启蒙学者与中国启蒙思想家黄宗羲崇奉与敬畏的对象不同,但在强调"启蒙"与"敬畏"二者相辅相成、不可偏废的问题上,无疑是一致的。

---

① 黄宗羲:《黄宗羲全集》第一册,杭州:浙江古籍出版社1985年版,第6页。

② 黄宗羲:《黄宗羲全集》第一册,杭州:浙江古籍出版社1985年版,第4页。

③ 黄宗羲:《黄宗羲全集》第一册,杭州:浙江古籍出版社1985年版,第5页。

④ 许苏民:《晚明西学东渐与〈明夷待访录〉政治哲学之突破》,《江汉论坛》2012年第12期,第41页。

在黄宗羲看来，启蒙固然重要，但从历史演进背后的精神动力去把握思想衍化及历史脉络亦同样重要。于是乎，黄宗羲在承继并发展儒家民本精神的基础上，不仅极力反对封建专制、倡扬民主君客、力主暴君可诛，而且对传统儒家崇奉的"天""天道""天命"赋予至善至尊的地位而加以"敬畏"，以期在启蒙的实践中不至于陷入狂乱不羁的歧途。正如钱穆先生所言："盖梨洲论学，两面逼入。其重实践，重工夫，重行，既不蹈悬空探索本体、堕入渺茫之弊；而一面又不致陷入猖狂一路，专任自然，即认一点虚灵知觉之气，纵横放任以为道也。"①正是这种"既不蹈悬空探索本体、堕入渺茫之弊"，又"不至陷入猖狂一路"的学术品格，方使得黄宗羲的"启蒙"理念中氤氲着"敬畏"的意蕴。

蒙培元先生认为，"在我们的日常语言中，'敬畏'是一个神圣的词语，与人的生活信念、生存方式有直接的关系。人们经常把'敬畏'与宗教联系起来，认为'敬畏'就是对某种信奉的神圣对象的崇敬与畏惧，无论这个对象是什么。其实在哲学中也讲'敬畏'，无论西方哲学还是中国哲学。不管从哪方面说，'敬畏'都是对与人生命攸关的某种神圣事物或力量的敬畏。它不同于一般的恐惧、畏惧等情感活动，其主要区别就在于它是出于人的内在的生命需要，它要解决的是'终极关切'的问题，并且能够为人生提供最高的精神需求，使人的生命有所'安顿'。这一点从人类文化发展的历史事实可以得到证明"②。

正因为"敬畏"并非仅仅与"宗教"相关，而且更与"哲学"相摄，因而在黄宗羲的政治哲学中，"启蒙"与"敬畏"二者既相互制约，又相互补正。唯如此，方能在一定程度上既防止"过度"启蒙对文化传统造成的冲击或毁坏，亦能避免因"过分"保守而导致的对新知的回避或漠视。

明亡的惨痛教训、清朝的高压统治、西方文化的传入、中国思想家的觉醒，催生了明清之际的启蒙思潮。大量史料表明，中国晚明士人开

① 钱穆：《中国近三百年学术史》，北京：商务印书馆1997年版，第28页。

② 郭淑新：《敬畏伦理研究》，合肥：安徽人民出版社2007年版，序言第1页。

始与西方传教士交往并阅读西学书籍已渐成风气。黄宗羲的挚友方以智、魏学濂、张能信、瞿式耜等，都曾向传教士问过学。至于黄宗羲本人曾受到西学的影响，也有诸多事实予以佐证。

纵观中西文化交流史我们会发现，中西文化的交汇与碰撞，大体表现为两种基本形式：一种是"独立文化系统纵向的历史因素的积累和延续，表现出文化传统内敛的连续性"；另一种是"不同文化系统之间通过横向的扩展和传播、冲撞与融合，给原有传统注入新的内涵和活力，表现出文化系统的开放与兼容性"①。黄宗羲作为中国早期的启蒙思想家，在西学东渐的文化背景下，其思想无疑体现了"文化传统内敛的连续性"与"文化系统的开放与兼容性"双重变奏的特征。

在《明夷待访录》中，黄宗羲对封建专制的批判是以夏、商、周三代理想为托古改制基础的。在该书中，他明确指出，封建专制下的社会，由于公私不分，权利义务不平，因而没有公法可言，因此为了求得人权平等，必须废除秦、汉以来的"非法之法"；为了求得天下太平，必须将专制的君本制度改为民本制度。由于"君主以天下之利尽归于已，以天下之害尽归于人"，为达到"大私"之目的，便"敲剥天下之骨髓，离散天下之子女"，因此君主专制乃"天下之大害"②。而对这一"大害"的清除，急需开启民智，破除民众对皇权的迷信，使万千民众意识到君主专制的危害。

欲开启民智，"必使治天下之具皆出于学校，而后设学校之意始备。……天子之所是未必是，天子之所非未必非。天子亦遂不敢自为非是，而公其非是于学校"③。在启迪民智的过程中，亦需要有一套理论、规范、法则作为指导，如此方能对人性中的某些不良因子加以规制，以避免启蒙过程中的盲动或盲从。"黄宗羲从一本万殊的理气观推出性善论，

① 沈定平：《明清之际中西文化交流史——明代：调适与会通》，北京：商务印书馆2001年版，第1页。

② 黄宗羲：《黄宗羲全集》第一册，杭州：浙江古籍出版社1985年版，第2—3页。

③ 黄宗羲：《黄宗羲全集》第一册，杭州：浙江古籍出版社1985年版，第10页。

把四端与喜怒哀乐融合在一起，说明四德相生相克思想。黄宗羲十分重视道德心理的自我调节，甚至认为过与不及的心理失调是产生恶的原因。……这种理论预示着新的启蒙主义人性论的产生。"①基于此，黄宗羲在积极倡导开民智、反专制的同时，亦提醒民众应保有对"天"或"天道"（法则或规律）的敬畏之心。

在《破邪论》中，黄宗羲以"昊天上帝"的唯一性，扬弃了《周礼》及纬书的"五帝"说、郑玄的"六天"说以及佛家的"诸天"说，并对当时从西方传入中国的天主教将"天主"人格化或神化，以至于立其像且记其事的做法予以批评。在他看来，人格化或神化"天"，实际上是降低了原本意义上"天"的地位。因为"天一而已，四时之寒暑温凉，总一气之升降为之。其主宰是气者，即昊天上帝也"②。在黄宗羲那里，"天""昊天上帝""气"皆是对最高本原的不同称谓。他曾在《孟子师说》中多次论及这三个不同称谓间的关系："天有帝名，则祭之明堂，亲与敬兼之矣。或曰：经前曰天，后曰上帝，何也？曰：天、上帝一耳，不通言则若两物然，故郊曰昊天，明堂曰昊天上帝，天人之分明也。"③在此基础上他又认为，"天以气化流行而生人物，纯是一团和气"④。"四时行，百物生，其间主宰谓之天。所谓主宰者，纯是一团虚灵之气，流行于人物。"⑤如果说黄宗羲思想体系的核心是"气一元论"的话，那么他所谓的"昊天上帝"，也就是"天"或"气"。

在黄宗羲看来，是"天"或"气"化育并主宰天地万物。天地间"全是一团生气，其生气所聚，自然福善祸淫，一息如是，终古如是，不然，则生灭息矣。此万有不齐中，一点真主宰，谓之'至善'，故曰

---

① 韩强：《刘宗周与黄宗羲的心性论思想》，《哈尔滨工业大学学报》（社会科学版）2018年第6期，第46页。

② 黄宗羲：《黄宗羲全集》第一册，杭州：浙江古籍出版社1985年版，第194页。

③ 黄宗羲：《黄宗羲全集》第一册，杭州：浙江古籍出版社1985年版，第54—55页。

④ 黄宗羲：《黄宗羲全集》第一册，杭州：浙江古籍出版社1985年版，第111页。

⑤ 黄宗羲：《黄宗羲全集》第一册，杭州：浙江古籍出版社1985年版，第123页。

'继之者善也'"。紧接着他再次强调:"天之所赋,原自纯粹至善。"①天不仅通过其"纯粹至善"本性化育万物,而且还规定了人与万物的等级秩序:"知觉之精者灵明而为人,知觉之麤(粗)者混浊而为物。"②在此,我们发现黄宗羲所说的"天"或"气",实际上是将朱熹的"理"与"气"统而为一了,因为这个"天"或"气",既能创造形式,亦能提供质料。

黄宗羲进而将"天"或"气"(地)的本质视为"仁"或"仁义":"天地以生物为心,仁也。其流行次序万变而不紊者,义也。仁是乾元,义是坤元,乾坤毁则无以为天地矣。"③"舜之明察,尽天地万物,皆在妙湛灵明之中,……由此而经纶化裁,无非仁义之流行。"④黄宗羲一再强调,"天"不可以人格形式存在,如果将"天"视作具有人格的"神鬼"式存在,并在人世间加以祭祀膜拜,不仅降低了"天"的地位,而且有损于"天"至善至尊的本性。因为"鬼神"只是人世间的一种衍生物,根本不可能与"天"比肩:"天地间无一物不有鬼神,然其功用之及人,非同类则不能以相通。社稷二气,发扬莽盪(荡),如何昭格,故必假已死龙弃之人鬼,与我同类而通其志气。是故配食者,非仅报其功也。……吾与祖宗同气,藉(借)其配食,以与天地相通。……今之城隍土谷,莫不以古来著名者实之,……亦犹句龙、弃之配食一方耳。盖城隍土谷之威灵,非人鬼不能运动也。"⑤

既然万物自产生之时就有伴随着自己的"鬼神"存在,而无论人、物、鬼神又都是"天"的衍生物,那么"天"所有的衍生物就自然不能与"天"齐位。"鬼神"说作为中国传统文化的论题之一,在中国思想史上,与宇宙生成论抑或本体论有着密切联系。尽管上古宗教中的"鬼

① 黄宗羲:《黄宗羲全集》第一册,杭州:浙江古籍出版社1985年版,第77、78页。
② 黄宗羲:《黄宗羲全集》第一册,杭州:浙江古籍出版社1985年版,第111页。
③ 黄宗羲:《黄宗羲全集》第一册,杭州:浙江古籍出版社1985年版,第49页。
④ 黄宗羲:《黄宗羲全集》第一册,杭州:浙江古籍出版社1985年版,第112页。
⑤ 黄宗羲:《黄宗羲全集》第一册,杭州:浙江古籍出版社1985年版,第160—161页。

神"，被视为有实体并主宰人世祸福的神灵，但从试图以人文代宗教的周朝始，人们已逐渐将"鬼神"视为阴阳二气的聚散变化形态，体现的是天地生生之功用。《周易·系辞上》中就有如下之记载："精气为物，游魂为变，是故知鬼神之情状。"孔颖达对此作疏曰："物既以聚而生，以散而死，皆是鬼神所为，但极聚散之理，则知鬼神之情状也。"①汉唐儒士至宋明理学家，亦大都以阴阳变化、气之往来诠释"鬼神"。譬如：东汉王充在《论衡·论死》篇中曾如是说："鬼神，阴阳之名也。阴气逆物而归，故谓之鬼；阳气导物而生，故谓之神。"②南宋朱熹在《四书集注》中也曾写道："程子曰：鬼神，天地之功用，而造化之迹也。张子曰：鬼神者，二气之良能也。愚谓：以二气言，则鬼者阴之灵也，神者阳之灵也。以一气言，则至而伸者为神，反而归者为鬼，其实一物而已。"③

鉴于以上儒家学者的启示，黄宗羲进而认为，"鬼神"虽然不能与至尊至善的"天"齐位，但"人"却能够借助于"鬼神"与"天"相通。尽管"人""神"不同类，亦无法直接相通，但却能够通过中介——已故的名士或先贤加以实现。质言之，人的一系列祭祀行为虽然都具有通神、通天之意愿或祈盼，但在各种祭祀活动中，"人""鬼神"与"天"之间又等级甚明、无法直接相通，唯有通过以人世间的名士作为中介祭祀膜拜众"鬼神"，才能表达对"天"的膜拜与敬畏："昔者周公郊祀后稷以配天，宗祀文王于明堂以配上帝。"这种祭祀仪式，后来又逐渐演化成通过尊祖、祭祖以配天、敬天："人莫不本乎祖，祖一而已，尊无二上，故曰率义而上至于祖，祖尊而不亲，是所以配天也。""盖祭天于郊，以其荡荡然，苍苍然，无乎不覆，无乎不见，故以至敬事之。郊也者，不屋者也，达自然之气也。扫地而祭，器尚陶匏，不敢

① 孔颖达疏：《周易正义》，卢光明、李申整理，北京：北京大学出版社2000年版，第313页。

② 刘盼遂：《论衡集解》，北京：古籍出版社1957年版，第414页。

③ 朱熹：《四书集注》，长沙：岳麓书院1985年版，第41页。

以人之所爱奉之，远而敬之也。"①

由上可见，"祭天于郊""以至敬事"，不以人事奉天，强调的是天人之差异，凸显的是人对至尊至善的"天"的尊崇与敬畏。至于为何必须以"尊而不亲""远而敬之"的方式祭颂"天"，在黄宗羲看来其原因主要在于："天"是创生万物的至上本体，没有丝毫的偏袒之心，对万物皆一视同仁，因而人们只能通过祭祖或祭祀原初之神（如后稷等）作为中间环节来祭天，如此才配天之至尊至善之位。唯有强调"天"的至上性，才有助于拟制"人"的无知、放肆与傲骄。

"天"有"天道"。"天道"即自然之道、生生之道、太极阴阳之道。在儒家看来，"天道"是阴阳、四时、世间万物遵循的最基本法则或规律。人们秉承或效法"天道"，以期成就"人道"——为人之道，从而拥有善良的品格、完美的人生。正所谓："天命之谓性，率性之谓道，修道之谓教。"（《礼记·中庸》）在黄宗羲看来，"天道"作为"天"在人世间具体流行的结果即"命"。"造化流行之理，万有不齐，小之而为穷通得丧，大之而为生死夭寿。此不齐者，正是其画一所在，所谓命也。'立命'则从流行处见主宰。"②世间万物的"命"并非整齐划一（"不齐"），而是每个人、物在"天道"中的自然状态的最终结果。

在《易学象数论》中，黄宗羲对"命"进行了较为深入的论究："万物皆祖于虚，生于气，气以成体，体以受性，性以辨名，名以立行，行以俟命。此数言者，《潜虚》之大纲也。……有性而后有情，有情而后有视听言动，有德而后有事，以动先于情，以事先于德，失其次矣。"③在他看来，"天"是有意志的，违天之命者，天得而刑之；顺天之命者，天得而赏之。"命"之所以"不齐"，实质上是"天道"劝惩的结果，务必使仁者得吉，不仁者归凶。黄宗羲进而认为，命之不齐只是

---

① 黄宗羲：《黄宗羲全集》第一册，杭州：浙江古籍出版社1985年版，第54页。

② 黄宗羲：《黄宗羲全集》第一册，杭州：浙江古籍出版社1985年版，第149页。

③ 黄宗羲：《黄宗羲全集》第九册，毛佩琦、王永嘉、陈敦伟校点，杭州：浙江古籍出版社1992年版，第154—155页。

针对凡人而言，是与现世的遭际状态息息相关的。但对圣人而言，只有正命（圣人之命），此观点与孟子顺应于天道、得其天年而死为得"正命"的思想一脉相承："尽其道而死者，正命也；桎梏死者，非正命也。"（《孟子·尽心上》）这也意味着，非其道而"生"者亦非正命也。正所谓："义当生自生，义当死自死，眼前止见一义，不见有生死。"①

黄宗羲在完成《明夷待访录》之后，紧接着在《孟子师说》等著述中特别强调对"天道"的敬畏，是因为在他看来，之前在《明夷待访录》中阐发的启蒙理念有待于进一步补正、完善。"启蒙"并非意味着背离传统，打破一切禁忌、推翻所有戒律，而是昭示着应对与人的生存和发展息息相关的规律、法则，亦即"天道"，保有"敬畏"之心。于是乎，开启民智与敬畏天道，在黄宗羲的思想中就理所当然地具有了相互补正的关系。

在黄宗羲看来，开启民智与敬畏"天道"，内在地含摄对"吾心良知"本体之敬畏。他在《明儒学案》中指出："自姚江（阳明）指点出良知人人现在，一返观而自得，便人人有个作圣之路，故无姚江，则古来之学脉绝矣。"②"良知"作为生生不息的形上本体，通过人的自觉意识，自然与现实发生存在论意义上的勾连——"致良知"。"良知"说展露的尽"人道"以合"天道"特征，融通了形上与形下世界，将人的生命本有的睿智，活化为思想文化资源："吾心之良知，即所谓天理也。致吾心良知之天理于事事物物，则事事物物皆得其理矣。"③正是通过"良知"本原性的即体即用的"感应"活动——"致良知"，人们方才建立起主体之"心"与客体之"物"的实质性联系，形成人与外部世界伦理的而非功利性的价值关联。这种关联使得主体之"心"在敬畏"良

---

① 黄宗羲：《黄宗羲全集》第一册，杭州：浙江古籍出版社1985年版，第149页。

② 黄宗羲：《明儒学案》上，沈芝盈点校，北京：中华书局1985年版，第179页。

③ 王守仁：《王阳明全集》上，吴光、钱明、董平等编校，上海：上海古籍出版社2012年版，第39页。

知"本体的基础上，回溯至行为本原之"正心"——敬畏之心，从而在"心性"问题上，凸显了开启民智与敬畏"天道"（"良知本体"）之内在贯通。

儒家虽然主张"畏天命"，但并不是对天命一味地畏惧与顺应。孔子虽然主张"畏天命，畏大人，畏圣人之言"（《论语·季氏》），但同时亦认为"不知命，无以为君子也"（《论语·尧曰》）。他甚至为了实现政治理想而周游列国，以至于"知其不可而为之"（《论语·宪问》）。关于"天命"，孟子则主张"尽其心者，知其性也，知其性则知天矣"（《孟子·尽心上》），提倡内省修行，充分发挥良知良能，以期认识"天命"、不违"天命"。荀子进而认为"天有其时，地有其财，人有其治，夫是之谓能参"（《荀子·天论》）；"专心一志，思索孰察，加日县久，积善而不息，则通于神明，参于天地矣"（《荀子·性恶》）。天人虽然各有其职分，但天人又是一体的，人的活动可以参赞天地之化育，从而"制天命而用之"（《荀子·天论》）。质言之，在先秦儒家看来，"畏天命"是"知天命"与"制天命"的前提，从"畏"到"知"，再到"制"，体现了人类认识与实践演进的进路：唯有畏天命（遵循规律），方能知天命（认识规律），进而制天命（利用规律），从而达至"天人合一"。

儒家关于"天人合一"的思想，在黄宗羲的《孟子师说》中得到了充分展现："天地之生万物，仁也。帝王之养万民，仁也。宇宙一团生气，聚于一人，故天下归之，此是常理。自三代以后，往往有以不仁得天下者，乃是气化运行，当其过不及处，如日食地震，而不仁者应之，久之而天理复常，不仁者自遭陨灭。"①在他看来，"常人之命，为命所转，到得头来，方知是命；圣人之命，浑化于礼义，在得不得之先，方可谓之知命"②。虽然常人之命与圣人之命不同，但宇宙作为一个整体，所有人皆应与"天命"相合并受"天命"规约。要"知天命"必须"畏

---

① 黄宗羲：《黄宗羲全集》第一册，杭州：浙江古籍出版社1985年版，第90页。
② 黄宗羲：《黄宗羲全集》第一册，杭州：浙江古籍出版社1985年版，第125页。

天命"，否则将会"自遭陨灭"。黄宗羲以儒家"万物一体"思想为进路，对"天人合一"思想的深入发掘，无疑是对其"启蒙"理念的必要补正、对当时启蒙实践的必要规制。

在黄宗羲看来，仁义之道乃天下治乱之本，以仁治天下，是社会运转的"常理"，反之以不仁治天下，必定反常。社会运转符合"常理"即为"治"，出现"反常"即为"乱"，反常现象定不会长久。仁与不仁，乃决定社会治乱的根本，而中国历代帝王皆以天下为一己之私产，并奢望将天下作为一己之私产传之万世，于是必然导致历史上祸乱不断："一人之智力不能胜天下欲得之者之众，远者数世，近者及身，其血肉之崩溃在其子孙矣。……是故明乎为君之职分，则唐、虞之世，人人能让，许由、务光非绝尘也；不明乎为君之职分，则市井之间，人人可欲，许由、务光所以旷后世而不闻也。"① 为了避免祸乱发生，必须抑制人为私智，使人有所敬畏，行为有所收敛，从而使人的所作所为合于"天命"。

合"天命"即"天人合一"。黄宗羲认为，"天人合一"的过程亦是"天人感应"的过程。黄宗羲的"天人感应"说与儒家其他学者相比，自显其理论勇气：他不是在一般意义上泛泛谈论"天"对"人"、"天道"对"人道"的规制、警示、赏罚，而是强调二者之间的相互影响、相互掣肘。质言之，他不仅认为天道会影响人事且赏罚分明，而且明确指出，人事也会影响天道且能导致天道坠堕。倘若人能顺应自然则天道即正、天人皆仁——"寒暑之不爽其则，万物之各有其序"；倘若人事不仁，不仅天道亦堕，人亦"自绝于天"②。在"万物一体"的整体框架中，"人"作为万物之灵，其行为对"天"的影响最甚，因此，人应该对其行为尽职担责。

既然"天"对"人"具有威慑、惩戒作用，那么人就应该"畏天命"；既然人的行为对天道同样具有影响，人的不仁亦会导致天的不仁、

---

① 黄宗羲：《黄宗羲全集》第一册，杭州：浙江古籍出版社1985年版，第3页。

② 黄宗羲：《黄宗羲全集》第一册，杭州：浙江古籍出版社1985年版，第124页。

坠堕，那么人就有责任和义务，通过自身的修炼而"知天命"，以期成为仁者，从而使"天命"归仁。这种责任与义务并非只是追求自身修养的"内圣"，而且还需发为外在的"事功"："内圣"与"事功"相辅相成，"内圣"是根本，"事功"是"内圣"之外显，"事功"中彰显"内圣"，"内圣"亦体现在对"事功"的践履之中。

在黄宗羲看来，既然天人能够相互感应，那么当天道自然顺畅时，人就必须顺天命、畏天命；而当因人的不仁导致天道将要坠堕时，人就应该"起而革之"（建立"事功"）。黄宗羲在《易学象数论卷三·革卦》中，专门论及"革"之意蕴："革有炉鞴之象。离火鼓铸兑金，而金从革也。金成器则文彩生，故'虎变''豹变'。器敝改铸之为革，天下亦大器也，礼乐制度，人心风俗，一切变衰，圣人起而革之，使就我范围以成器。"①也就是说，"革"之卦象，犹如鼓风冶铸之炉，而"革"的含义就在于当事物（"器"）"变衰"之时，必须用新的模式重新加以锻造、改铸，以期赋予其新的内涵或意蕴。圣人之所以是圣人，就在于能够借助《易》以洞察"天命"，从而在"畏天命""知天命"的基础上，"革"去衰命，成就新命。

在《易学象数论卷一·图书一》中，黄宗羲对《易》的价值予以充分肯定："夫《易》者，范围天地之书也。"②圣人之作《易》，就在于仰以观天文，俯以察地理，进而贯通天地之道。正所谓"天垂象，见吉凶，圣人象之"；"河出图，洛出书，圣人则之"（《易传·系辞上》）。在黄宗羲看来，《易》是天道的人间记录，圣人通过对《易》的研究、领悟，进而知晓为何要"起而革之"以及何时"革"、怎样"革"的道理。黄宗羲进而强调，即使人"知天命"之后，也绝不能任意驾驭天命、随意变革天命。因为天命有其自然秩序，人必须遵循它、敬畏它，

---

① 黄宗羲：《黄宗羲全集》第九册，毛佩琦、王永嘉、陈敦伟校点，杭州：浙江古籍出版社1992年版，第118—119页。

② 黄宗羲：《黄宗羲全集》第九册，毛佩琦、王永嘉、陈敦伟校点，杭州：浙江古籍出版社1992年版，第1页。

只有在天命将要坠堕时，方可进行必要的纠偏矫正。否则，将会使得次序颠倒、世间混乱。正因为天命是至上的，圣人只能观其象而明其用，即便发现天命之有失，亦不能矫枉过正。"顺者反逆，逆者反顺，使其无验则可，不然则避其所当趋，趋其所当避矣。某故以为自乱其术也。"①

黄宗羲进而认为，"天命"的法则即阴阳当位，当位则治，失位则乱。但阴阳在其大化流行的过程中，会出现有规律的失位现象，随着阴阳程度的变化，人世间则会相继出现皇政、帝政、王政、霸政……如果阴阳完全失位，气数耗尽，就需要"革"此衰命而建新命。也就是说，黄宗羲既强调"畏天命"，亦赞同"革"衰命。在他那里，天道与人事是从皇到霸的不断循环，且每一循环中均有退化之势，革命只不过是从一个循环过渡到下一个循环的杠杆②。至此，黄宗羲便从儒家的"天命"观中，为自己建新命、"革"衰命的"启蒙"理念找到了义理根据和历史依据。

为了进一步论证"革"衰命与开民智之间的关联，黄宗羲在《破邪论》中深刻揭露了科举对民众的毒害：士子唯知窃取"科举中选之文，讽诵摹仿，移前缀后"，恪守"一定之说"，以致"世不知有书"，从而使得庸妄之辈充塞天下，进而又强调："因念天人之际，先儒有所未尽者，稍拈一二，名曰破邪。"③"启蒙"需要"破邪"，但"破邪"又必须遵循"万物一体"的理路——"因念天人之际"，当天道自然顺畅时，人们应自觉地遵循天命、敬畏天命；反之人们则应审时度势、"革"去衰命。欲"革"衰命，自然需要建构一套能够了解民心、征询民意的制度设计。于是，《明夷待访录》便在《孟子》文本中，为其强调学校与

---

① 黄宗羲：《黄宗羲全集》第九册，毛佩琦、王永嘉、陈敦伟校点，杭州：浙江古籍出版社1985年版，第261—262页。

② 参见黄宗羲：《黄宗羲全集》第九册，毛佩琦、王永嘉、陈敦伟校点，杭州：浙江古籍出版社1992年版，第114页。

③ 黄宗羲：《黄宗羲全集》第一册，杭州：浙江古籍出版社1985年版，第192页。

舆论的政治功能寻求义理基础。孟子曰："天视自我民视，天听自我民听。"（《孟子·万章上》）黄宗羲对此作了如下诠释："故民之视听，即天之视听，无有二也。"①可见，黄宗羲建立在儒家"天人感应"基础上的"天命"观，既氤氲着"畏天命"的因子，也包含着"革"衰命的启蒙意识。"敬畏"与"启蒙"，在黄宗羲那里又如是自然而然地融通相合了。

如果说黄宗羲的《明夷待访录》标志着其"启蒙"理念的初步形成，那么《孟子师说》《易学象数论》《破邪论》《明儒学案》等著述，则表明其对问题的省思向着更深层次延展。黄宗羲的"启蒙"理念与"敬畏"意识，以及在政治哲学与儒家心性论之间建立起来的思想关联，既有利于促成儒家修身理论及功夫实践向生活世界下沉，以期将儒家德性论对道德性命的探寻融入变革现实的具体实践之中，亦有利于启蒙民智、培养独立人格，以期实现当时社会的"理念"转型与"制度"变革。

李存山认为："民本思想是儒家一以贯之的价值观和政治理念。在黄宗羲的《明夷待访录》中，传统的民本思想不仅充其极，而且它越过传统的极限，开始考虑如何以权力制约权力的问题。因此我认为，黄宗羲的思想是从民本走向民主的开端。"②历史实践也证明，黄宗羲的启蒙理念，对近现代维新派的"兴民权"、孙中山的"三民主义"、新文化运动时期的"民主与科学"都曾产生过深远影响。即使在当代中国，黄宗羲的天下观、法治观、社会公仆观、权力制约观等"启蒙"理念，对于现代社会治理，依然具有现实意义。

毋庸讳言，黄宗羲虽然重新发掘并提升了儒家的民本思想，继承光大了易学精神，提出了一系列具有限制君权、保障人民基本权利、改革现实社会的"启蒙"设想，但由于时代、传统、立场等原因，究其实质却仍未能冲破为王权服务的儒家政治哲学的藩篱，因而最终亦未能提出

---

① 黄宗羲：《黄宗羲全集》第一册，杭州：浙江古籍出版社1985年版，第123—124页。
② 李存山：《从民本走向民主的开端》，《浙江学刊》2005年第4期，第12页。

推翻专制制度、主权在民、政治须由公意所定等富有真正启蒙精神的理念。鉴于此，他本人也只能成为传统社会的"补天"者，而不可能成为专制制度的"掘墓人"。对此，我们应予以深刻反思并进而更为深入地去探寻、汲取其理论思维教训。

美国著名汉学家狄百瑞（William Theodore de Bary），曾试图从儒家的自身传统中探寻儒家之困境。在其著作《儒家的困境》一书中，他将旧约传统中的"先知"同中国儒家传统中的"君子"相比较，认为真正的"君子"应对朝廷的"不义"进行谴责和纠偏。在他看来，"君子"的自信源于替百姓和上天代言的使命，然而在现实中，"君子"却既未能有效地得到百姓之托付，亦未能从上天那里获得宗教性支撑，而是始终处于苍生百姓与皇权统治的裂缝之中，这便成为历史上儒家最大的困境[①]。至于儒家的最大困境到底是什么，中国的启蒙思潮为何未能像西方的启蒙运动那样取得真正的实效，学界无疑还应予以深刻反思并进行更为深入的探讨。

第二节　顾炎武："行己有耻""《仪礼》庄敬"

顾炎武（公元1613—1682年），本名顾绛，字宁人，南直隶苏州府昆山（今江苏省昆山市）人，因仰慕文天祥学生王炎午的为人而改名为"炎武"，因故居旁有亭林湖，学者尊为亭林先生，明末清初杰出的哲学家、思想家、历史地理学家和音韵学家，与王夫之、黄宗羲、唐甄并称为明末清初"四大启蒙思想家"。他学问渊博，于国家典制、郡邑掌故、天文仪象、河漕兵农、经史百家、音韵训诂都有研究。晚年治经重考证，开清代朴学之风。其行己有耻，敬畏仪礼、合学与行、治学与经世为一。其主要著作有《日知录》《天下郡国利病书》《音学五书》《金石

---

① 参见[美]狄百瑞：《儒家的困境》，黄水婴译，北京：北京大学出版社2009年版，第13—35页。

文字记》《亭林诗文集》等，今有《顾炎武全集》二十二册出版。

顾炎武不仅是一位考据学家，更是一位富有思辨意识的哲学家。他在"哲学上仍然是一整套的……只不过他在这方面的话少些，简括些，不像船山那样地汗漫其辞罢了"①。"顾炎武法哲学的特点之一是，强调外在制度约束，反对此前向内用功的心性之学。"②在他看来，"窃叹夫百余年以来之为学者，往往言心言性，而茫乎不得其解也。命与仁，夫子之所罕言也；性与天道，子贡之所未得闻也"③。对于"夫子之所罕言"的"性与天道"问题，既然晚明以来的学人对其认识"不得其解"，且去古甚远，顾炎武自然也就不愿再去详论。

然而从顾炎武在《日知录》中的引文，以及散见于其他著述中的观点，仍然可以发显其对"心学"的关注。在他看来，"允执其中，四海困穷，天禄永终"（《论语·尧曰》）这一古代先贤的治理之"道"，与"心学"并非密切相关，他还指出："心不待传也，流行天地间，贯彻古今而无不同者，理也。理具于吾心，而验于事物。心者，所以统宗此理而别白其是非。人之贤否，事之得失，天下之治乱，皆于此乎判。"④在顾炎武看来，普遍、永恒的规范是"理"，而非"心"，"心"只不过是接受规范、认识规范的载体抑或官能而已。

依顾炎武之见，由于人心中蕴藏着种种欲念，因此，必须对之加以规范。"明朝的灭亡，不仅是中国传统社会经济、政治危机的总爆发，而且也是道德危机的总爆发。顾炎武以一种历史的自觉，深刻反思明王朝覆灭的教训，致力于探寻中国社会道德文明之重建的道路。……他在

---

① 赵俪生：《顾炎武〈日知录〉研究——为纪念顾炎武诞生350周年而作》，《兰州大学学报》1964年第1期，第28页。

② 屠凯：《博文而有耻：顾炎武的法哲学》，《苏州大学学报》（法学版）2019年第3期，第53页。

③ 顾炎武：《顾炎武全集》第二十一册，华东师范大学古籍研究所整理，上海：上海古籍出版社2011年版，第92页。

④ 顾炎武：《顾炎武全集》第十九册，华东师范大学古籍研究所整理，上海：上海古籍出版社2011年版，第717—718页。

中国思想史上第一次对传统社会的负面国民性作了全面而系统的批判，发近代学者'改造国民性'的思想之先声；……给人们预设了一个'行己有耻'的道德底线。"①在顾炎武看来，现实社会道德风气的败坏是致使民族衰亡的原因之一，因此，如何"正人心"以重建伦理道德问题，就显得异常重要。

顾炎武虽然在一定程度上接受了宋儒的道德理想主义，对晚明已降的社会风气极为不满，但却没有回归传统儒家"内圣"的修身养性之路，而是从现实的人性及日用常行出发，以期达到重振社会风气之目的。他深刻地意识到：适用于个体修身养性的道德理想主义，难以契合整个国家的修齐治平抑或整个民族的精神境界提升。于是，在社会的普遍教化层面，顾炎武不去泛泛谈论所谓的道德理想，而是给人们提供了一条切实可行的道德底线——"行己有耻"。这一底线立足于对现实人性的考析，认为道德不能拂逆人性，承认人之有私、唯有衣食足方可知廉耻，虚拟的高标准反而会造成虚伪做作，因此，理应开辟出一方在现实生活中允许人们追求其合理的个体利益之领地。这一领地具有无善无不善的特征，以期切实保障民众日用常行之必需。

《与友人论学书》是顾炎武专论为学之道的名篇。他在文中强调，为学要将"博学于文"和"行己有耻"结合起来，并将其含义加以推廓："自一身以至于天下国家，皆学之事也；自子臣弟友以出入、往来、辞受、取与之间，皆有耻之事也。"②此文强调为学不仅要学典籍文化，更要关注国家兴亡，做到为国所用，而明耻的内容也由个人之得失上升为民族之荣辱。顾炎武本人亦力争成为明道博学、坚守正气的楷模，他对明清之际部分士大夫寡廉鲜耻，丧失气节德性，致使明朝士风、世风

① 许苏民：《"行己有耻"的道德底线与中国伦理学的近代转型——论顾炎武道德伦理思想中的近代性因素》，《吉首大学学报》(社会科学版)2006年第4期，第31页。

② 顾炎武：《顾炎武全集》第二十一册，华东师范大学古籍研究所整理，上海：上海古籍出版社2011年版，第93页。

败坏的现象加以痛斥，并郑重申言："士大夫之无耻，是为国耻！"①

对于政治与道德的关系，顾炎武亦有其深刻洞见：士大夫阶层不仅在道德层面在社会中应起表率作用，同时还应负有对民众进行道德教化之义务与责任。而现实却是：道德教化者反而成了败坏社会风气的元凶，权力与利禄对人的腐蚀，使得人们向善的天性被泯灭。基于以上分析，为了达到务正人心、诚意正心之目的，就不能再以宋儒超拔的"理想人格"去虚伪地鼓噪人心，而只能以"行己有耻"之道德底线作为宣传教育的实际内容。在道德底线范围内，忠臣无须死节、妇女亦无须守寡，所有属于人之常情的行为皆符合人性，应该被允许，唯独"行己有耻"的底线不能逾越，而规制人们不逾越这一底线的利器，即《仪礼》。

礼仪三百，威仪三千。"礼者，本于人心之节文，以为自治治人之具。"②依顾炎武之见，"圣人所闻所见，无非《易》也……六十四卦三百八十四爻，皆所以告人行事，所谓'拟之而后言，议之而后动'者也"③。他特别强调："《五代史·冯道传》论曰：'礼义廉耻，国之四维；四维不张，国乃灭亡。善乎！管生之能言也。礼义，治人之大法；廉耻，立人之大节，盖不廉则无所不取，不耻则无所不为。人而如此，则祸败乱亡亦无所不至，况为大臣，而无所不取，无所不为，则天下其有不乱，国家其有不亡者乎？'然而四者之中，耻尤为要。故夫子之论士，曰'行己有耻'；《孟子》曰'人不可以无耻，无耻之耻，无耻矣'，又曰'耻之于人大矣，为机变之巧者，无所用耻焉'。所以然者，人之不廉而至于悖礼犯义，其原皆生于无耻也。故士大夫之无耻，是谓国耻，吾观三代以下，世衰道微，弃礼义，捐廉耻，非一朝一夕之故。然而松柏后凋于岁寒，鸡鸣不已于风雨，彼昏之日，固未尝无独醒之人

---

① 顾炎武：《顾炎武全集》第十八册，华东师范大学古籍研究所整理，上海：上海古籍出版社2011年版，第537页。

② 顾炎武：《顾炎武全集》第二十一册，华东师范大学古籍研究所整理，上海：上海古籍出版社2011年版，第81页。

③ 顾炎武：《顾炎武全集》第二十一册，华东师范大学古籍研究所整理，上海：上海古籍出版社2011年版，第138页。

也。"①他认为，欲将已有的制度化作"礼仪"，是需要对"行己有耻"的观念予以辨析与恪守的。

至于"有耻"，顾炎武认为相当于内心面对道德底线所油然而生的羞愧之心："嗟乎，之推不得已而仕于乱世，犹为此言，尚有《小宛》诗人之意。彼阉然媚于世者，能无愧哉？"②与此同时，顾炎武还将"耻"与"名"相联系："汉人以名为治，故人材盛。今人以法为治，故人材衰。"③"《南史》有云：'汉世士务修身，故忠孝成俗。至于乘轩服冕，非此莫由，晋、宋以来，风衰义缺。故昔人之言曰名教，曰名节，曰功名，不能使天下之人以义为利。而犹使之以名为利，虽非纯王之风，亦可以救积污之俗矣。'"④在顾炎武看来，"名"即声誉，是外界的公共评价；"耻"即知耻之心，是对声誉即公共评价的重视与敬畏，且此声誉具有跨越时空的永恒意义。"故名节以之而立，学问以之而成，忠义之人，经术之士出乎其中矣。"⑤因此，知耻之心需要保有与坚守。

顾炎武将制度视为社会政治秩序的基础，而制度的基础是风俗，风俗的基础是日用伦常："夫子所以教人者，无非以立天下之人伦，而孝弟，人伦之本也，慎终追远，孝弟之实也……是故有人伦，然后有风俗；有风俗，然后有政事；有政事，然后有国家。"⑥日用伦常与敬畏之心密切相关，"凡人之动心与否，固在其加卿相行道之时也。枉道事人，

①顾炎武:《顾炎武全集》第十八册,华东师范大学古籍研究所整理,上海:上海古籍出版社2011年版,第536—537页。

②顾炎武:《顾炎武全集》第十八册,华东师范大学古籍研究所整理,上海:上海古籍出版社2011年版,第537页。

③顾炎武:《顾炎武全集》第十八册,华东师范大学古籍研究所整理,上海:上海古籍出版社2011年版,第535页。

④顾炎武:《顾炎武全集》第十八册,华东师范大学古籍研究所整理,上海:上海古籍出版社2011年版,第533页。

⑤顾炎武:《顾炎武全集》第十八册,华东师范大学古籍研究所整理,上海:上海古籍出版社2011年版,第88页。

⑥顾炎武:《顾炎武全集》第二十一册,华东师范大学古籍研究所整理,上海:上海古籍出版社2011年版,第167页。

曲学阿世，皆从此而始矣。'我四十不动心'者，不动其'行一不义，杀一不辜而得天下，有不为也'之心"①。"夫子之文章，莫大乎《春秋》，《春秋》之义，尊天王，攘戎翟，诛乱臣贼子，皆性也，皆天道也。"②日用伦常在不同的历史时期，所受关注程度是有别的，"如春秋时，犹尊礼重信，而七国则绝不言礼与信矣，……史之阙文，而后人可以意推者也。不待始皇之并天下，而文武之道尽矣。汉，此风未改，故刘向谓其'承千岁之衰周，继暴秦之馀弊，贪饕险波，不闲义理。'观夫史之所录，无非功名势利之人，笔札喉舌之辈，而如董生之言正谊明道者不一二见也"③。在顾炎武看来，"宋世以来，尊经儒、重节义之效，其时之人心风俗，犹有三代直道之遗"④。

为了抑制此趋势的蔓延，顾炎武认为，"苟非返普天率土之人心，使之先义而后利，终不可以致太平。故愚以为今日之务，正人心急于抑洪水也"⑤。其具体措施是："今日所以变化人心、荡涤污俗者，莫急于劝学、奖廉二事。"⑥在顾炎武看来，如果不对百姓进行教化，人们就有可能背弃日用伦常，就会出现"上无礼，下无学，贼民兴，丧无日矣"⑦的现象，因为父子之亲，长幼之序，男女之别，非师不明。"是故

---

① 顾炎武：《顾炎武全集》第二十一册，华东师范大学古籍研究所整理，上海：上海古籍出版社2011年版，第321页。

② 顾炎武：《顾炎武全集》第十八册，华东师范大学古籍研究所整理，上海：上海古籍出版社2011年版，第306页。

③ 顾炎武：《顾炎武全集》第十八册，华东师范大学古籍研究所整理，上海：上海古籍出版社2011年版，第522—523页。

④ 顾炎武：《顾炎武全集》第十八册，华东师范大学古籍研究所整理，上海：上海古籍出版社2011年版，第1006页。

⑤ 顾炎武：《顾炎武全集》第十八册，华东师范大学古籍研究所整理，上海：上海古籍出版社2011年版，第520页。

⑥ 顾炎武：《顾炎武全集》第十八册，华东师范大学古籍研究所整理，上海：上海古籍出版社2011年版，第535页。

⑦ 顾炎武：《顾炎武全集》第十八册，华东师范大学古籍研究所整理，上海：上海古籍出版社2011年版，第291页。

有道之世，人醇工庞，商朴女童，上下皆有嘉德，而至治馨香感于神明矣。然则祈天永命之实，必在于观民。而斫雕为朴，其道何由？则必以厚生为本。"①

至于如何使"民德厚而礼俗成，上下安而暴慝不作"，顾炎武曰："目击世趋，方知治乱之关，必在人心风俗，而所以转移人心、整顿风俗，则教化纲纪为不可阙矣。百年必世养之而不足，一朝一夕败之而有余。"②于是，他将《仪礼》作为济世经邦之首选："《周礼》经邦之轨则，《仪礼》庄敬之楷模。"③他认为，有了《周礼》《仪礼》作为社会秩序确立的基础，方能有政治秩序之稳固、社会民生之保障。唯有出于对《周礼》《仪礼》的遵循、敬畏，君主方能节制欲望，减少对百姓的诈取豪夺。"有天下而欲厚民之生，正民之德，岂必自损以益人哉"④，否则人君的地位也无法保障。因为，"苟非大受之人，骤而当天下之重任，鲜不恐惧而失其守者"⑤。与此相联系的是，有了《周礼》《仪礼》的威慑，百姓方能各安其分，社会规则方能得到贯彻落实。正如顾炎武所期冀的那般：有了"经邦规则"的《周礼》、"庄敬楷模"的《仪礼》，社会才会有条不紊地向前演进。而这一切，无疑取决于"正人心"，而"正人心"的心理基础与理论依据，就在于统治者与百姓在恪守"行己有耻"的同时，拥有对制度、礼义的尊重与敬畏。

---

① 顾炎武：《顾炎武全集》第十八册，华东师范大学古籍研究所整理，上海：上海古籍出版社2011年版，第143页。

② 顾炎武：《顾炎武全集》第二十一册，华东师范大学古籍研究所整理，上海：上海古籍出版社2011年版，第141—142页。

③ 顾炎武：《顾炎武全集》第十八册，华东师范大学古籍研究所整理，上海：上海古籍出版社2011年版，第341页。

④ 顾炎武：《顾炎武全集》第十八册，华东师范大学古籍研究所整理，上海：上海古籍出版社2011年版，第67页。

⑤ 顾炎武：《顾炎武全集》第十八册，华东师范大学古籍研究所整理，上海：上海古籍出版社2011年版，第15页。

第三节　王夫之："理势合一""天道曰诚"

　　王夫之（公元1619—1692年），字而农，号姜斋，湖广衡州府城南王衙坪（今湖南衡阳市雁峰区）人，明末清初著名哲学家、史学家、美学家，湖湘文化之精神源头。王夫之早年就以才华名满天下，中年曾投身抗清事宜，晚年隐居衡阳的石船山，学者遂称"船山先生"。他毕生主张经世致用，著述甚丰，其遗著有一百多种，四百余卷，主要有：《张子正蒙注》《读四书大全说》《周易外传》《尚书引义》《思问录》《读通鉴论》《宋论》等，今有《船山全书》十六册付梓。

　　作为哲学家，王夫之具有强烈的历史意识。他不像宋明儒士那样坚持道德理性和实用理性，以"道统"为准则去裁剪历史事件与历史人物，并将史学视为"资治"的工具，而是通过对历史事实的尊重、对历史进程的探究，以确立历史学的学术地位与时代价值，为建构历史哲学深耕细掘、贡献卓尔。

　　在王夫之看来，"儒者之统，与帝王之统并行于天下，而互为兴替。其合也，天下以道而治，道以天子而明；及其衰，而帝王之统绝，儒者犹保其道以孤行而无所待，以人存道，而道可不亡。魏、晋以降，玄学兴而天下无道，五胡入而天下无君，上无教，下无学，是二统者皆将斩于天下"[1]。在此，王夫之虽然仍以"道""理"为评价历史人物、思考历史进程之依据，但其可贵之处则在于，他已经不将"理"等同于之前理学家的"天理"（理在事先的本体之理）或伦理了，而是将"理"理解为存在于历史事实的演变和历史发展趋势的现实过程之中的规律。这亦正是他能够挣脱理学历史观的桎梏，从历史的实际进程中思考历史的发展趋势，进而明确提出"理势合一"思想的根本原因所在。

　　王夫之不像其他理学家那样，对历史演变过程的"势"未能予以足

---

① 王夫之：《读通鉴论》中，北京：中华书局1975年版，第497页。

够重视，而是认为"势"具有异乎寻常的重要性，其历史观在一定意义上可以说就是凭"势"而建的。在王夫之那里，"势"是指历史发展的趋势，亦即那种在历史进程中不受人的主观意志、道德动机等支配的客观必然性。"两端争胜，而徒为无益之论者，辨封建者是也。郡县之制，垂二千年而弗能改矣，合古今上下皆安之，势之所趋，岂非理而能然哉？……秦以私天下之心而罢侯置守，而天假其私以行其大公，存乎神者之不测，有如是夫！"①意思是秦始皇以郡县制取代封建制，虽然在主观上看是为了一己之私利，但却符合历史发展趋势。王夫之又以汉武帝派张骞出使西域为例，说明其主观动机尽管是"闻善马而远求耳"，但客观上却开拓了西南边陲之疆域，亦符合历史发展趋势。

王夫之还进而认识到，历史必然性的展开有待于时机成熟，若条件不具备，即便是圣贤亦无能为力。在此，我们发现，王夫之通过对现实历史事实及过程的考察分析，已揭示出人类历史中存在着一种超越于人的主观动机的"存乎神者之不测"的必然趋势。在吸纳唐代史学家、哲学家诸如刘知幾、杜佑、柳宗元、刘禹锡等人观点的基础上，他明确地将这种历史必然趋势称之为"势"："一动而不可止者，势也。"他还列举了诸多史实，以证明历史过程中确实存在着不受主观影响的"势"，并认为"理"与"势"的统一是探索历史必然性的关键所在："势既然而不得不然，则即此为理矣。""言理势者，犹言理之势也，……迨已得理，则自然成势，又只在势之必然处见理。"②

在他看来，"理"绝非超越于历史进程之外的某种道德观念，而是在历史趋势中体现出来的规律、法则："故其始之有理，即于气上见理；……'势'字精微，'理'字广大，合而名之曰'天'。……总将理势作一合说。"③

依王夫之之见，"理"并非某种超历史过程的外在理念，它就存在

① 王夫之：《读通鉴论》上，北京：中华书局1975年版，第1—2页。
② 王夫之：《读四书大全说》下，北京：中华书局2011年版，第601页。
③ 王夫之：《读四书大全说》下，北京：中华书局2011年版，601—602页。

于历史进程之中。历史活动中之"理"会自然成势，进而化为历史的必然趋势；在历史的"势"中，又隐含着规律性的"理"："顺必然之势者，理也。理之自然者，天也。君子顺乎理而善因乎天，人固不可与天争，久矣。""天者，理而已矣；理者，势之顺而已矣。"（《宋论卷七·哲宗》）在王夫之看来，"理"不以"势"为基础，就是一种抽象的理念或原理；而"势"不以"理"为依据，则是一种神秘的力量或趋势。唯有坚持"理势合一"的历史观，其"势"才不再是历史进程中的神秘力量或盲目趋势；"理"也不再是超越历史进程之外的抽象道统或具体心术，而是历史必然趋势中所体现出的法则或规律。

毋庸讳言，我国古代史籍虽汗牛充栋，然大多为史料型。王夫之之前的所谓"史论"，虽给人以纵横捭阖、洋洋洒洒之表象，但其中有很大一部分却未能很好地将"史""论"有机结合起来，进而对历史进行点面相贯、表里相证的系统研究。"他们的共同特点是往往就事论事，大都借古喻今，……这种方法显然是为了炙用而作的简单的历史比附。"①而王夫之则通过对历史事实与具体进程的探索与省思，形成了一套较为完整的"史论"体系。对此，梁启超曾如是评价道："一般社会所最欢迎的是他的《读通鉴论》和《宋论》。这两部自然不是船山第一等著作，但在史评一类书里头，可以说是最有价值的。他有他的一贯精神，借史事来发表。他有他的特别眼光，立论往往迥异流俗。所以这两部书可以说是有主义有组织的书。若拿出来和吕东莱的《东莱博议》、张天如的《历代史论》等量齐观，那便错了。"②梁启超以上所言之"一贯精神"，是指王夫之"理势合一"的历史观；所谓"特别眼光"，则是指王夫之所独具的哲学家之慧眼；所谓"有主义有组织"，即将王夫之的史学著述视为现代学术所推崇的既有思想又有体系的精品之作。

王夫之撰写《读通鉴论》与《宋论》有其明确目的："论治者言得言失，古今所共也；而得不言其所自得，失不言其所自失，故帙满册

---

① 尹达主编：《中国史学发展史》，郑州：中州古籍出版社1985年版，第264页。

② 梁启超：《中国近三百年学术史》，北京：人民出版社2008年版，第93页。

府，而听之者无能以取益。"① "论史者有二弊焉，放於道而非道之中，依於法而非法之审，……史之为书，见诸行事之征也。"②研究历史不是为了发思古之幽情，而是为了探索历史演进的内在动力及其原因，因此，必须"设身于古之时势，为己之所躬逢；研虑于古之谋为，为己之所身任。取古人宗社之安危，代为之忧患，而己之去危以即安者在矣；取古昔民情之利病，代为之斟酌，而今之兴利以除害在矣"③。

探究历史因革兴衰之缘由，在王夫之看来是为了"兴利除害"，为现实社会提供有价值的历史借鉴。由于历史发展是由诸多因素相互叠加、相互激荡使然，因而对历史的评述也就理应具体而论，不应以偏概全。"编中所论，推本得失之原，勉自竭以求合于圣治之本；而就事论法，因其时而酌其宜，即一代而各有驰张，均一事而互有伸诎，宁为无定之言，不敢执一以贼道。"④在王夫之那里，立论绝非泛空之见，而是建立在对大量历史事实进行发掘、梳理基础之上的，充分体现了其对历史的尊重与敬畏。对此，晚清郭嵩焘曾如是说："船山先生《通鉴论》出，尽古今之变，达人事之宜，通德类情，易简以知险阻，指论明确，粹然一出于正，使后人无复可以置议。故尝以谓读船山《通鉴论》，历代史论可以废。"⑤虽然这一评价有过誉之嫌，但他毕竟意识到了王夫之史学的立论基础之坚实有据、所论议题之确凿可信。

在王夫之"理势合一"的历史观视野中，历史的发展是一种理、势并进的过程，历史研究必须遵循理势合一的法则，运用理性进行研判，从而得出符合历史本身的结论。黑格尔曾在其《历史哲学》一书中明确指出："哲学用以观察历史的惟一的'思想'便是'理性'这个简单的概念：'理性'是世界的主宰，世界历史因此是一种合理的过程。"⑥而

① 王夫之：《读通鉴论》上，北京：中华书局1975年版，第296页。

② 王夫之：《读通鉴论》下，北京：中华书局1975年版，第1110页。

③ 王夫之：《读通鉴论》下，北京：中华书局1975年版，第1114页。

④ 王夫之：《读通鉴论》下，北京：中华书局1975年版，第1113页。

⑤ 郭嵩焘：《郭嵩焘诗文集》，杨坚点校，长沙：岳麓书社1984年版，第87页。

⑥ ［德］黑格尔：《历史哲学》，王造时译，上海：上海书店出版社2006年版，第8页。

这一"合理的过程"即符合"理性"的过程。对于黑格尔这位产生过世界影响力的哲学家,恩格斯曾不吝赞美之词,称他为"不仅是一个富于创造性的天才,而且是一个百科全书式的学识渊博的人物,所以他在各个领域中都起了划时代的作用"①。正是基于黑格尔与王夫之作为历史哲学家都表现出对历史"理性"的强烈关注,有学者曾撰文将二者的历史哲学进行比较研究。

为了能够运用"理性"研究历史,王夫之通过对中国古代历史的考察,对以往历史哲学中的宿命论、循环论、天命论、复古论等进行了分析批判,并在此基础上提出了诸多超越于前人的新见解。在他看来,人类社会与自然界一样都处在变化日新的过程之中。他认为,"洪荒无揖让之道,唐、虞无吊伐之道,汉、唐无今日之道,则今日无他年之道者多矣"②。若不顾现实的历史事实,而沿袭古代观念,用一个时代的制度作为标准去衡量和否定另一个时代的制度,则"危亡之祸始矣"。

王夫之不但力"破"旧观念,而且勇"立"新思想。对此,梁启超曾如是评价说:"船山和亭林,都是王学反动所产生的人物。但他们不但能破坏,而且能建设。拿近日的术语来讲,亭林建设方向近于'科学的',船山建设方向近于'哲学的'。"③"破"与"立"之结合,被"建设方向近于'哲学的'"王夫之视为史家之历史使命,而"立"必须建立在发现历史必然性的基础之上。至于怎样去发现这种必然性,王夫之认为可以通过"民视"以揭示"天视"。所谓"民视",意即千百年来众人对历史事件的总看法;所谓"天视",则是历史规律的自然显现,礼之自然者天也。王夫之进而认为,"可以行之千年而不易,人也,即天也,天视自我民视者也。……天不可知,知之以理,……则民视即天视矣,虽圣人弗与易矣"④。历史的必然性应从世代百姓的日用常行的实

①《马克思恩格斯文集》第四卷,北京:人民出版社2009年版,第272页。

② 王夫之:《周易外传》,北京:中华书局1977年版,第203页。

③ 梁启超:《中国近三百年学术史》,北京:人民出版社2008年版,第87页。

④ 王夫之:《读通鉴论》中,北京:中华书局1975年版,第626页。

践中去探寻，而不是从圣人、君主的个人意志中去寻求。

由上可见，历史发展有其内在的必然性——合"理"。"生有生之理，死有死之理。治有治之理，乱有乱之理，存有存之理，亡有亡之理。天者，理也；其命，理之流行者也。……礼不可违。"[①]而"理"又通过"势"表现出来，而"势"即"一动而不可止者"[②]。是故大智者，皆以理为势，以势从理，并通过行动造成合乎"理"之"势"，以期最终实现改造社会的历史使命。

"理势合一"的历史观，是王夫之对前人"复古""循环""倒退"等历史观的批评与反思。在他看来，历史发展过程，是天地自然阴阳二气相互交感而呈现出的有规律的运动变化过程；"理"与"势"，是阴阳二气相互交感的具体表现。阴阳二气交感化生万物有其顺序性与合理性，此即谓之"理"；二气之动静变化，形成"顺而不逆之趋势"，此即谓之"势"。"理"与"势"相互依存、相辅相成：既在势之必然处见理，又得其理则自然成势，且最终两者将合而为一。

"理势合一"的历史观，亦是王夫之对中唐柳宗元、刘禹锡的历史观的继承和发展。柳宗元认为：天是无意识的，不能"赏功而罚祸"，天地起源于元气，"庞昧革化，惟元气存"（《天对》），并主张"生植与灾荒，皆天也；法制与悖乱，皆人也；二之而已。其事各行不相预"（《答刘禹锡天论书》），强调历史运行中的天道与人道有严格的差别，主张"天人不相预"。刘禹锡则将柳宗元的"天人不相预"思想进一步向前推进，强调自然界（"天"）和人类社会（"人"）具有各自的规律（"理"），其职能各不相同，有时人胜天，有时天胜人。"天与人交相胜""还相用"（《天论》）。天胜人是无意识的，而人胜天则是有意识的。王夫之的"理势合一"思想，无疑是对柳刘二人历史观中的天人关系思想的延展。

"理势合一"的历史观，还对历史发展的现实性和合理性的关系问

---

① 王夫之：《读通鉴论》下，北京：中华书局1975年版，第864页。

② 王夫之：《读通鉴论》中，北京：中华书局1975年版，第511页。

题进行了探讨，认为作为历史现实性体现的发展趋"势"，与作为历史规律性之体现的"理"是相互统一的：只有在势的不断呈现中才能得"理"，也只有在"理"的作用下才会有"势"之趋向。在此基础之上，王夫之又深入历史内部，对其发展规律进行探赜，发现历史发展的支柱在于"天道"与"人道"的相互贯通。在王夫之看来，"天道"与"人道"并非对立，恰恰相反，"天道"是"人道"实现自身价值、走向本真存在的依傍。单个主体以超越自身的局限，而在更广袤的空间、更宏阔的视域下去观察、思考问题，于是，历史主体与他者，历史的过去、现在与未来，就能够真正得以贯通，从而使主体能够逐渐成为完善自身的历史性存在。

总之，"天道"有其自身存在与演进的自在性、必然性、规律性，"人道"必须在遵循"天道"的基础上，才能得以展开和实现；而"天道"在"人道"的努力下实现着自身意图的同时，也实现着"人道"目的与价值，且最终实现二者的"合一"。至此，王夫之独树一帜的历史观已达到前人所未曾企及的高度。

既然"理势合一""天人合一"，那么现实社会演进的历史必然性就是不容抗拒的。"国之大政，数端而已；铨选也，赋役也，刑狱也，乃其绪之委也，则不胜其冗，择得其人而饬之以法，士不废，民不困，而权亦不移。若必屈天子之尊，……相臣执体要，佐天子以用人修法而天下宁，况天子乎？"[1]可见，"理势合一"的历史观，是治国者适度用人、修订法度、敬畏规律，以期天下太平必须依照的理论依据。

通过对历史的深耕，王夫之进一步认识到："明明在上者，天理也；赫赫在下者，人心也。无幸灾徼利之心，而自行其性之哀戚，视三凶如犬豕，而孰恤其恩怨之私哉？故天下无不可伸者，义也，义以正名，而志卒以行。……不贪大位，不恤私恩，不惮凶威，以伸其哀愤，则一夫可雄入於九军，况业已为神人之主而何所惧哉？"[2]天理在上、人心在

---

① 王夫之：《读通鉴论》中，北京：中华书局1975年版，第486页。

② 王夫之：《读通鉴论》中，北京：中华书局1975年版，第484—485页。

下，人们不可不遵循天理、敬畏天理，以至于使得现实人间的正义得以伸张，邪恶得以惩治。否则，若是"小人迭进，而公忠刚直之臣，项背相依。然求其立难进易退之节，足以起天子之敬畏，立士类之坊表者，无其人焉。……有识者所为寒心也"（《宋论卷八·徽宗》）。在此，王夫之明确使用了"敬畏"这一概念，并充分强调"足以起天子之敬畏"之必要性。

为了避免"有识者寒心"之情形发生，必须注意的是，"国之贫，皆贫国之臣使之然也。贫国之臣有二：一则导君以侈者，其奸易知也；一则诱君于吝者，其奸难测也。诱君以吝者，使其君以贫告臣民，而使为我吝，君一惑之，则日发不足之欢，言之熟而遂生于心，必不以帑藏之实使其臣知之。君匿于上，奸人乃匿于下，交相匿而上不敌下之奸，浸淫日月，出入委沓，且使其君并不知有余不足之实。猝有大兵大役馈饟赏赐之急需，皆见为不足而吝于出纳，而国事不可言矣"①。国家的治理，既与君臣的品格、胆识相关，亦与百姓的生存、福祉相涉，历史的发展趋势与现实社会运行规律的一致，皆使之然也。

在生活世界中，"君子之仕也，非但道之行也，义也；其交上下必遵时王之制者，非但法之守也，礼也。……君臣之义，上下之礼，性也，非但不可逃也，尤而悔，则蔑礼失义而不尽其性，过岂小哉？非有靖节不能言之隐，而信斯言以长傲，则下可以陵上；下可以陵上，则臣可以侮君；臣可以侮君，则子可以抗父。言不可不慎，诵古人之言，不可以昧其志而徇其词，有如是夫！"②

依王夫之之见，"义"与"礼"君子必须恪守，"势"与"理"君子亦必须敬畏。"孔子之于战也慎，于行军也惧，又何以称焉？夫列兵千里，尺护而寸防之，岂其能惧哉？栉比株连以外蔽而安处其中，则心为之适然而忘忧；寇之来也，于彼乎，于此乎，我皆有以防之，则一处败而声息先闻，固可自全以退，而无忽出吾后以夹攻之患；于是乎而惧之

---

① 王夫之：《读通鉴论》中，北京：中华书局1975年版，第487页。

② 王夫之：《读通鉴论》中，北京：中华书局1975年版，第488—489页。

情永忘，弗惧也，则亦无所慎矣。"①正所谓："奉公有式，守宪有常，……逆大伦、裂大分也，奖浇薄而导悖乱也，贱天之所贵、夷堂廉而天子且不安其位也，此则君子之所甚恶也。……腥闻熏天，始从而怒之，假手于告讦之民以惩之；必民之是假也，亦恶用天子与大臣哉？夷狄不能禁其部曲，渐以流毒于郡邑，无已而此法行焉。堂堂代天而理民者，明大伦、持大法，以激浊扬清而弗伤其忠厚和平之气者，焉用此为？"②

国之大法必树威严，对此必须敬之畏之："法乃伸焉，则人知覆载不容之罪无所逃于上刑。于斯时也，义愤所激，天良警之，人理不绝于天下，恃此也夫！……兴亡之故，系于彝伦，岂不重与！"③否则，"势变情移，而有无妄之灾，恬不知警，违时任意，则祸必及，……君子之处此，固有道矣。物激矣，而持之以定，禹之所以抑洪水也。势危矣，而居之以安，孔子之所以解匡围也。圣人岂有以异于人哉？出乎圣，即疾入乎狂。义恭之狂也，无以持物而自奠其居也。……义恭以有功居百僚之上，诚危矣；……唯其欲为功以固荣宠也，而违心以行颠倒之政，引君以益其慝，敛众怨以激其争，而后天理亡，民彝绝，国亦以危矣。身虽苟免，其喙息亦何异于禽兽哉？……狂者之自毙也，未有免者也"④。狂者之所以自毙，就在于无视国之大法、民之彝伦。缺失了敬畏之心，"恬不知警"，必自陷于"狂者"之泥淖，其后果必然"危矣"！

基于此，王夫之亦将"诚"视为哲学的最高范畴，并对《礼记·中庸》中的"诚者天之道也"作了如下诠释："诚也者，实也。实有之，固有之也。"（《尚书引义·洪范三》）"实有者，天下之公有也，有目所共见，有耳所共闻也。"（《尚书引义·说命上》）"诚"即"实有"且"固有"，它不仅是天下事物所共同具有的客观实在性，而且又能够为众人所"共见""共闻"。"天固然其无伪矣。然以实思之，天其可以

---

① 王夫之：《读通鉴论》中，北京：中华书局1975年版，第492—493页。
② 王夫之：《读通鉴论》中，北京：中华书局1975年版，第496—497页。
③ 王夫之：《读通鉴论》中，北京：中华书局1975年版，第506页。
④ 王夫之：《读通鉴论》中，北京：中华书局1975年版，第507—508页。

无伪言乎？本无所谓伪，则不得言不伪；乃不得言不伪，而可言其道曰'诚'。本无所谓伪，则亦无有不伪；乃无有不伪，而必有其诚。""诚"并非与"伪"相对，"诚"不能解释为"无伪"："'诚'字，是极顶字，更无一字可以代释，更无一语可以反形。"①

　　正因为"诚"在王夫之那里是一个"极顶字"（最高范畴），因此在他看来，"乱天下者，讬于名以逞其志；故君子立诚以居正，而不竞以名，则讬于名者之伪露以败，而君子伸。乱天下者，并其名而去之不忌，则能顾名以立事者，虽非其诚而志欲伸，无可为名者，莫能胜也"②。既然"诚者天之道也，诚之者人之道也""诚者，物之终始，不诚无物"（《礼记·中庸》），那么一切事物的存在皆依赖于"诚"。一旦人们意识到，人类社会按照"理势合一"的规律或法则在运行，就成了"诚之者"。而作为"诚之者"，就必须以至诚之心、仁爱之心、敬畏之心遵循这一规律或法则，绝不能肆无忌惮地冒犯抑或背离。否则，"人道绝，廉耻丧，……人而不仁，言动皆非人之所测；天下而不仁，向背皆任其意之所安。不仁者，非但残忍忮害之谓也。残忍忮害者，抑必先蒙昧其心，漠然于身，漠然于天下，而后敢动于恶而无忌。……尽天下以不仁，祸均於洪水猛兽而抑甚焉"③。

　　王夫之以上对于"诚"这一范畴的诠释，既是对"天道之诚"与"人道诚之"的辩证理解，亦是其敬畏意识的集中体现。正是其"理势合一"历史观的创建，使得至诚之心与敬畏之心不容割分。

第四节　戴震："闻道明道""不可躐等"

　　戴震（公元1723—1777年），字东原，又字慎修，号杲溪，休宁隆

---

① 王夫之：《读四书大全说》下，北京：中华书局2011年版，第604—605页。

② 王夫之：《读通鉴论》上，北京：中华书局1975年版，第279页。

③ 王夫之：《读通鉴论》中，北京：中华书局1975年版，第542—543页。

阜（今安徽黄山屯溪区）人，据说因出生时雷声震天，故父亲为他取名为"震"。戴震既是乾嘉考据学久负盛名的皖派宗师，亦是儒学内部最早扬弃理学的哲学家，乾隆二十七年（1762年）中举，乾隆三十八年（1773年）被召为《四库全书》纂修官。戴震治学广博，音韵、文字、历算、地理无不精通，又进而阐明义理（哲学），既对晚清以来的学术思潮产生了深远影响，亦对近世哲人梁启超、章太炎等思想的形成具有启蒙意义。

戴震治学之目的，绝非以学术为自己谋取官职，亦非依凭考据训诂的方法去整理古代典籍，而是为了"闻道"——探索古今治乱之源、阐明治国平天下之基本道理。在戴震看来，欲"闻道"必须透彻理解"六经孔孟"之真谛。而要透彻地理解"六经孔孟"，就必须了解古代的语言文字，以期弄明白当时的社会历史背景、语言文字的具体语境。因此，"闻道"的前提是"问学"，也就是要对与古代社会历史背景相关的方方面面进行考证，对文字加以训诂，以求得真正的学问。

自乾嘉时代至清末，戴震的哲学有被其考据学伟绩所遮蔽之嫌。然而一些有见识的学者，当时即发现了戴学中的哲学与社会政治思想的重要价值。譬如：与戴震同时代的学者章学诚在《文史通义》中，虽多处记载与戴震在史学及修地方志方面的意见分歧，但同时亦认为：戴君所学，深通训诂，究于名物制度而得其所以然，将以"明道"也；时人洪榜作为戴震的同乡学友，在《戴先生行状》中对戴震的《孟子字义疏证》这一哲学代表作给予高度评价，认为戴震哲学精微卓邃，于天人理气，实发古人所未发。

在戴震看来，"治学"应分为"问学"与"闻道"两个阶段，尽管"问学"的结果能够衍生出训诂学、校勘学、文字音韵学等诸种专门学问，但这只是治学的初级阶段。"问学"犹如渡河的舟楫、登高的阶梯，舟楫和阶梯只是工具，"问学"的结果，只能使自己成为一个具体专业的学者，唯有"闻道"才能成为真正的思想家。基于此，戴震研究训诂考据，其目的就是为理论创新探寻方法与路径。

在清代儒学形上思维稍有衰降，以及乾嘉时期道德普遍异化的境况下，戴震既未悬置更未拒斥道德形上学，而是坚持一种质朴的且具有先天道德完满性的天道观，这为其建构"情理相契"哲学奠定了本体论基石。

戴震原本有一个恢宏的学术规划，准备在结束四库馆修撰后回南京专心从事理论创造，但未料还未等回到家乡就突然因病去世。去世之时，他不仅在文字音韵、训诂校勘等"问学"方面已誉满学界，而且在去世前的几个月内，在长期思考的基础上，写定了《孟子字义疏证》一书。这部仅仅五万字左右的文本，虽然未能完全呈现戴震的"闻道"成果，但却使其超越了乾嘉学派的众多学者，从而奠定了其思想家的地位。

正是《孟子字义疏证》的写就，使得乾嘉学派不仅成为以训诂考据整理古代典籍的知识群体，而且成为具有思想品位与理论深度的智者群体。戴震也就理所当然地成为乾嘉学派的精神标杆——不仅是乾嘉学派训诂考据的重要代表，而且主要是穷究天人之际、为天下生民"闻道""明道""谋道"的哲学家。

《孟子字义疏证》一书，是戴震治学"闻道"所达到的学术巅峰之作。他曾自述道："仆生平论述最大者，为《孟子字义疏证》一书，此正人心之要。今人无论正邪，尽以意见误名之曰理，而祸斯民，故《疏证》不得不作。"①可见，戴震为"正人心之要"的《孟子字义疏证》一书，倾注了毕生心血（"仆生平论述最大者"）。然而，戴震去世后，该书并未引起当时学界主流学者的关注。该书的价值是20世纪初在章太炎、梁启超、胡适、钱穆等人的关注与倡导下才凸显的。

章太炎首先发现了《孟子字义疏证》的反封建专制的思想价值，并为之"痛哭流涕"而写下了《释戴》（《太炎文录》卷一）。梁启超在《清代学术概论》中曾盛赞："《疏证》一书，字字精粹，……以'情感哲学'代'理性哲学'，就此点论之，乃与欧洲文艺复兴时代之思潮之

---

① 戴震：《孟子字义疏证》，何文光整理，北京：中华书局1982年版，第186页。

本质绝相类。""其哲学之立脚点，真可称二千年一大翻案。"他认为《孟子字义疏证》为"三百年间最有价值之奇书"①。胡适更是称该书"摧毁五六百年推崇的旧说"，并为之专著《戴东原的哲学》。胡适认为，"清朝的二百七十年中，只有学问，而没有哲学；只有学者，而没有哲学家。其间只有颜、李和戴震可算是有建设新哲学的野心"②。戴震"不甘心仅仅做个考据家；他要做个哲学家"，他是"以'明道'为目的的"③。钱穆则认为："东原之学，尤为博大精深，几几乎非复考礼穷经之所能限。""其著述最大者为《孟子字义疏证》一书。"④以上学者的阐释、论证和宣传，奠定了《孟子字义疏证》一书在中国哲学史和思想文化史上的地位。

《孟子字义疏证》一书既有"破"的功夫，亦有"立"的推进。关于"破"的功夫，主要体现在其集中批判了宋明理学在客观上对社会现实造成的危害，并揭示了其危害产生的根源所在：宋明理学将现实世界分为"理""欲"二界，极力强调"存天理，灭人欲"的必要性，这就否定了人们日用常行的正当性以及享受正常的物质生活的权利。人的感性欲求与仁义礼智的社会伦理规范并不矛盾，个人情感与欲望的实现是理想社会的主要标志。关于"立"的推进，主要体现在，他批评宋明儒学中"存理灭欲"一系的理欲观，力图以"圣人之道，无私而非无欲"的新命题扭转宋明道德哲学的"理欲对立"，并提出了在对"六经孔孟"阐释基础上的"一本论"。该"一本论"认为现实世界中的"性、欲、情"原本是统一的，社会政治的基本原则应该是"顺民之情，遂民之欲"，人与人之间原本"心所同然"。

---

① 朱维铮校注：《梁启超论清学史二种》，上海：复旦大学出版社1985年版，第34—35页。

② 姜义华主编：《胡适学术文集·中国哲学史》下，北京：中华书局1991年版，第1040页。

③ 姜义华主编：《胡适学术文集·中国哲学史》下，北京：中华书局1991年版，第1011—1012页。

④ 钱穆：《国学概论》，北京：商务印书馆2002年版，第276、280页。

凭着对道德形上学的领悟，戴震以极大的理论勇气建构起了一套以性善论为核心的道德哲学，复兴了儒家心性之学的形上思辨。从总体上看，在"人道本于性，性原于天道"①的整体框架下，其"达情遂欲"的道德学说以及"合血气、心知为一本"的人性论皆"原于天道"，皆以自然合目的的、道德化的天道观为哲学基础。

戴震在《孟子字义疏证》一书的序中曾指出，自己幼年读《论语》中的"夫子之文章可得而闻也，夫子之言性与天道不可得而闻也"的话时，曾迷惑不解，但晚年"读《易》，乃知言性与天道在是!"②戴震早年曾主张"周易当读程子《易传》"。这可从其早年所撰的《法象论》《读易系辞论性》诸文中看出，戴震宇宙论和天道论的直接理论来源是《易传》，其大致重申了汉唐乃至宋明儒学的宇宙论模式。但中年之后的戴震，"隐然以道自任"，对程朱"理本气末"的本体论架构予以质疑："后世儒者以两仪为阴阳，而求太极于阴阳之所由生，岂孔子之言乎！况'气生于理'，岂其然乎!"③在延承明清日渐成势的"气论"基础上，戴震开启了以"天道"取代"天理"的本体论转向。

以"天道"取代"天理"之目的，是意欲为其性善论奠定形上基础。在戴震看来，"道"既有"天道"亦有"人道"，"天道以天地之化言也，人道以人伦日用言也"④。"在天为天道，在人，咸根于性而见于日用事为，为人道。"⑤"天道"经由"继善成性"（《易传》）之中介与"人道"相贯通。所谓"继善成性"，亦即"人物之生，其善则与天地继承不隔者也"⑥。也就是说，生生之天德内在于人性，并在人的日用常行中呈现其生生之条理。于是，"在天为气化之生生，在人为其生

① 戴震：《戴震全书》第六册，合肥：黄山书社1995年版，第200页。
② 戴震：《戴震全书》第六册，合肥：黄山书社1995年版，第147页。
③ 戴震：《戴震全书》第六册，合肥：黄山书社1995年版，第85页。
④ 戴震：《戴震全书》第六册，合肥：黄山书社1995年版，第37—38页。
⑤ 戴震：《戴震全书》第六册，合肥：黄山书社1995年版，第11页。
⑥ 戴震：《戴震全书》第六册，合肥：黄山书社1995年版，第9页。

生之心"①，再经由人"心"之能动转换，实现天道的生生之德与人道的生生之性之融通。于是，天之大化流行条理清晰，人之日用常行规则不易。

然随之而来的问题是：道德意志无疑与道德目的不可隔分，而无意志之天是否具有道德目的？天道为何能成为人性的本根依据？面对诸如此类的问题，戴震延展了中国道德哲学传统中前定和谐的德性自然主义传统。他对"天"的理解虽然与孟子的义命之天、荀子的自然之天、汉代的感应之天不尽相同，但他并不否认天或自然具有某种道德性——"天德"。戴震哲学中的"天"是具有拟人化特征的"义理"之天，"仁义之心，原于天地之德者也"②。"天地之德"并不具有道德上的中立性，而是天然拥有符合人类道德之至善目的。因为，天道不是由所谓神圣的意志所赋予的，而是自然而然的，它不受制于超然的道德意志，而是本然地氤氲着有条理的生生之德与道德规则。因此，"天道"既符合自然法则，亦合乎人类的道德祈盼。于是，天道运行也就既合乎自然的因果律，又符合应然的道德律。

"自人道溯之天道，自人之德性溯之天德，则气化流行，生生不息，仁也。"③戴震对"天道"自然而又合目的的诠释，无疑是对"天道"的"本体"预设："天道"是大化流行、生生不息、仁慈和谐的，依据"天道"而创生的人类，唯有通过自身的道德实践，展现出一种合乎天道的道德秩序，才能拥有道德的完满性。人类心智的功能，就在于发现、遵循、敬畏"天道"，以实现天道的自然秩序。"与天地通者生，与天地隔者死。……人物于天地，犹然合如一体也。"④

"仁"无疑是儒家为学的主旨所在，蒙培元先生曾如是解读儒家之"仁"："仁既有情感内容，又有理性形式，是情感与理性的统一……在

① 戴震：《戴震全书》第六册，合肥：黄山书社1995年版，第205页。
② 戴震：《戴震全书》第六册，合肥：黄山书社1995年版，第11页。
③ 戴震：《戴震全书》第六册，合肥：黄山书社1995年版，第205页。
④ 戴震：《戴震全书》第六册，合肥：黄山书社1995年版，第358页。

天为'道'，在人为'仁'，天道之'授'于人者为命，但其核心是一个'生'字。"①戴震以"生生"之仁为本体，认为："无私，仁也；不蔽，智也；非绝情欲以为仁，去心知以为智也。"②仁与不仁的区分，关键不在于欲不欲，而在于私不私。

何谓"私"？戴震认为："私也者，生于其心为溺，发于政为党，成于行为慝，见于事为悖，为欺，其究为私己。"③因此，私又称为"欲之失"。"失"即不合于"中节"："性，譬则水也；欲，譬则水之流也；节而不过，则为依乎天理，为相生养之道，譬则水由地中行也。……节而不过，则依乎天理；非以天理为正，人欲为邪也。天理者，节其欲而不穷人欲也。"④

何谓"欲"？戴震将"欲"视为源于"生生"之仁的饮食男女等生养之事，属"血气之自然"⑤。"人与物同有欲，欲也者，性之事也……生养之道，存乎欲者也；感通之道，存乎情者也；二者，自然之符，天下之事举矣。"⑥戴震进而指出："曰仁，曰礼，曰义，称其纯粹中正之名。"⑦由上可见，戴震不仅将仁、礼、义视为"中正"之理、"中正"之名，也对"天理"与"人欲"、"欲"与"私"（"欲之失"）之间的关系分别予以明晰。

依戴震之见，"仁"是自然之欲合于中节之理的结果，欲与理皆含其中。理即必然之则："理非他，盖其必然也。"⑧自然之欲与必然之理的关系表现为："由血气之自然，而审察之以知其必然，是之谓礼义；自然之与必然，非二事也。就其自然，明之尽而无几微之失焉，是其必

① 蒙培元：《蒙培元讲孔子》，北京：北京大学出版社2005年版，第57—58页。
② 戴震：《戴震全书》第六册，合肥：黄山书社1995年版，第209页。
③戴震：《戴震全书》第六册，合肥：黄山书社1995年版，第23页。
④ 戴震：《戴震全书》第六册，合肥：黄山书社1995年版，第160页。
⑤ 戴震：《戴震全书》第六册，合肥：黄山书社1995年版，第169页。
⑥ 戴震：《戴震全书》第六册，合肥：黄山书社1995年版，第9—10页。
⑦ 戴震：《戴震全书》第六册，合肥：黄山书社1995年版，第198页。
⑧ 戴震：《戴震全书》第六册，合肥：黄山书社1995年版，第87页。

然也。如是而后无憾，如是而后安，是乃自然之极则。若任其自然而流于失，转丧其自然，而非自然也；故归于必然，适完其自然。"①关于欲、理、仁三者之间的关系，戴震认为：欲是仁的基础，理是由欲达仁的保障，仁是理与欲的契合。此三者水乳交融、相辅相成，共同证实并表现为宇宙万物生生之流程。基于此，氤氲于人伦道德中的"欲无私"之仁，便以"人伦日用"与生养之道为根亥："道者，居处、饮食、言动，自身而周于身之所亲，无不该焉。"②"就人伦日用而语于仁，语于礼义，舍人伦日用，无所谓仁，所谓义，所谓礼也。"③

戴震之所以强调欲、理、仁三者之间的关联，其要旨就在于论证"理"只是必然的、由欲达仁的中间环节，而非凌驾于"仁"之上的绝对主宰，亦不可能脱离"欲"而独立存在。离欲之理与离欲之仁，都是无源之水、无本之木，只能成为脱离人的现实生存、日用常行、遏制人的正常欲情的利刃。"欲无私"之仁，使得现实生活世界中的人的正常生养之欲，拥有了"生生"之仁的保障，从而呈现出勃勃生机。可见，既充分尊重且肯定个体欲情而彰显自由与平等，又足够自觉欲情之多与异，是人伦生生之必要根基，是戴震伦理学的精髓所在。这不仅为人的伦理生活安排了合理秩序，而且为实现和谐的王道社会绘制了蓝图："圣人治天下，体民之情，遂民之欲，而王道备。"④

以"生生"之仁为本体的伦理学，在一定意义上说，应该是戴震的道德理想在宇宙万物上的投射。"在中国大多数儒者看来，恐怕并不认为天地有生生之仁只是一种理论上的预设或承诺，而不是一个自然而然的事实。"⑤"人之神明出于心，纯懿中正，其明德与天地合矣。"⑥天道

---

① 戴震：《戴震全书》第六册，合肥：黄山书社1995年版，第169页。

② 戴震：《戴震全书》第六册，合肥：黄山书社1995年版，第200页。

③ 戴震：《戴震全书》第六册，合肥：黄山书社1995年版，第206页。

④ 戴震：《戴震全书》第六册，合肥：黄山书社1995年版，第159页。

⑤ 孙邦金：《戴震的天道观及其道德形上学基础》，《杭州师范大学学报》（社会科学版）2019年第6期，第18页。

⑥ 戴震：《戴震全书》第六册，合肥：黄山书社1995年版，第15页。

与人道"斯二者，一也"①。"天道"生生不息之伟力与懿德，不仅是人类亲身之体悟、亲证，而且是人类对万物一体之仁的向往、尊崇与敬畏。

戴震执着与努力构建道德形上学体系，恢复了天道生生之仁的价值本体地位，因而在一定程度上实现了道德形上学之复归；与此同时，由于戴震的天道观与宋明理学的理本论、心本论有了明显隔分，因而既为接引孟子仁义内在于人性的观点提供了形上依据，也为戴震自己的"以情絜情"（"絜"：推度、推及）说提供了理论支撑。以己之情推度他人之情，使人人之情都得到普遍、平等的满足即是理。这样一来，"人"就不再是单纯追求情欲满足的"动物"，也不再是绝离情欲的"醇儒"了。

梁启超曾将戴震与陈确的理欲观进行过比较："乾初（陈确，字乾初——笔者注）谓，人心本无所谓天理，人欲恰到好处即天理；其主于无欲者，非也。"并认为这一观点"与戴东原《孟子字义疏证》顺情养欲之说酷相类也"②。在《孟子字义疏证》中，戴震对情欲及情欲与理的关系问题进行了深入探讨，认为："人之患，有私有蔽；私出于情欲，蔽出于心知。无私，仁也；不蔽，智也；非绝情欲以为仁，去心知以为智也。是故圣贤之道，无私而非无欲。……圣人以通天下之情，遂天下之欲，权之而分理不爽，是谓理。"③依戴震之见，宋明理学家热衷的"理欲之辩"其实是一个伪命题。"天下必无舍生养之道而得存者，凡事为皆有于欲，无欲则无为矣；有欲而后有为，有为而归于至当不可易之谓理；无欲无为又焉有理！"将"理欲"对立起来的"理欲之辩"，"适成忍而残杀之具"，离开人的情欲需求而标榜推崇的理，"适以穷天下之人尽转移为欺伪之人"④。这种理欲观、情理观对现实危害极大。在大

①戴震：《戴震全书》第六册，合肥：黄山书社1995年版，第11页。

②梁启超：《中国近三百年学术史》，北京：人民出版社2008年版，第174页。

③戴震：《戴震全书》第六册，合肥：黄山书社1995年版，第210—211页。

④戴震：《戴震全书》第六册，合肥：黄山书社1995年版，216—217页。

兴文字狱的乾隆年间，戴震对代表官方意识形态的宋明理学伦理观的批评，是需要理论勇气的。这种勇气，在很大程度上根源于他对"天道"抑或"天德"的认知与敬畏。

在戴震看来，正因为人天生秉承了"天"之德性，所以才能够摆脱动物之兽性，但能够摆脱并不等于已经摆脱。在此需指出的是，戴震虽然对宋明儒学关于"存理灭欲"思想予以猛烈抨击，提出了"圣人之道，无私而非无欲"的思想，但其本质上仍不失儒家学者的基本立场，因而在讨论"天理"与"人欲"关系时，还是秉承了儒家的主流话语系统，亦即始终坚守道德理性的立场。其关于"以情絜情""尽其自然，归于必然""无私而非无欲"等观点，是对宋明时期儒家道德哲学的反思，是在重新审视"情欲"与"理"之间的尺度关系，进而既强调道德理性抑或道德规范对感性欲求的制衡，亦重视心灵的整体性与情感的通融性之内在呼应，并力图通过对传统"恕道"说的继承与改造，尝试解决宋儒的道德哲学给社会带来的伦理异化问题——"以理杀人"。

戴震与宋明儒者之不同，主要在于其增补了对于具有个体福祉"食色之欲"的关注、对社会底层百姓生存状态的关怀①。至此，重视人之"情欲"的人文主义思潮逐渐在思想界兴起。

在戴震看来，人世间的"懿德"，是依据礼的要求践行仁、义、礼、智、信等道德规范的结果。鉴于此，戴震对理欲、性气、心性、天命与人力等一系列关系问题，也做出了有别于程朱理学的理本论、陆王心学的心本论的回应。他以气化生生而条理，气化生生即"道"的"气本论"或"道本论"为理论前提，讨论人的情感欲求与道德理性之间的关系，从而使得自宋明以降以"理欲"关系为基础的道德哲学范式发生了变革：戴震将"理"区分为"分理"与"条理"，"理者，察之而几微必区以别之名也，是故谓之分理；在物之质，曰肌理，曰腠理，曰文理

---

① 参见吴根友：《戴震"德"论与人的福祉论初探》，《道德与文明》2017年第2期，第95页。

（亦曰文缕。理、缕，语之转耳）。得其分则有条而不紊，谓之条理"①。并将"理"理解为："理也者，情之不爽失也；未有情不得而理得者也。""凡所施于人，反躬而静思之：'人以此施于我，能受之乎？'凡有所责于人，反躬而静思之：'人以此责于我，能尽之乎？'以我絜之人，则理明。"戴震还对情与理作了如下区分："在己与人皆谓之情，无过情无不及情之谓理。"②质言之，在戴震那里，"情"是个体内在的情感、欲望、意志等，而"理"则是人的各种情感等的恰如其分——"无过情无不及情"之呈现。

"情"与"理"同"德"与"福"之关系十分密切，中国传统哲学对该问题的追问，贯穿于整个学术史。颜渊作为孔子的得意门生，德性极高但却英年早逝。孔子为此曾伤感至极，喟然叹曰："噫！天丧予！天丧予！"（《论语·先进》）"德""福"统一是道德信仰的内容，由于在现实生活中往往难以契合，因而导致世人不懈地追问这样一些耐人寻味的问题：美德能否给人带来幸福？如果不能，那人们是否还有必要去磨砺意志坚守德性修为？倘若整个社会都不以美德作为修为目标，人类社会将会处于怎样的状态之中？对此类问题的省思，也使戴震深刻意识到，虽然"德""福"相伴相随的道德理想无法在现实社会完全应验，但作为一种价值理想、伦理信念、社会规制，却是必须加以维护且倡导的。否则，人类现实的生活世界将无法正常运转，人们的日用常行也无法正常持续。基于此，戴震明确指出："懿德"是道德规范内化为人的优良秉性的结果，"仁义礼智，懿德之目"③。"凡言与行得理之谓懿德，得理非他，言之而是，行之而当为得理，言之而非、行之而不当为失理。"④

既然"懿德"是"生生不息"的天道在人性中的反映，那么人类就

① 戴震：《戴震全书》第六册，合肥：黄山书社1995年版，第151页。
② 戴震：《戴震全书》第六册，合肥：黄山书社1995年版，第152页。
③ 戴震：《戴震全书》第六册，合肥：黄山书社1995年版，第184页。
④ 戴震：《戴震全书》第六册，合肥：黄山书社1995年版，第89页。

理应坚守懿德与正义的优秀品格。而对懿德的追求与向往是建立在"问学"与"闻道"基础之上的，"问学"——明晓事理、通晓物理，"闻道"——感悟儒经、亲躬践行。而"闻道"必须"敬道""畏道""明道"，对此决不可轻侮怠慢。戴震在其著作中曾多次强调立志闻道的重要性，并将孔孟之道视为成己成物、安身立命之道："仆自十七岁时，有志于闻道，谓非求之六经孔孟不得，非从事于字义、制度、名物，无由以通其语言。为之三十余年，灼然知古今治乱之源在是。"①闻天道即"察事物几微之分理"，意即通过接受教育认知外在世界的运行法则或规律；闻人道即"事为之道"，意即通过接受教育获得关于人自身以及人与人之间伦常关系的法则或规律。其中至为重要的是明人伦事为之道，因为这是儒家始终坚守的圣人之道。

在戴震那里，"考据"只是"闻道"的手段（技术性的技艺），意欲探究天地、人物、事为之道，并将其教化于人，必须学习并遵行"孔孟之道"，加强道德修为。而生产的进步、经济的发展，无益于社会整体道德的自发提升，有时反而会导致私欲膨胀、内心遮蔽，进而影响对事物的真正认知。而以自私和遮蔽之心行事，又会导致"发于政为偏，成于行为谬，见于事为凿，为愚，其究为蔽之以己"②的结果。进而言之，倘若为政者不考虑民众的现实需求，有可能会产生"以理杀人"的社会暴政，致使虚假道德与天下人相隔。在此意义上说，戴震认为其所处时代，是强权者以理学为借口，杀人于无形的时代。如果上至政府官员，下至普通民众，无视这一社会现实，其后果是普通民众的正常需求得不到合理的满足，长此以往定将形成偏执、异化的人格。

儒家性善说的主旨，在于认为人先天就具有能够获得仁、义、礼、智的认知能力——"心知"。意欲培养儒家的圣贤人格，只需要不断地对人的这种能力进行德性教化与情感熏陶即可。戴震也主张既然人性本善，那么无论贵贱智愚，人人都可通过教化而获得德性、成就圣贤人

---

① 戴震：《戴震文集》，赵玉新点校，北京：中华书局1980年版，第217页。

① 戴震：《戴震文集》，赵玉新点校，北京：中华书局1980年版，第217页。
② 戴震：《戴震集》，上海：上海古籍出版社2009年版，第157页。

格。他依据材质之异，强调先知先觉的"君子"，在教化不同材质的人时，应分别以可"语道""语善""语性"来加以区分："君子之教也，以天下之大共正人之所自为，性之事能，合之则中正，违之则邪僻，以天地之常，俾人咸知由其常也。明乎天地之顺者，可与语道；察乎天地之常者，可与语善；通乎天地之德者，可与语性。"[1]氤氲着仁义礼智的人性，正与自然界的条理、秩序相对应。

戴震的性善说与孟子的性善说的不同之处在于：戴震讲的仁义礼智等道德观念或善性，是在人伦日用常行中产生的；而孟子的"仁义礼智根于心"，认为人的善性是与生俱来的。戴震认为，在"因材善之"的过程中，君子应运用循循善诱的方式予以范导："学以牖吾心知，犹饮食以养吾血气，虽愚必明，虽柔必强。"[2]通过"学"的方式使人的心知如打开窗户一般豁然开朗，就好比要依靠每日的饮食来维持机体的健康运转一样，长此以往，愚笨之人的德性与认知能力也能够得到扩充与提升。

正如"问学"须引导，修身养性亦是一个"必有渐""不可躐等"的渐进过程。由于"问学"是"闻道"的基础，并非目的所在，因此，"经之至者道也，所以明道者其词也，所以成词者字也。由字以通其词，由词以通其道，必有渐"[3]。"由文字以通乎语言，由语言以通乎古圣贤之心志，譬之适堂坛必循其阶，而不可躐等。"[4]也就是说，儒家经典文本之精髓体现在所阐述的"道"中，道要经由先识得经之字义，再知晓经之词义，进而进入经之道的渐进过程才能得以获得。戴震由"字词"以"通道"，"不可躐等"等"问学"方法，为"闻道""明道"提供了方法论启示。正所谓："流水之为物也，不盈科不行；君子之志于道也，不成章不达。"（《孟子·尽心上》）从"问学"到"闻道""明道"，理

---

① 戴震：《戴震集》，上海：上海古籍出版社2009年版，第332页。

② 戴震：《戴震集》，上海：上海古籍出版社2009年版，第187页。

③ 戴震：《戴震文集》，赵玉新点校，北京：中华书局1980年版，第140页。

④ 戴震：《戴震集》，上海：上海古籍出版社2009年版，第192页。

应是一个不懈怠、不敷衍、"不可躐等",一步一个脚印地诚实向前,以至于循序渐进、厚积薄发、幡然醒悟的过程。

梁启超曾指出,戴震哲学中蕴涵着关于"命定和自由意志"关系的内容,"命定与自由意志,是哲学上很重要的问题,这两件事像是绝对不相容。东原是两说都主张而令他不矛盾"①。何谓命?戴震说:"据其限于所分而言谓之命。"②所谓"限于所分",也就意味着世界上存在着人所不能逾越、超拔的法则或规律,戴震在承认应对"限于所分"之"命"予以敬畏的同时,又对人的自由意志予以充分肯定:"君子不藉口于性以逞其欲,不藉口于命之限之而不尽其材。……不谓性非不谓之性,不谓命非不谓之命。"③他还在既承认"命定",又主张"不谓命"的基础上,力争在"天人合一"的框架中,尽最大的努力施展才能以"知命"。对此,梁启超如是说:"不能因为分限不如人,就不复求知,所以说'不谓命'——不藉口于分限。虽有性而不藉口于性以抹煞命,是承认命定说,叫人安心在遗传环境下做分内事;虽有命而不藉口于命以抹煞性,是承认自由意志说,叫人常常向上一步实践道德责任。这便是东原的意思。"④就此而言,戴震无疑是对孔子既"畏天命",又力争"知天命"传统的守正与发越。

在戴震看来,"知天命"必须依据人的"心知"能力实现,人通过"问学"历练,不断地提升其心知能力,如此才能达到"心知能力"之"明",这种心知能力的锤炼被其视为通向"善"的关键。"心知"显示人的主体自律性,这种自律性是人得以摆脱自私情欲干扰,从而对事物作客观考察的保障。宋儒之"理",由于是内在于心的先验法则,因而其对"理"的获取是向内"复性"的结果,而非对外界事物进行考察所得。如此,便导致宋儒以个人意见为理。而"理"的真理性,必须经由

---

① 梁启超:《饮冰室合集》第五册,北京:中华书局2003年版,第72页。
② 戴震:《孟子字义疏证》,何文光整理,北京:中华书局2008年版,第39页。
③ 戴震:《孟子字义疏证》,何文光整理,北京:中华书局2008年版,第38页。
④ 梁启超:《饮冰室合集》第五册,北京:中华书局2003年版,第73—74页。

人"心之所同然"之验证，亦即要获得理性普遍认可之"理"，必须经过"心知"的客观考察过程。而"人事之理"作为道德准则，并不为人的"心知"直接获取。因为人的"心知"不仅具有认知能力，而且还具有价值功能。"举理，以见心能区分；举义，以见心能裁断。"因此，"人事之理"的获得，须经历从对事物的客观认识到价值认同的"价值论转换"①。唯如此，获得的"人事之理"才具有客观性与普遍性，而非宋儒主观意见式的"天理"。

在胡适看来，戴震虽与宋儒存在诸多分歧，但一般人"只知道戴震攻击宋儒的理学，有破坏之功，而不知道戴震的大功在于提倡一种新的理学来代替那矛盾的、不彻底的旧理学"②。将戴震的学说誉为对"矛盾的、不彻底的旧理学"加以扬弃（"替代"）的"新理学"，无疑是对戴震学说性质的一种客观的高度评价。

对于戴震与宋儒（尤其是朱熹）学说之间的关系，徐道彬认为："朱熹与戴震皆为各自时代的学术巅峰，两者之间的关系涉及到的不仅是个人之间的学术评价或情感剖析，更多的还会牵涉到两个重要时代学术思潮的争议。朱子以创新精神将儒家思想哲理化、精致化，适应时代之需，完成了儒学的全新发展，开创了宋明理学的新时代；数百年后，戴震又在自己的时代里解剖了宋明理学，将考据与义理统一起来，证之以实，运之以虚，建构起清代'新理学'的知识系统，为中国学术思想的发展开辟了新的方向。……戴东原……对程朱本身及其学问始终充满敬意，并加以传承和弘扬。"③

戴震对宋明理学既"批评"又"礼敬"："批评"理学，主要是因为理学将"天理"视为内在于心的先验法则；"礼敬"理学，则主要是由于宋儒特别是朱熹将理学哲理化、系统化，并将"天理"视为人类社会

---

① ［日］村濑裕也：《戴震的哲学：唯物主义与道德价值》，王守华、卞崇道、于时化等译，济南：山东人民出版社1996年版，第154页。

② 胡适：《戴东原的哲学》，合肥：安徽教育出版社1999年版，第135页。

③ 徐道彬：《论戴震对朱熹的传承与礼敬》，《学术界》2018年第3期，第138页。

的最高准则、人类所憧憬的美好境界。正是鉴于此，戴震虽反对理学"以理杀人"，但却在敬畏之心的导引下，对"天理"本身始终充满敬意。

第六章　道释两家对儒家敬畏观之影响

多元、动态的中国传统哲学，学派纷呈且相互融通。在诸子百家之学中，道家由于夏楚文化的背景，突破了周代宗法思想和礼乐文化的藩篱，用幽深玄远的"道"取代了神性的"天"，用"自然"理念置换了"宗法"意识。道家创始人老子以"道法自然""尊道贵德"等思想为理论基点和价值旨归，充满着对"道"与"德"的崇尚与敬畏。道家的另一主要代表人物庄子倡导"无以人灭天""人与天一"等理念，充满了对"天"及"天道"的敬畏之情。老庄的敬畏意识对儒家敬畏观影响深远。中国佛教作为一种富有思辨色彩和超越精神的宗教，是中国哲人智慧之凝结。中国佛学中的"因果报应"论，以及与此紧密相关的"神不灭"论、"涅槃"观等，蕴涵着丰富的敬畏意识，亦对儒家敬畏观产生了不容低估之影响。

第一节　老子对儒家敬畏观的陶冶

老子（约公元前571—前471年），姓李名耳，字聃，《史记·老子韩非列传》说他是春秋末期楚国苦县厉乡曲仁里（今安徽涡阳，又说河南鹿邑）人。先秦哲学家、文学家和史学家，道家学派创始人，与庄子

并称"老庄"。后被道教尊为始祖，称"太上老君"。由于学识渊博，其曾做过周朝"守藏室之史"。其代表作《老子》，又称《道德经》，是全球文字出版发行量最大的著作之一。

中国古人对"天"充满了崇拜、敬畏之情，把天视为父母，将自己看成天所养育的子民。这种感情到了哲人那里，便抽象出"天道"的观念，并将天道视为天的法则、规律，是对人的绝对命令，因而不可抗拒、不能违背。古往今来的圣贤大哲，往往都穷其毕生精力力图破译"天道"密码，老子就是其中的杰出代表。他发现万物是有，天道是无，而有生于无。他要人"尊道贵德"、观照天地之美、体悟天地之心、自然而然地生活、自然而然地思考、自然而然地言说。老子崇尚的"道"，既是理性的，又是超越理性的；既是哲学的对象，又是信仰的对象。他虽然用"道"消解了传统的有意志的人格神，但又确立了对至高无上的"道"的敬畏。

在老子看来，"道"是宇宙万物的本原："有物混成，先天地生。……可以为天下母也。吾不知其名，字之曰道"（《道德经》二十五章）)。"道生一，一生二，二生三，三生万物。"（《道德经》四十二章）"道生一"，即"道"自生，"自本自根，自生自成"；"道"还是事物运动变化的规律："反者道之动。"（《道德经》四十章）"道"的上述特质，是纯粹理性所不能把握、常规语言所不能表达的。因为"道"是超言绝象的——它"视之不见……听之不闻……搏之不得……是谓无状之状，无物之象"（《道德经》十四章）。所以"道可道，非常道。名可名，非常名"（《道德经》一章）。"道"只能体悟而不可言传，因而"道"不能像其他对象那样可以用知识去认识、把捉，而是"为学日益，为道日损。损之又损，以至于无为"（《道德经》四十八章）。"道"虽然无为，却又无所不为："道常无为而无不为。"（《道德经》三十七章）"道"作为"天下母"，使得"天得一以清，地得一以宁，神得一以灵，谷得一以盈，万物得一以生，侯王得一以为天下正"（《道德经》三十九章）。得道之人，能超越世俗的羁绊，而"长生久视"（《道德经》五十九

章），"死而不亡者寿"（《道德经》三十三章）。"道"，"以其不争，故天下莫能与之争"。（《道德经》六十六章）"道"所具有的绝对性与超越性，使其具有了至上性，正是这种至上性使渴望得道之人对"道"充满了敬畏之情。

老子认为天有大德，生育万物，且生生不已。这种"大德"在创生万物的过程中，"天道"始终贯穿其间。老子关于"天道"的思想，是其对"天"进行形上思考的结晶。在他看来，天道自然无为，体认了天道，人类才能自觉地把人道与天道贯通起来，自觉地按照具有绝对命令特征的天道行事。天道有常，"道生之，德畜之，物形之，势成之"（《道德经》五十一章）。因此，"道之尊，德之贵，夫莫之命而常自然"（《道德经》五十一章）。在老子那里，"道"与"德"是相通的。道为德之"体"，德为道之"用"。得"道"则为"德"，德者，得也。"德"是对"道"的敬畏与遵循。

老子主张："道冲，而用之或不盈，渊兮，似万物之宗。……象帝之先。"（《道德经》四章）"以道莅天下，其鬼不神；非其鬼不神，其神不伤人。"（《道德经》六十章）"道"虽然在客观上生养万物，但却不去支配万物，"道"对万物是"生而不有，为而不恃，长而不宰"（《道德经》十章）。"大道氾兮，其可左右。万物恃之以生而不辞，功成而不有，衣养万物而不为主。"（《道德经》三十四章）天帝鬼神的属性，也是由"道"赋予的。道创生了一切，又不以此为己有，原因就在于"天道自然""道法自然"。

郭店楚简道家文本中的"道法自然"思想，以《老子》简甲第22、23简的一段话为总要："天大，地大，道大，王亦大。域中有四大，王居一焉。人法地，地法天，天法道，道法自然"。殷代的"上帝"观以"敬命"为天人关系之核心，西周的"天命"观以"敬德"为天人关系之旨要，而老子的"天道"观对天人关系的理解则以"法自然"为根本特征。以自然性来解决天人关系的内在问题，无论是在思想史上，还是在对人的根源性的理解上，都是深刻的、极具原创性的。如果说孔子的

"知天命"还是偏重于德性的修养，且把天人关系作为一种类似于对象性的存在去对之进行思虑与敬畏的话，那么老子的"道法自然"，则是在同样重视德性修养的基础上，第一次以自然性真正把天人关系融贯起来。自然性是人能真正效法天地或道的根本，也是人能够体道、悟道的真正原因。

"道"是老子哲学的最高范畴，老子用"道"概括天地万物的宗祖、宇宙的总根源。老子哲学的主旨在于探讨天地万物与人类的关系，探讨天地万物共存共荣的深层根源。在老子看来，天地万物都从"道"那里获取自己的形体和性能，所以其本性和道是一致的，其行为都以道的法则为规范。而道的法则即自然，亦即自然而然。这里的"自然"，并非实体（如后世将自然作为天地的代称），而是一种法则。正如王弼所注："地不违天，乃得全载，法天也。天不违道，乃得全覆，法道也。道不违自然，乃得其性。法自然者，在方而法方，在圆而法圆，于自然无所违也。"（王弼：《老子注》第二十五章）宋人吕惠卿也认为："道则自本自根，未有天地，自古以固存，而以无法为法者也。无法也者，自然而已，故曰道法自然。"[1]质言之，在"道"之上并不是还有一个主宰——"自然"（实体存在），而只是强调"道"也必须遵循自然（自然而然）的法则而已，从而突出了"道"自然无为的本性。

既然万物的总根源是"道"，总法则是"自然"，那么，万物皆须遵循自然法则行事便是毋庸置疑的——"道"是天、地、人、物的宗祖，宗祖效法自然，天、地、人、物亦须效法自然。有鉴于此，"法自然"就成了老子学说的宗旨。"法自然""宗无为"既是老子思想的核心，亦是道家、道教学说的纲领。作为宇宙本原的"道"之所以也必须遵循自然法则，不能肆意为之，就在于宇宙万物（包括创生万物的"道"）都处在有序的运动之中，都必须遵循自然而然的法则，无一例外。

"道法自然"思想充分彰显了老子对"自然"的推崇与敬畏。老子

---

[1] 吕惠卿：《道德真经传》卷二，《道藏》第十二册影印本，北京：文物出版社1988年版，第159页。

说："太上，下知有之；其次，亲而誉之；其次，畏之；其次，侮之。信不足焉，有不信焉。悠兮其贵言。功成事遂，百姓皆谓：'我自然'。"（《道德经》十七章）高明的统治者悠闲自得，少言寡语，万事成功遂意，百姓都认为这种管理方法符合自然的原则。可见，"自然"亦是处理君民关系、管理社会的最佳原则。关于圣人与万物的关系，老子说："是以圣人欲不欲，不贵难得之货；学不学，复众人之所过，以辅万物之自然而不敢为。"（《道德经》六十四章）在老子看来，"万物之自然"是天地间最好的状态，不悖万物发展的本性，是圣人处理人与万物关系的基本原则。

"自然"作为贯穿《道德经》全书的根本法则，与其相关的概念还有"自化""自正""自富""自朴""袭常""知常""抱朴"等。归纳老子对"自然"范畴的运用与诠解，可知"自然"的本意即：自然如此、原本如此、理应如此，亦即自然而然。对自然如此、原本如此、理应如此的东西，必须予以尊重和敬畏。

既然"天道"的法则是自然，而不是人为，那么，"天道"的特质就在于：无私长生——"天长地久。天地所以能长且久者，以其不自生，故能长生"（《道德经》七章）；自然均平——"天地相合，以降甘露，民莫之令而自均"（《道德经》三十二章）；乐利好生——"天之道，利而不害"（《道德经》八十一章）；自然无为——"道常无为而无不为。侯王若能守之，万物将自化"（《道德经》三十七章）。老子以"天道"为"人事"的准则或依据，以天道的自然法则为宗而验之于人事。天道自然，人道无为，就是要人们敬畏自然、顺其自然，按客观必然性行事。或许当时的老子已经预测到了人与自然的关系日后将会趋于紧张，且已经意识到了人与人的关系正处于不自然的状态，因此，极力主张人应当效法天地宇宙之自然和谐。为了使人顺应自然之道，老子主张人应该若"木"、若"朴"、若"谷"。领悟天道奥秘，不仅要对外在的自然予以礼敬，还要对人的内心进行检省，才能"不出户，知天下；不窥牖，见天道"（《道德经》四十七章）。

老子曰："吾所以有大患者，为吾有身。及吾无身，吾有何患？"（《道德经》十三章）正因为"身"（形体）是人赖以存在的载体，而"身"又是需要在适当的环境和条件下才能生存，因此，要保证"身"的存在，人就必然"有大患"。此"大患"要求人们必须敬畏人生存的自然环境和社会条件。在老子看来，人与自然的和谐共处，不仅是人类后天生存的必要，更是由人的先天本性决定的。宇宙大生命与个体小生命之间的同构互动，万物与人的休戚与共，本能地引导人们尊重自然、敬畏生命。既然人类与自然万物本为一个有机的统一体，人类又有何理由去暴殄天物、破坏人天共有的和谐状态呢？

现代人类对自然资源的竞相掠夺，远远超出了维持人类生存和发展的需要，大有损毁地球这一人类生存家园的趋势，我们到了该反省自己的时候了。人类无度的享受欲与占有欲，是造成人类与自然不能和谐共荣的人性缺陷。这种人性缺陷是人性异化的结果，是不可能依靠科技进步来彻底克服的，仅仅依靠科技进步难以营造一个人类幸福的精神家园。根治人性贪欲无限膨胀的"灵丹"，只能是震撼心灵、拯救灵魂的对自然律令的敬畏。在老子看来，神圣的"道"具有奖善抑恶、损余补缺的天职："高者抑之，下者举之，有余者损之，不足者补之。天之道，损有余而补不足。"（《道德经》七十七章）对神圣"天道"的敬畏，有助于抑制人类贪婪的本性。

大自然的奥秘不是裸露在外的，而是被层层包裹着的。其秘密不轻易示人，这就需要探秘者必须怀有对宇宙的虔诚之意，对自然的敬畏之心，以期从宇宙迷宫中"盗取"智慧的火种，以烛照人间。老子无疑就是那"盗取"并播撒智慧火种的智者。当下，我们应认真发掘《道德经》文本中那些有助于人类与自然和谐发展的睿智，引导人类亲近自然、敬畏自然、伦理地对待自然。老子学说中蕴涵的敬畏意识，不仅为时人，也为后人克服因片面追求征服自然、主宰万物可能造成的生态危机提供了智慧的启迪。

老子的敬畏意识对儒家敬畏观的形成与发展都曾产生过深远影响。

作为多次向老子请教过"周礼"的儒家创始人孔子，其君子"三畏"思想，无疑从其"老师"的"尊道贵德"思想那里受到了启示。亚圣孟子的"存心养性事天"思想，既是对孔子思想的延展，也是对老子"道法自然"、敬畏自然思想的另类发挥。荀子虽然主张"明于天人之分"，但这个"分"，绝非分离、分割，而是指"职分"，是人认识到天人各自的职分后，对各自应该遵循的规律的尊重与敬畏。荀子"不夭其生不绝其长""敬天而道畏义而节""制天命而用之"等思想，既是对儒家"天命"观的继承与发挥，亦是对老子"天道"观的借鉴与运用。

老子的敬畏意识对汉唐诸儒敬畏观的影响也不容轻忽：董仲舒"道之大原出于天""天执其道为万物主"等思想，王充"天道自然""昌衰兴废皆天时"等理念，韩愈力图接续"道统""本志乎古道者"的志趣，刘禹锡"蹈道必赏，违道必罚"等高论……皆与老子"尊道贵德"思想中将"道"视为万物之本原、宗主等观点密切关联。

宋明理学原本就是立足儒家、熔儒道释为一炉的哲学。诸多理学家都曾出入佛老，因此，理学家们的敬畏观，大多都明显地受到了老子的影响：张载"民胞物与""恭敬撙节退让以明礼"的思想，二程"仁者万物一体""涵养须用敬"的理念，朱熹"君子之心常存敬畏"之告诫，王守仁"敬畏为洒落之功"的自适洒落……从而映射着"尊道贵德"思想的光辉。

老子的敬畏意识对清代朴学家的影响也不容忽视。黄宗羲的"祭天于郊以至敬事"，其中的"天"即至尊至善的"天道"，这一思想与老子"尊道贵德"理念基本相合。顾炎武的"行己有耻"、敬畏《仪礼》思想，虽然在字面上看似乎与老子的敬畏意识有一定距离，但从其实质看，"行己有耻"也就是要求人们的行为要遵守规则、敬畏规律，与"天道"相契；而其敬畏的《仪礼》，则是与"天道"相契之规范。王夫之的"理势合一""天道曰诚"观念，其实质也就是承认事物的内在规律，其存在于事物发展的生生不息的过程之中，"天道"是不可欺、不可悖的，因为它就是自然而然的规律本身，对其只能虔诚地信服与敬

畏。戴震关于"闻道明道"、敬畏"懿德"等思想，也折射出对老子"尊道贵德"思想的认可与发挥。

由上可见，人类的认识，既是一个由浅入深、由表及里的过程，也是一个相互影响、相摩相荡的过程。这一过程不仅仅存在于对事物的认识中，也同样存在于对人类自身思维方式的探讨中。老子关于"道法自然"的思想，强调的是法则、有序和统一。这一思想深刻地影响了当世及后世的中国哲学和中国文化。

人类发展史表明：每当社会行进到转折关头，人们总是会对曾经走过的路加以追忆，对自己的所作所为进行反思，以便能够重新确定未来行进的目标与方向。西方近现代社会确立的人主宰自然的价值观所导致的人与自然关系的异化，其负面效应已经影响到了整个世界，当今社会已经到了必须进行文化转向的历史关头。如果说，面对现代社会的危机，人类在确定下一个行程目标时注定要寻找新的世界观的话，那么，老子"尊道贵德"思想的形上价值就注定要被重新关注。

当今社会，生态问题无疑已关涉政治、经济、伦理、教育、文化、军事等诸多领域，并成为重大的哲学问题，由生态问题导引出新的哲学世界观已成为必然。中国传统文化中长期被忽视的道家生态智慧被重新发现、倡扬，意味着人与自然的分离开始向人与自然的和谐回归。这种回归，在一定意义上既是中国优秀文化传统的复兴，也是一种新启蒙运动的开启。因为这种回归要求对现代文化进行梳理检视、批判扬弃。未来的社会发展将会借鉴中国道家的智慧，从而另辟蹊径。

对现代人而言，凡事皆应寻其理、顺其道，这已成为常人理应遵循的思维方式。但在人类理智演进的过程中，从盲目认识进入"有则"认知，是人类认识的一次质的飞跃。既然"有则"，就必须遵循、敬畏，不容亵渎、轻慢。两千多年前的老子引导人们摆脱事物外在形式的局限，从事物的法则，特别是从万物总法则的高度去把握事物，将思维从具象上升到抽象，不仅为人类开辟了一条通往"爱智"的蹊径，而且对儒家敬畏观的形成与发展也有重要的启示作用。

第二节　庄子对儒家敬畏观的濡染

庄子（约公元前369—前286年），名周，字子休（一作子沐），战国时期宋国蒙（今安徽蒙城，又说河南商丘）人。战国中期哲学家、文学家。庄子原系楚国公族，楚庄王后裔，后因战乱迁至宋国，与梁惠王、齐宣王是同时代人。以庄子之才学，取财富、获高位易如探囊取物，然他无意进仕，只做过很短时间的漆园吏，史称"漆园傲吏"。庄子因崇尚自由而不应楚威王之聘，后隐居著书，成为先秦道家学派的主要代表，被后世尊称为道教祖师、南华真人。他继承和发展了老子的思想，与老子并称"老庄""道家之祖"。其代表作《庄子》，被尊崇者演绎出多种版本。《庄子》构思巧妙、纵横捭阖、汪洋恣肆、瑰丽诡谲、意出言外，乃先秦诸子文章之典范。庄子深邃的精神世界与多彩的文学意境，将微妙深奥的哲理用引人入胜之寓言形式予以表达，影响深远。

地球上的所有物种，唯有人类方能思考生与死的意义问题。对生命的敬畏、对死亡的忧惧、对与生死相关问题的反思，虽然是人类这一智慧生物所独有的，但人类自身亦须通过对待生死之态度，区别出人生境界之高下。尽管儒家的生死观氤氲着积极向上的意涵、佛家对于生死问题的理解亦颇为深刻，但道家特别是庄子的生死观却更为豁达超拔、充满智慧。

《庄子·齐物论》中描述的"庄周梦蝶"，凸显了庄子的生死智慧："昔者庄周梦为蝴蝶，栩栩然蝴蝶也，自喻适志欤，不知周也。俄然觉，则蘧蘧然周也。不知周之梦为蝴蝶欤？蝴蝶之梦为周欤？周与蝴蝶则必有分矣。此之谓物化。""庄周梦蝶"彰显了庄子对人生独特而深刻的思考。其一，阐发了人与外界的契合感。人与外界是否能融和交感，是否有必然联系，怎样联系，这显然是一些十分重要且深奥的哲学问题。庄子巧借文学形象泯除物我的割分，使人与自然外物融为一体。其二，抒

发了人类意志的自由与张扬——"自喻适志欤"。奥地利作家卡夫卡在小说《变形记》中描述了格里高尔从梦中醒来，发现自己变为一只大甲虫的感受。卡夫卡意图通过此梦境来表现现代人生命中的不可承受之重——时间紧迫感、空间囚禁感、现实挤压感、与外界疏离感等。而庄子则通过"化蝶"，抒发了人的意志可飘忽天地间、远离尘世间之自由浪漫与洒落超拔。其三，凸显了"人生如梦""生死无别"的人生观。庄子对此的理解与诠释，不同于他人所描述的人生即短暂、虚幻、缥缈与无奈，而是借梦将人的存在及其境域予以超现实的幻化，凸显的是一种乐观的人生态度和顺其自然的豁达精神。其四，以"物化"消解了生与死的对立。对于死亡，无人不感到恐惧与无奈，而在庄子看来，生与死只不过是物质形态的转化（"物化"）而已。生，携挟亘古奥秘向永恒的宇宙呈现自身；死，回归起源继续参与宇宙的大化流行。

思虑死亡，会让人生发出对生命的敬畏之心与亲和之情。从未思考过或不敢去思考死亡的人，其灵魂或许怯弱、其思想可能苍白，终究难以真正领悟生命的真谛。生命现象对于每一个活生生的人来说可谓司空见惯，但倘若某一天抑或某一瞬间，当我们无意间突然意识到大树为了播撒树种，而不屈不挠地随风拼命摇曳；母亲为了一个新生命的孕育和诞生，而心甘情愿地付出一切乃至生命本身时，我们可能会情不自禁地喟叹：生命的真谛原来如此令人震撼！在特别的情境或特殊的瞬间发现生命现象、感悟生命真谛，会让人陡生一种无以名状的敬畏之情：敬畏为了生命的接力，而顽强无私地奉献着一切的母体；敬畏不畏艰险、穿越无数偶然，为实现自身的生命而迸发出所有潜能的子体。正由于此，庄子叩问死亡这一"大哉问"，正是为了激发人们对于生命的敬畏。

在庄子看来，大化流行，天道自然："道者，万物之所由也。"（《庄子·渔父》）"道"是有生命意义和内在价值的，它以自然法则创造着生命，因而是神圣的、值得敬畏的。天道自然，即顺乎自己天然的本真之性而为。顺乎"道"，方能敬畏生命、以生命为本、以生命为乐、以生命自身为目的，不将生命贬为工具或手段而使生命异化。对于生命异化之原因，庄子曾如是分析道："自三代以下者，天下莫不以物易其性矣。小人则以身殉利，士则以身殉名，大夫则以身殉家，圣人则以身殉天下。故此数子者，事业不同，名声异号，其于伤性以身为殉，一也。"（《庄子·骈拇》）在庄子看来，凡视名、利至上之人都属"以身为殉"的小人。因为在利欲至上的观念驱动下，人们往往把自己异化成一件牟利的工具，在这样一种工具化的生存状态中，生命自然被漠视与践踏。

德国哲学家海德格尔之所以在其名著《存在与时间》中提出"向死而生"这一震撼人类心灵的哲学命题，就是因为其力图以哲学理性来激发人们对"生"的强烈欲望及对"死"的豁然顺达。在海德格尔看来，正是在这个"向死"的过程中，人才能真实地感受到"生"的价值，才会去敬畏生命，进而不断地去探寻"生"的意义。唯有让人们真正明白，每个人的生命长度虽然有限，但却可以通过提高生命质量，让生命焕发出应有的内在活力，才能使生命在有限的时间内展现出无限之可能。

人皆"向死而生"，无一例外。生命的可贵正是通过其有限性而展露的。活生生的个体生命，却与生俱来秉有必死的命运。死既向人展露出人生的最大悲剧，也显现出生命的真正价值。当死亡被生命个体真实地体验着的时候，它就绝不是外在的某个客观事件，而是真实存在于自身生命分分秒秒之中。死作为生命的必然成分，也就成为生命的核心。它有可能随时向人袭来，将活生生的生命吞噬。因此，如何面对和超越这种无所不在的恐惧，如何才能安然享受生命的真味，如何通过对生命的敬畏去彰显生命的意义，就成为每个人必须思考的永恒课题。

对死亡的恐惧，之所以亦是现代人不可避免的情愫，究其主要原因有三：一是社会发展创造了巨大的财富，人们拥有的越多，对生的留恋就越炽热，对死亡的恐惧也就越强烈；二是人们对临死前受疾病折磨的极度痛苦、对死后空无一物的虚无状态，始终怀有异常的惧怕；三是随着科学知识的普及，人们大多不再相信有来世彼岸世界的存在，随之产

生的便是对今世的强烈眷恋、对死亡的极度排斥。西绪弗斯因受宙斯惩罚，不得不年复一年、日复一日地将那块永远推不到山顶的巨石极力推向山巅的故事，欲向世人表明，人类总是心怀希望，其结果则只是徒劳而已。如果将生命视为达至某种目的的工具，生命过程必然是一场难以忍受的苦役；反之，如果像庄子那样，将生命过程看作是物质形态自然而然的"物化"，生命也许会呈现出活泼泼的快乐气象。

依庄子之见，生死是十分自然之事："古之真人，不知说生，不知恶死；其出不欣，其入不距；翛然而往，翛然而来而已矣。不忘其所始，不求其所终；受而喜之，忘而复之。是之谓不以心捐道，不以人助天，是之谓真人。"（《庄子·大宗师》）天地万物，包括人，皆出自"道"（自然）。人生于自然，死后又复归自然，因而，理应生时不欢欣，死时不抗拒，一切顺其自然，乐生恶死实在没有必要。

庄子极力追求心灵的安宁，用抽离自身、拉开与现实的距离以应对这个不理想的现实空间。于是，"心斋""坐忘"便成了他齐生死、齐万物、纵浪大化、追求逍遥的方式，因而尽显生命的自由与张扬。《庄子·至乐》篇记载的"鼓盆而歌"对此作出了印证："庄子妻死，惠子吊之，庄子则方箕踞鼓盆而歌。惠子曰：'与人居，长子老身，死不哭亦足矣，又鼓盆而歌，不亦甚乎！'庄子曰：'不然。是其始死也，我独何能无慨！然察其始而本无生，非徒无生也而本无形，非徒无形也而本无气。杂乎芒芴之间，变而有气，气变而有形，形变而有生，今又变而之死，是相与为春秋冬夏四时行也。人且偃然寝於巨室，而我噭噭然随而哭之，自以为不通乎命，故止也。'"

"鼓盆而歌"，传达出的是庄子对爱妻亡去之后的特殊祝福与祭奠，凸显了哲人对生死彻悟之后的洒脱与豁达。人虽然自己含着泪水来到世间，又看着他人的泪水离开人世，但离开人世并不意味着离开宇宙，因为人聚而为形，散而为气，消逝的生命随风入土、入海、化泥、成歌。在庄子看来，生是气的凝聚，死则是气的弭散，无论生死，都没有跳出宇宙之圈层。大自然广袤无垠、豁然通达，只有融入自然，傲骄的人类

心灵才能在茫茫宇宙中找到归宿。

反对死后厚葬，从另一侧面反映了庄子对死亡的参透与豁达。《庄子·列御寇》篇记载："庄子将死，弟子欲厚葬之。庄子曰：'吾以天地为棺椁，以日月为连璧，星辰为珠玑，万物为赍送。吾葬具岂不备邪？何以加此？'弟子曰：'吾恐乌鸢之食夫子也。'庄子曰：'在上为乌鸢食，在下为蝼蚁食，夺彼与此，何其偏也！'"在庄子看来，人们之所以痛苦、忧闷、恐惧，不外乎是摆脱不了生死、寿夭、贫富、贵贱、毁誉、得失等对自身的影响，而真人则将这一切都置之度外，完全顺从、敬畏自然之道，于是就获得了"悬解"。"适来，夫子时也；适去，夫子顺也。安时而处顺，哀乐不能入也，古者谓是帝之县（通'悬'）解。"（《庄子·养生主》）人生天地间，能对劳逸死生坦然处之，才能摆脱羁绊、获得自由。"夫大块载我以形，劳我以生，佚我以老，息我以死。故善吾生者，乃所以善吾死也。"（《庄子·大宗师》）善于把握生，也就善于安置死。生死即自然，顺应自然理应成为当然之则。

依庄子之见，"死生，命也。其有夜旦之常，天也。人之有所不得与，皆物之情也。彼特以天为父，而身犹爱之，而况其卓乎！"（《庄子·大宗师》）死与生均非人力所能安排，犹如昼夜交替那样恒常、自然。有些事情人是不可能参与和干预的，这都是事物自身变化的真情实况。人们将天视为生命之父，爱戴它、敬畏它，何况那卓越高超的"道"呢？

以"道"为本，以"自然"为则的庄子，向往的是"万物群生，连属其乡；禽兽成群，草木遂长。是故禽兽可系羁而游，鸟鹊之巢可攀援而窥。夫至德之世，同与禽兽居，族与万物并"（《庄子·马蹄》）的自然乐园。他主张天下万物都有各自的本性，敬畏、遵循其自身发展变化的特定法则才是最合乎道德的。庄子对天人关系的理解独特而又深刻："天在内，人在外……牛马四足，是谓天；落马首，穿牛鼻，是谓人。故曰：'无以人灭天，无以故灭命，无以得殉名，谨守而勿失，是谓反其真。'"（《庄子·秋水》）"知天之所为，知人之所为者，至矣。

知天之所为者，天而生也；知人之所为者，以其知之所知，以养其知之所不知，终其天年而不中道夭者，是知之盛也。虽然，有患：夫知有所待而后当，其所待者特未定也。庸讵知吾所谓天之非人乎？所谓人之非天乎？且有真人而后有真知！……故其好之也一，其弗好之也一；其一也一，其不一也一。其一与天为徒，其不一与人为徒，天与人不相胜也，是之谓真人。"（《庄子·大宗师》）"人与天一"，无疑蕴涵着对人与天道合一的虔诚祈盼。

在庄子看来，天下最纯正的道德就是听任万物自然而然地生长发育，保持其自然的禀赋和纯真的性情，否则，必然会违背事物的规律，扰乱自然界的秩序，给原本和谐的宇宙带来纷乱，甚至造成灾难。《庄子》字里行间浸染着对自然、自然之道的敬畏之情以及以"敬畏"的形式表现出来的伦理精神。

庄子的生死观铸就了其生命哲学的恢宏与博大，对死亡的反思彰显了一代哲人的睿智与潇洒，甚至使死亡这一在常人那里讳莫如深的话题，也具有了美学的性质和审美的意义。庄子哲学实质上是一种关于生死智慧的形上思考，通过对生死问题的沉思，揭示了"道"的本质、作用以及宇宙万物的由来。生死问题作为庄子哲学体系建构的基点，充分体现了庄子对生命的终极关切：生与宇宙的创生同步，死则与"道"同在。对生死的超越，来自对"道"的真切体认与敬畏顺应。

关于儒、墨、道之死亡观，朱哲曾进行过比较，认为三家都对死亡现象持一种自然、达观的态度，都从死亡的角度反映了各自的思想主张和精神旨趣，都注重把生与死密切地联系起来理解死亡问题。其不同之处则在于：儒家观死，死中见礼；墨家观死，死中见利；道家观死，死中见道。儒家死而不朽，死的是形体，不朽的是人伦精神；墨家死而不死，死的是形骸，不死的是"生人之利"；道家"死而不亡"，死的是自然气散，不亡的是大道永存。儒家死亡观是伦理学意义上的，墨家死亡

观是功利主义的，道家死亡观则是死亡的形而上学①。朱哲以上对儒、墨、道三家死亡观的把捉，颇有见地。

将死亡"形而上"的庄子，不仅把在"道"的朗照下与天地宇宙的和谐视为人生最高追求，而且还将其看作人生的最大快乐，并认为要实现"天和""天乐"，就要下一番"原天地之美""明天地之德"的功夫，修炼具有"知止""天和"之德的敬畏之心，才能做到"凄然似秋，煖然似春，喜怒通四时，与物有宜而莫知其极"（《庄子·大宗师》），从而平等、宽容、仁爱地善待天下万物，做到与自然万物契合融洽，实现人生的终极追求和最大快乐——"天乐"或"至乐"。

庄子的敬畏观，还突出地映射在其与生死观有着密切联系的理想人格观之中。他发展了老子清静无为的思想，以"无己""无功""无名"为理想品格。理想品格的最高境界是"人与天一"（《庄子·山木》）。"天人相分"的理念在庄子之前就已存在，因此他力图突破"天人相分"观念所造成的天人相隔，回归到"以天为宗，以德为本，以道为门"（《庄子·天下》）的天人相通之传统中去。庄子的努力，显然在一定程度上消解了"天人相分"思想所造成的天人相隔。正因为庄子哲学将自然、生命等视为自然而然的现象，所以才极力主张不应对自然和生命加以人为的强制与宰割。顺其自然，无疑蕴涵着对自然与生命最高的尊重与敬畏，

庄子的敬畏观，对儒家敬畏观的形成与完善产生了重要影响：先秦时期的百家争鸣，学派异彩纷呈、观点相摩相荡。大约与庄子同时代的孟子，其"尽心、知性、知天"的"天人合一"思想、"存心养性事天"的敬畏意识，与庄子倡扬的"人与天一""无以人灭天"等观念遥相呼应。庄子直面天地之道，因而通大小、彼我而为一，主张人们应乘物游心、自事其心。对心的重视，庄子与孟子并无二致，只不过庄子是就心言天，而孟子则是就心言性。庄子所重之自然，绝非纯粹外在的东西，

① 参见朱哲:《先秦道家哲学研究》,上海:上海人民出版社2000年版,第83—84、121—122页。

而是在至人心境中的自然，故该自然对于人来说已无疏离之感，已净化为值得敬畏的理想境界。正如南朝宋时期的文学家刘义庆（公元403—444年）在《世说新语·文学》中援引支遁《逍遥论》曰："夫逍遥者，明至人之心也。"正因为庄子能"明至人之心"，视死生存亡为一体，则悦生恶死之情尽泯，而大小彼我之见已遣，于是便产生一种"和以天倪，寓诸无竟"的旷达境界。

庄子这种对天道的"悬解"，对孟子"存心养性事天"的敬畏观似乎有着提示作用。在孟子看来，"莫之为而为者，天也；莫之致而至者，命也"（《孟子·万章上》）。天命具有必然性，非人力所能左右，"虽有智慧，不如乘势；虽有镃基，不如待时"（《孟子·公孙丑上》）。"势"与"时"是一种客观必然，"乘势"与"待时"，即符合客观必然。"事半古之人，功必倍之，惟此时为然"，揠苗者"非徒无益，而又害之"（《孟子·公孙丑上》）。孟子的以上观点，与庄子的"人与天一""无以人灭天"等思想，有着异曲同工之妙。

对庄子敬畏意识的吸纳和扬弃，在荀子那里也有体现。荀子通过援引《易传》思想，在《解蔽》篇中，从人为对于天的作用方面批评庄子不知人，进而提出"制天命而用之"的思想。荀子一方面肯定了庄子对"天"诠解的明晰和透彻，使"天"的内涵得以展现和澄明；另一方面也指出，庄子虽然使"天"的内涵得以澄明，但却是以消解"人"作为代价的，这又在一定意义上走向了消人入天的另一极端。因此，荀子批评庄子"蔽于天而不知人"（《荀子·解蔽》），认为庄子以人入天的理路，导致了以天蔽人的新"蔽"。于是荀子提出了"明于天人之分"（《荀子·天论》）的命题，并对天人关系进行重新诠释。

必须指出的是，当我们今天再次解读《庄子》时会发现，庄子并非像荀子所批评那样"蔽于天而不知人"，因为庄子强调："知天之所为、知人之所为者，至矣！"（《庄子·大宗师》）在庄子那里，知天与畏天、知天与知人是密不可分的。只有真正知天、畏天，才能真正知人，其并不是主张消人入天。尽管荀子对庄子的指责在当下看来有其极端倾向，但他毕竟在庄子的"刺激"下，提出了关于天人关系的新见解，且与庄子知天、畏天、知人的理路并无二致。

庄子在《大宗师》篇中所强调的"天与人不相胜"思想，与唐代曾出入佛老的柳宗元关于"天人不相预"观点，在本质上似曾有一脉相通之意。柳宗元视天为自然之物，天道是依据自然规律发展变化的："天地，大果蓏也；元气，大痈痔也；阴阳，大草木也。其乌能赏功而罚祸乎？功者自功，祸者自祸，欲望其赏罚者大谬；呼而怨，欲望其哀且仁者，愈大谬矣。"（《天说》）在柳宗元看来，天地万物皆是无意识的自然物，没有意识，不能赏功罚过。人事之功祸，皆由人自取。因此主张："生植与灾荒，皆天也；法制与悖乱，皆人也，二之而已。其事各行不相预，而凶丰理乱出焉，究之矣。"（《答刘禹锡天论书》）柳宗元"天人不相预"思想虽然是对荀子"明于天人之分"思想的承继，但与他在出入佛老的过程中，受道家庄子天道自然的敬畏意识的濡染也不无关系。

宋元明清时期，老子和庄子的思想，已融通为"道家"学说，共同发挥着影响。至于庄子的敬畏意识，对熔儒道释为一炉的宋明理学、对笃实切理的清代儒士产生的影响，由于在前文中已对老子（道家）的敬畏意识对宋元明清时期的思想家的影响作了概述，在此就不再赘述了。

第三节　中国佛教对儒家敬畏观的浸润

汤用彤先生认为："佛法，亦宗教，亦哲学。宗教情绪，深存人心，往往以莫须有之史实为象征，发挥神妙之作用。故如仅凭陈迹之搜讨，而无同情之默应，必不能得其真。哲学精微，悟入实相，古哲慧发天真，慎思明辨，往往言约旨远，取譬虽近，而见道深弘。故如徒于文字考证上寻求，而乏心性之体会，则所获者其糟粕而已。"[1]在汤先生看

---

① 汤用彤：《汤用彤全集》第一卷，石家庄：河北人民出版社2000年版，第655页。

来，佛法（佛教关于人生解脱的理论与实践、原因与结果之内容）即佛学，它既是宗教，也是哲学。作为宗教，它具有深邃的哲理；作为哲学，它又拥有强烈的宗教情感。佛法义理，既表现为理论和学说，也具有超越理论、学说的特征。正因为如此，对佛学的研究，既要有"同情之默应"，又必须有"心性之体会"。否则，一味地进行资料的搜集、文字的考证，其所获者只能是"糟粕而已"。

佛教的"因果报应"论以及与之相关的"神不灭"论以及"涅槃"观中蕴涵着丰富的敬畏观念。印度佛教传入中国后，其"因果报应"论很快引起了中国思想界的关注。"因果报应"论，是佛教用以诠释世界上所有事物及其关系的一般性理论。它主张世上一切事物都受因果关系的支配，每个人的善恶行为必定会对自身的命运产生影响，并导致相应的回报。善因必生善果，恶因必得恶果。这种善有善报、恶有恶报的观念，实质上是一种关于道德与命运关系的理论，也是一种强调人的命运可以由自己把握的理论。这种凸显人的主体性、彰显人的道德实践重要性的学说，无疑对深受儒家天命论、道家自然论浸润的中国人的心灵产生了强烈震撼。

"因果报应"论，作为一种具有超越意义的人生哲学，其内容关涉人生的命运及支配命运的法则问题。其作为支配人命运的不可抗拒的法则，蕴涵着与人本论相关联的因果观、善恶观、生死观等。"因果报应"论引起的思想震撼，使得人们极为关注以下三个方面的问题：一是如何论证因果报应是一条能够支配人生命运的普遍法则，二是怎样论证承受因果报应的主体，三是如何说明成佛的依据、境界和路径。

人们对以上问题的关注，与佛教传入中国后在思想界引起的争论息息相关。自西汉末年佛教传入中国后，特别是魏晋南北朝时期，对于"因果报应"能否成为支配人生命运的普遍法则等问题，在知识界曾展开过激烈论辩。当时有一部分人，其中不乏持有佛教信仰的士人，针对现实中的恶人尽享富贵荣华，而善人则备受困顿煎熬的事实，对"因果报应"论提出了质疑。于是，人们特别是佛教学者纷纷对此类事实加以

诠解。

因果报应论，内在地隐含着因果报应的承受主体问题。当时的中国佛教学者主张，因果轮回的承受主体应该是永恒不灭的灵魂或精神，而部分儒家学者以及印度早期佛教和般若学者，则认为人死后精神与形体同时俱灭，于是引发了旷日持久的"神灭"与"神不灭"的论争。

按照佛教学说推论，众生因果报应的"承受主体"与"成佛主体"理应是相通的，信奉佛教的目的与归宿即成佛。由是，成佛的主体与依据问题亦日益凸显出来。同时，由于在中国古代，"心"被视为思维器官，主宰情感意志，具有精神方面的功能，心与神的相通性便得到揭示，中国佛教学者大多便把不灭的"神"（抑或"灵魂"）看作未来成佛的主体。随着这种讨论的深入，对精神、灵魂等问题的探讨与修持理论结合起来，进而又转向对众生成佛依据——心性、佛性的研究。伴随着这一研究的，是对成佛的路径与境界的叩问。到了隋唐时期，中国佛教进入创宗阶段，阐发佛教理论的重心之一即"心性"与"佛性"的关系问题。

佛教的"因果报应"论，对因果报应的根源进行了揭示。初唐诗僧王梵志有诗云："世间日月明，皎皎照众生。贵者乘车马，贱者膊担行。富者前身种，贫者悭贪生。贫富有殊别，业报自相迎。闻强造功德，吃着自身荣。智者天上去，愚者入深坑。"①诗中强调，贫富贵贱皆为"业报"，都是人们自身作"业"的结果。

"业"是佛教哲学的重要范畴，本义指"造作"，主要指众生的身心活动。这种活动与因果关系相勾连，会形成不同结果的力，即"业力"。"业力"是一种潜在的能量，是创造未来生命的动力。"业"有多种分类，从形态上可分为身业（身体的行动）、口业（言语，也称语业）和意业（内心欲做某事的意念、意志）。以上各种"业"，从性质上又可分为善业、恶业和无记业。善、恶二业招不同的果报，非善非恶的无记业不招果报，而"业"是因果报应的根据。既然因果报应的根据是"业"，

----

① 王梵志:《王梵志诗校辑》卷二,张锡厚校辑,北京:中华书局1983年版,第48页。

而"业"又是众生的身心活动，那么，这就说明人类的命运就有可能掌握在自己手中。若想得到善报，就必须使自己的身心活动趋向于善，以避免恶行所招致的恶报。

"因果报应"论强调有因必有果，自己作业，自身受报。对于恶报的恐惧，自然使得人们的敬畏感大大增强，从而促使人们尽量检点自己的言行，谨慎处置各种事端。与此同时，对人生福祉的希冀，也使得人们既指望于外界超人间力量的恩赐，也极力转向内心的反省而反求诸己，并由此在灵魂深处逐渐确立去恶扬善的道德选择。这种选择进而又会成为自觉的内在约束力，以警示、规范、制约人们的行为。这种道德自律，从根本上说无疑来自人们的敬畏之心。在一定意义上说，敬畏之心的确立，是道德选择的动力和保障，亦是人们进行道德自律的心理基础。

与敬畏之心息息相关的"因果报应"论，还创造性地将善恶报应与中国传统的延年益寿等思想相结合，从而为中国的佛教伦理增添了功利色彩。"因果报应"论主张，"天神"会依据众生的善恶行为，祸福多寡，分别给以不同报应。对行善福多者，给以"增寿益算"（"算"即命数、年龄）。这种观念与人们追求长生、畏惧死亡的心理正相契合，也与中国佛教信仰者的伦理价值取向正相吻合。行为主义心理学研究表明，人们对其行为方式的选择，受其行为导致的结果所影响：受到惩罚的行为将逐渐趋于减少、停止，而得到报偿的行为则会不断重复、强化。于是，人们往往会选择那些将能得到最小惩罚和最大奖赏的行为方案。"因果报应"论由于赋予不同的行为以不同的报应承诺，从而激发了人们对自身命运的深切关注，使人乐于从善、畏惧作恶。这种心理，符合人们道德行为选择的价值取向，在此价值取向的驱使下，众生（包括儒士们）的敬畏意识也不断地得到确立与强化。

如何从理论上对现实生活中屡见不鲜的善者惨遭不幸、恶人却安享快乐的悖论现象做出自圆其说的解释，是"因果报应"论必须解决的理论问题。对此，佛教的"三世报应"说以及与此相关的"来世"说对此

做出了积极应对。印度佛教与中国佛教对"因果报应"的理解是有区别的。在印度佛教看来，人是受因果报应支配的，"父母自言，是我所生，是我之子。子非父母所致，皆是前世持戒完具，乃得作人"①。其认为父母并非人受生之因，人是前世持戒的结果，子女与生母只是短暂的寄住关系，在漫长的六道轮回中，一切众生都互为子女父母，众生与亲生父母怨亲难别。因此，印度佛教主张世俗的子女和父母必须各尽义务，并不要求子女一味地服从父母。在此，佛法的权威高于孝道。

然而，在崇尚祖先崇拜的中国古代宗法社会中，由于统治者大力提倡孝道，倡扬尊亲、养亲、事亲、孝亲，并尊《孝经》为经典，因而在中国历史上形成了源远流长的重孝传统。当印度佛教传入中国后，出家为僧，便被认为是背理伤情、有违政治伦理和自然人伦之举。在儒家重孝思想影响下，中国佛教学者必须对此作出回应。于是，他们用孝的观念诠释佛经，并编造重孝的伪经，力图调和佛教与儒学的矛盾。于是，在中国佛教学者那里，"孝"被阐释为世俗社会和佛教的共同主旨。明代智旭在《题至孝回春传》中云："儒以孝为百行之本，佛以孝为至道之宗。"将孝道视为世间与出世间的共同宗旨，这样一来，"孝"既成为儒者成圣之根本，亦成为佛徒成佛之关键。宗密曾如是说："经诠理智，律诠戒行。戒虽万行，以孝为宗。"②这种通过修改印度佛教理论以会通儒家伦理的努力，为中国佛教的存在和发展、为佛教伦理在中国的广泛传播确实作出了不容低估的贡献。

儒家礼制规定，父母亡故后，子女应身着孝服守丧三年，而印度却没有这种习俗。在印度佛教看来，人生无常，即便是亲人过世也不应过分悲痛，更不能影响修持。为了能够使佛教不与儒家的伦理发生冲突，北宋僧人契嵩禅师对此作了必要调适："三年必心丧，静居修我法，赞父母之冥。"③意思是，僧人父母去世，不必像俗人那样身着孝服，而是

要以心服丧，并静居修持，以超荐过世父母。契嵩禅师的《孝论》是中国佛教学者系统阐发孝道的专论，他在《孝论·叙》中写道："夫孝，诸教皆尊之，而佛教殊尊也"[①]，认为佛教对"孝"尤为尊崇，且具有特殊意义。他还主张，佛教徒以出家修行的方式立身行道，不仅能够光宗耀祖，而且还能使祖先亡灵获得福报。于是，佛教伦理与儒家伦理就在"孝"的基础上达成了共识。

在一定意义上说，"戒"意味着警示、约束。"孝"作为"戒"的宗旨，表征了"戒律"与敬畏之心之间的关联。人们对祖先的崇拜，即对祖先的敬畏。这种敬畏使得人类不敢违背祖先训诫而轻举妄动，于是就有了"戒律"的出现。在契嵩禅师看来："夫五戒，有孝之蕴。"[②]"夫孝也者，大戒之所先也。戒也者，众善之所以生也。"[③]他强调，戒中有孝的内涵，大戒应以孝为先，且戒可生善。于是，在契嵩那里，"戒"与"孝"就如此这般地绾合了起来：以孝为戒，戒孝合一。"戒"作为佛教的伦理德目，也就自然具有敬畏的意蕴了。

中国佛教伦理的确立、流传，在一定意义上弥补了儒家伦理缺乏系统的、思辨论证的缺憾，与此同时，也在一定程度上矫正了社会流弊。伦理价值的理论依据之确立，对于道德实践、孝之践履具有不容低估的意义。儒学的创始人孔子从伦理原则普遍性的角度去肯定伦理价值："谁能出不由户？何莫由斯道也？"（《论语·雍也》）孟子从性善论出发，从人"心之所同然"肯定伦理原则的普遍性："心之所同然者何也？谓理也，义也。"（《孟子·告子上》）荀子立足于性恶说，强调伦理原则是圣人为了人类的长远利益而制定的，礼义的产生是为了"明分使群"（《荀子·富国》），是为了解决人群中由于追求各种欲望的满足而引发的矛盾和混乱。"先王恶其乱也，故制礼义以分之，以养人之欲，给人之求。使欲必不穷乎物，物必不屈于欲。两者相持而长，是礼之所

① [日]高楠顺次郎：《大正藏》第五十二卷,北京:中国书店2021年版,第660页。
② [日]高楠顺次郎：《大正藏》第五十二卷,北京:中国书店2021年版,第661页。
③ [日]高楠顺次郎：《大正藏》第五十二卷,北京:中国书店2021年版,第660页。

儒家敬畏观钩玄

起也。"(《荀子·礼论》)

诚然，儒家以上论述有其一定的合理性，但在总体上看，由于缺乏对伦理价值理论依据的深入发掘与系统论证，则在一定程度上难以真正说服或激发道德主体去践履伦理原则的自觉性或能动性。而佛教伦理的善恶报应说、三世轮回说，一来比较符合人们行为心理的需求，二来又难以在人生有限的时间里加以验证，于是便为伦理价值提供了精巧圆滑的理论依据，并且在客观上起到了强化世俗伦理的作用。对此，南朝梁时期史学家萧子显说："儒家之教，宪章祖述，引古证今，于学易悟；今树以前因，报以后果，业行交酬，连璅相袭。"①这就不仅将中国佛教的"因果报应"论对儒家敬畏观的补充和完善作用予以揭示，而且也显发了中国佛教伦理本身蕴涵的敬畏意识。其结果是：促使人们不仅关注现实的福报，而且更加关注来世的命运，进而增强人们的道德自律心理，激发人们追求善果的勇气和信心。正由于此，佛教的"因果报应"论，不仅逐渐成为民间的普遍信仰，亦成为中国民众包括儒家敬畏观念中的一个有机组成部分。

中国佛学的"因果报应"论的主要理论基础之一是"神不灭"论。关于"神灭"还是"神不灭"，即形体死亡之后，人的精神是随之消亡还是继续存在的问题，亦是儒家探讨的论题之一。佛教传入中国后，中国的佛教学者结合佛教的"因果报应"论、"佛性"论等，较为系统地阐发了"神不灭"论。而"神不灭"论既与中国固有的神灭论相抵牾，也同印度佛教的无我论相冲突，由此在佛教内外引发了关于神灭与神不灭的激烈论争。在论争的过程中，中国佛学进一步阐发、完善了神不灭思想，这种神不灭思想中氤氲着的敬畏观念，使得人们的敬畏之心得以强化、敬畏意识得以提升。

中国佛教所讲的"神"，除了神灵，亦即人格化的神以外，还具有精神、灵魂、佛性和法身等意蕴。与神灵相近或相通的概念还有神明、

---

① 萧子显：《南齐书·高逸传论》卷五十四，许东方校订，北京：中华书局1972年版，第956—957页。

神识、心识、精灵、魂灵等。中国佛教学者对神不灭的论证，可大致归结为以下几个方面[1]。

1. 神形异本不相资。南朝宋时期大臣郑鲜之（郑道子）崇尚佛学，在《神不灭论》中写道："所谓神形不相资，明其异本耳。"神形异本，即神形异源，神和形是两种不同的实体，源自不同的本原："夫形也，五脏六腑，四肢七穴，相与为一，故所以为生；当其受生，则五常殊授，是以肢体偏病，耳目互缺，无夺其为生。一形之内，其犹如兹，况神体灵照，妙统众形。形与气息俱运，神与妙觉同流。虽动静相资，而精粗异源，岂非各有其本，相因为用者邪？"（《弘明集》卷五）在郑鲜之看来，精神与灵妙觉性虽一同流转，形体与气虽一起变化，然两者是不同的实体，各有其本原。既然神不以形体为载体，也就自然不随形体的死亡而消灭。神形虽为二本，然神形相较，神是主要的。对此，东晋高僧慧远说："贪爱流其性，故四大结而成形。""四大之结，是主之所感也。"[2]此处所讲的"四大"，是指地、水、火、风四大元素；"主"即指"神"。在慧远看来，人们对生命的贪爱，使得本性不断流宕，如果没有"神"感应"四大"，就不可能有人的形体。

2. 形神耦合而为用。与神形异本相联系，中国佛学家们还主张，神形的结合是一种自然的、奇妙的耦合，二者有合有离，人活着是形与神结合，人死亡则是形与神分离："神之与质自然之偶也。偶有离合死生之变也。质有聚散往复之势也。"（《弘明集》卷五）南北朝时期的曹思文批驳范缜的《神灭论》，其主要论点就是以形神相合反对形神相即，认为不能把形神视为相即的一体，而只是两者相合为用。

3. 神妙形粗、形静神驰。慧远在《沙门不敬王者论·形尽神不灭》中给"神"下了如下定义："神也者，圆应无生，妙尽无名，感物而动，

---

① 参见方立天：《中国佛教哲学要义》上卷，北京：中国人民大学出版社2002年版，第134—138页。

② 石峻、楼宇烈、方立天等编：《中国佛教思想资料选编》第一卷，北京：中华书局1981年版，第90页。

假数而行。感物而非物，故物化而不灭；假数而非数，故数尽而不穷。"①南朝梁时期沈约作为"神不灭"论的积极维护者，在《神不灭论》中作了如下发挥："神妙形粗，较然有辨。养形可至不朽，养神安得有穷？"既然粗糙的形都可以通过修炼达至不朽，何况高妙之神！南朝齐至梁时期的萧琛在反驳范缜的《神灭论》时写道："予今据梦以验形神不得共体。……夫人或梦上腾玄虚，远适万里，若非神行，便是神往耶？形既不往，神又弗离，复焉得如此？……此即形静神驰，断可知矣。"在此，萧琛将形神分离、形灭神不灭建立在梦境的形静神驰的现象之上。

4.神识不灭、薪尽火传。南朝宋时期宗炳在《明佛论》中写道："群生之神，其极虽齐，而随缘迁流，成粗妙之识，而与本不灭矣。"在宗炳看来，众生"神识"的根本是一样的，虽然由于因缘变化的不同，形成了"粗妙"不同之神识，然而作为根本的神识却是不灭的。南朝宋时的郑鲜之在《神不灭论》中，以体用关系来说明薪火关系，进而论证"神不待形""形尽神不灭"。慧远也用薪火之喻诠释"形尽神不灭"："火之传于薪，犹神之传于形；火之传异薪，犹神之传异形。前薪非后薪，则知指穷之术妙；前形非后形，则悟情数之感深。"②

中国古代思想史上关于神灭与神不灭之论争，关涉人生的有限性与无限性、灵魂的有灭性与不灭性等与安身立命相关的重大人生哲学问题。中国佛教的神不灭论，虽与印度佛教十二因缘中"识"的观念以及犊子部《三法度论》有"我"思想相关联，但其理论主要渊源于中国本土固有的灵魂不灭等观念。质言之，中国佛教的神不灭论，是在体认印度佛教的"因果报应"和"生死轮回"学说的同时，又依据中国固有的灵魂观念、祖先崇拜观念等加以论证、阐发的结果。

---

① 石峻、楼宇烈、方立天等编：《中国佛教思想资料选编》第一卷，北京：中华书局1981年版，第85页。

② 石峻、楼宇烈、方立天等编：《中国佛教思想资料选编》第一卷，北京：中华书局1981年版，第86页。

神不灭论极大地影响了人们对伦理道德的选择与遵循。由于对神灵的敬畏，人们逐渐形成了与此相关的敬畏意识。印度佛教中的敬畏意识奠基于小乘佛教时期，经大乘佛教得以变革、补充与完善。印度佛教伦理反映的是印度社会的人际关系，又以超越现实社会、追求精神解脱为目的，对中国本土的伦理观念、固有文化、民族心理无疑是一种挑战。特别是佛教的"沙门不敬王者"与不礼拜父母等观念，与中国的传统伦理形成了尖锐对峙。在这种情况下，中国佛教在继承和发展印度佛教伦理原则的基础上，逐渐融合儒家伦理，将佛教伦理进一步中国化，以适应当时中国社会的需要。

在佛教看来，灵魂的最佳归宿就是升入天堂。在佛教"神不灭"论的影响下，人们相信灵魂不灭，自然会为自己的灵魂寻找归宿。人们对灵魂升入天堂的祈盼、对下地狱的畏惧，促使他们尽量多做善事，以便能够如愿以偿。佛教伦理实质上是一种以"敬畏之心"为基础的伦理。这种伦理的规范、德目主要体现在佛教戒律上。所谓"戒"，原义是指行为、习惯、性格等，它以自发努力为特征，具有"自律性"特点。所谓"律"，具有灭除、调伏各种恶行、崇尚善行等内涵，是佛教徒必须遵守的规范，具有"他律性"的特征。中国佛教将这种自律性与他律性相结合，用"戒律"去规范、导引佛教徒的行为，以符合佛教伦理的要求。

"五戒"是佛教最基本，也是最重要的戒律。其主要内容是：不杀生、不偷盗、不邪淫、不妄语、不饮酒。作为五戒中首戒的"不杀生"，体现了对一切生命的尊重与敬畏。中国佛教不杀生戒的理论依据有二：一是"万物一体"抑或"万物一如"的理念，主张万物彼此平等、相互依傍，不能相互残杀；二是与神不灭论相关联的"生死轮回"观念，认为其他众生是自己过世的父母，戒杀与放生也是孝顺的表现。在此，中国传统的祖先崇拜观念与佛教的不杀生戒贯通了起来。

从社会功能上看，"五戒"在客观上无疑有益于社会成员之间的相互友善、社会秩序的安定有序以及人类自身的生存发展："不杀则长寿，

不盗则常泰，不淫则清静，不欺则人常敬信，不醉则神理明治。"①人们对戒律的遵守，有赖于对戒律的敬畏，只有敬畏戒律，才会严格按照戒律行事，避免受到惩戒。这种敬畏心理，在一定意义上有助于儒家社会公德的建立、提倡与履行。

佛教在"五戒"的基础上又拓展为"十善"，即去掉"不饮酒"再增添"六戒"。"十善"分为身、口、意三类。"身业"有三：不杀生、不偷盗、不邪淫；"口业"有四：不妄语（不说谎话）、不两舌（不搬弄是非）、不恶口（不粗言秽语、不冷嘲热讽、不恶意攻击）、不绮语（不花言巧语、不唱情歌艳曲）；"意业"有三：不贪欲、不瞋恚（不对他人起忿恨之心）、不邪见（不违背佛教的正见）。"十善"与"五戒"相比，其基本精神虽然一致，但却更为具体、全面，更富敬畏意识。它从行、言、意三个方面对应该做什么、说什么、想什么都予以明确规定。"五戒"侧重于"身业"，"十善"则偏重于"口业"和"意业"；"五戒"注重止恶，"十善"则强调扬善。

中国佛教力主佛教徒应对社会、众生尽自己的道德义务。中国汉地流传"菩萨戒"，重视"菩萨行"。所谓"菩萨行"，主要是将以个人修持为主的"戒""定""慧"三学，扩展为面向众生、具有丰富社会内涵的"四摄"与"六度"。所谓"摄"，有引导之意。"四摄"是修菩萨行者引导众生修持的四种方法，即布施、爱语（用佛教义理为众生说法）、利行（指导众生修持）、同事（深入众生之中，依据众生的具体情况进行教化）。所谓"度"，有济度、帮助达至彼岸之意。"六度"是修习由生死此岸到达涅槃彼岸的六种方法和途径。具体表现为：布施，以度悭贪；持戒，以度毁犯；忍辱，对治瞋恚；精进，以防懈怠；禅定，避免精神散落；智慧，以度愚痴。

在"四摄"与"六度"中，"布施"被定为其首，在大乘佛教的修持中意义重大。印度佛教要求佛教徒以自己的财力、体力和智力，尽力

---

① 石峻、楼宇烈、方立天等编：《中国佛教思想资料选编》第一卷,北京:中华书局1981年版,第16页。

去救助贫困者，以至于舍身。其特别强调应以静心去布施，不能带有任何功利目的和利己动机，主张真正的布施应该是："清静心生，无诸结使，不求今世后世报，恭敬怜悯故，是为净施。"①而中国佛教则对布施的福报予以极大关注，《理惑论》曰："'今佛家以空财布施为名，尽货与人为贵，岂有福哉？'牟子曰：'阴施出于不意，阳报皎如白日。况倾家财，发善意，其功德巍巍如嵩、泰，悠悠如江、海矣。怀善者应之以祚，挟恶者报之以殃，未有种稻而得麦，施祸而获福者也'。"②中国佛教对布施者名利的关注、对布施行为后果的期待，与印度佛教的静心布施有所区别。这种区别，在很大程度上反映了中国佛教为使佛教理论迎合中国传统文化和民众心理所做出的努力，也折射出了"因果报应"论、"神不灭"论对现实社会和众生的影响。众生对神的至上性、宰制性的敬畏，对布施福报的期盼，驱使人们弃恶扬善，而各种戒律则为弃恶扬善开辟了具体路径。对各种戒律的遵守，既受敬畏观的范导，又是对敬畏观的践履。

佛教的超越精神，使其通过佛教伦理和禅定修持等实践，实现超越生死的痛苦、获得人生的解脱、达至自由境界——"涅槃"的最高目标。在印度，不同教派和佛经对"涅槃"有不同的诠释。其中主要有部派佛教、大乘中观学派、《大般涅槃经》以及大乘唯识学派的涅槃观。

部派佛教一般都以虚无寂灭为涅槃的主要内容，将涅槃视为消除了痛苦与烦恼的境界，譬如《杂阿含经》卷十八曰："涅槃者，贪欲永尽，瞋恚永尽，愚痴永尽，一切诸烦恼永尽，是名涅槃。"③

大乘中观学派提出以"实相"为涅槃，又将实相理解为空性，而空性即生死世间的实相，于是便在实相同为性空的基础上，将涅槃与世间联系起来。《中观·观涅槃品》如是说："涅槃与世间，无有少分别，世

① ［日］高楠顺次郎：《大正藏》第二十五卷，北京：中国书店2021年版，第141页。

② 石峻、楼宇烈、方立天等编：《中国佛教思想资料选编》第一卷，北京：中华书局1981年版，第9页。

③ ［日］高楠顺次郎：《大正藏》第二卷，北京：中国书店2021年版，第126页。

间与涅槃，亦无少分别。涅槃之实际，及与世间际，如是二际者，无毫厘差别。"①此涅槃观认为，不能离开世间去追求涅槃，从而否定了部派佛教离开世间，另行追求涅槃境界的主张。

中观学派的涅槃观，导致了佛教人生观问题上的重大变革，这主要体现在以下三个方面：首先，由于确立了涅槃与世间无差别说，不仅缩小了人佛之间、现实世界与理想境界之间的距离，而且使得佛教开始转向关注世间、关心人间、关切人生，成为一种特殊的人生智慧；其次，把修持目标定位于把握世间事物的实相——体悟实相、直悟性空，以达到涅槃境界；最后，由于确立了彻底的空观，不仅认为世间是空的，而且涅槃也同样是空的，于是对一切都不执着，以期获得精神上的自由。

《大般涅槃经》提出了"常、乐、我、净"的涅槃境界说，认为声闻与缘觉"二乘所得非大涅槃，何以故？无常、乐、我、净故，常、乐、我、净乃得名为大涅槃也"②，并进而强调，只有佛、菩萨才能达到大涅槃的境界，而此境界是超越世俗的有无、生灭的。

大乘唯识学派认为真如（佛教的最高真理）如实显现其本来相状，即涅槃。《佛地经论》曰："涅槃即是真如体上障永灭义。"③真如的本性是清净的，是一切众生所共有的。只不过凡夫的真如本性为"客尘"所蔽障，觉者因内证而显现其真如本性。大乘唯识宗还推崇"无住涅槃"，认为大乘菩萨为了利乐有情，即使自己的觉悟达到成佛的境地，可以进入涅槃境界，也不进住，而是坚持在世间弘法，以普度众生。只有度尽六道轮回中的众生，自己才最后进入涅槃境界。此涅槃观包含着浓郁的佛教伦理。

以上论述表明，印度佛教对涅槃进行了深入的探讨、充分的论证，并从不同的视角为佛教人生境界的实现开启了新路径。无论是哪一种涅槃观，在本质上都注重依靠修持主体的虔诚、仁慈与行善以达至理想境

---

① ［日］高楠顺次郎：《大正藏》第三十卷，北京：中国书店2021年版，第36页。

② ［日］高楠顺次郎：《大正藏》第十二卷，北京：中国书店2021年版，第502页。

③ ［日］高楠顺次郎：《大正藏》第二十六卷，北京：中国书店2021年版，第312页。

界。在达至理想境界的路途中，众生应有敬畏之心，遵循诸多的禁忌，敬畏诸多的物事。

印度佛教的涅槃说传入中国后，中国的佛教学者为了使其能够适应中国社会的需要，在汉、魏、西晋时代，主要以黄老的无为思想去比附、格义涅槃观；东晋时，僧肇用般若中观，慧远以神不灭论去贯通、诠释涅槃观；南北朝时期的僧人则将般若学与涅槃说相绾合；进入隋唐之后，僧人们又极力阐发涅槃佛性——自性学说。

自汉代以来，黄老道家的无为学说大为盛行，佛经的汉译创始人安世高即以无为思想翻译、诠释涅槃观。在他翻译的《阴持入经》（卷下）中，就有这样的译文："欲度世，是为尚有余无为未度；已无为竟，命已竟毕，便为苦尽，令后无苦。"①其中的"尚有余无为未度"，说的就是由于有肉身的存在，涅槃是不彻底的，因此仍需要继续"度世"；"已无为竟……令后无苦"，则是说肉体灭尽，超脱生死，也就无所谓痛苦了。东晋居士郗超在《奉法要》中也以无为诠释涅槃："泥洹者，汉曰无为，亦曰灭度。"②黄老的无为观念，其本义主要是顺其自然，与佛教的涅槃观念是有区别的，但由于中国佛教学者用黄老的无为思想比附涅槃，从而使得佛教的涅槃说具有了本土特色，易于为中国佛教信徒理解与接受。

东晋僧肇在其《肇论·涅槃无名论》中如是说："涅槃……秦言无为，亦名灭度。无为者，取乎虚无寂寞，妙绝于有为。灭度者，言其大患永灭，超度四流。"③将涅槃视为永无生死、超度烦恼、超言绝象的"无为""灭度"。而在《注维摩诘经》中僧肇又认为，涅槃与烦恼是不即不离的，涅槃并不是脱离了烦恼所达到的境界。众生本无自我实体，皆因缘而成。如众生妄执自我，则烦恼；若舍离了妄执，即涅槃。"因

① ［日］高楠顺次郎：《大正藏》第十五卷，北京：中国书店2021年版，第176页。

② 石峻、楼宇烈、方立天等编：《中国佛教思想资料选编》第一卷，北京：中华书局1981年版，第23页。

③ ［日］高楠顺次郎：《大正藏》第四十五卷，北京：中国书店2021年版，第157页。

儒家敬畏观钩玄

背涅槃，故名吾我，以舍吾我，故名涅槃。"①可见，僧肇在此是以"不厌生死，不乐涅槃""非在生死，非住涅槃"②的中道观去阐发涅槃说的。

东晋慧远在《沙门不敬王者论》中，用中国传统的神不灭论阐发其对涅槃的理解："反本求宗者，不以生累其神；超落尘封者，不以情累其生。不以情累其生，则生可灭；不以生累其神，则神可冥。冥神绝境，故谓之泥洹。"③慧远将涅槃理解为生灭神冥、形尽神存的境界，与印度早期佛教以毁身灭智、永灭生死是不同的。

南北朝的竺道生把般若学与涅槃说相结合，创造性地阐发了涅槃佛性说。在他看来，涅槃是"本性"之学，佛性是一切众生的本性。众生与佛、生死与涅槃、烦恼与菩提的区别只在于众生是否见性，倘若众生不见佛性，涅槃则为生死，菩提即为烦恼；众生若见佛性，则生死即涅槃，烦恼即菩提。"夫大乘之悟，本不近舍生死，远更求之也"④，认为一切众生，莫不是佛，亦皆泥洹。上述言论强调涅槃佛性即众生本性，众生若反本得性，也就是涅槃。"苟能涉求，便返迷归极，归极得本。"⑤"得本"即得见本性、佛性。竺道生作为鸠摩罗什的弟子，与其同窗僧肇一样都用般若学的中观理论阐述涅槃与生死、烦恼的不一不异，强调涅槃而又不执着于涅槃："既观理得性，便应缚尽泥洹，若必以泥洹为贵而欲取之，即复为泥洹所缚。若不断烦恼即是入泥洹者，是则不见泥洹异于烦恼，则无缚矣。"⑥竺道生的以上思想，对佛教的中国化产生了重要影响。

---

① [日]高楠顺次郎：《大正藏》第三十八卷，北京：中国书店2021年版，第377页。

② [日]高楠顺次郎：《大正藏》第三十八卷，北京：中国书店2021年版，第374、380页。

③ 石峻、楼宇烈、方立天等编：《中国佛教思想资料选编》第一卷，北京：中华书局1981年版，第83页。

④ [日]高楠顺次郎：《大正藏》第三十八卷，北京：中国书店2021年版，第392页。

⑤ [日]高楠顺次郎：《大正藏》第三十七卷，北京：中国书店2021年版，第377页。

⑥ [日]高楠顺次郎：《大正藏》第三十八卷，北京：中国书店2021年版，第345页。

隋唐时期，佛教的主要宗派皆重视对涅槃佛性说的阐发。天台宗的三种涅槃说，从体（理）、相（智）、用（应化）三方面揭示了涅槃的层次与类别；华严宗的法藏、澄观，用"圆寂"说去界定涅槃；禅宗尤为重视自心的解脱，反对在自心之外另求清静境界。禅宗六祖慧能强调菩提生于烦恼，众生与佛的区别，只在于"迷"或"悟"的一念之差："前念迷即凡夫，后念悟即佛；前念著境即烦恼，后念离境即菩提。""若识自性，一悟即至佛地。"（《坛经·般若品》）

在佛家弟子眼中，人生之苦，根本原因在于有"生"，而人要生存、生活，就有七情六欲。于是就会去追求、执着、计较……这一切，都是苦的因缘，是有"生"的人必然面对的苦因。而且，生不仅有如上必随之因缘，还有其根本特性，即"无常"。这就把人生置于时间之维中，万物没有例外，都在变化之中，都"无常"，都留不住，最终的结果即死亡，死亡是必然结局。也正因为无常，"佛以一大事因缘而生"，这一大事也就是生死，"生死事大"成了禅宗经常道说的禅语。在禅宗看来，人生即苦，而且苦海无边，何处是岸？岸不在外在的权威和偶像，因为"自性本自具足"，唯一的途径就是悟，而且是顿悟，并不需静望修持，只要将禅渗透到日常生活中，以"随缘任远"的态度对待生。在此意义上，禅宗已演化成一种生活方式或人生哲学。

禅宗顿悟到的是：诸行无常，诸法无我，一切皆苦。尤其是生活的无常，因无物常住，使之领悟到人生的真谛，空无的意识便随之而来。于是，更进一步便悟到了"空"，悟到了"无"。《中论》第二十四品曰："众因缘生法，我说即是空。亦为是假名，亦是中道义"，一切事物都是因缘生成，本身无自性，所以谓之空。

一旦悟到了一切"无常"、一切皆"空"，那么时空、因果、过去、现在和未来都融会贯通了，因而也就超越了一切物我界限，凝为永恒的存在，于是也就达到了真正的本体自身，亦即"实相""真我""佛性"。在"空"面前，一切皆自然，于是人也就获得了自由，获得了解脱，生活的意义也就由这"无""空"之中生发出来，从而既不用计较世俗事

物，也不必故意枯望修行，饿来即食、困来即眠，自然而然顺其本性，就在这"本真"的生存中即已超凡入佛，因为你已参透禅机——通过自身独特的途径，亲证了"万古长空，一朝风月"的瞬间永恒。也正是在这顿悟之"顿"中，意义向人生成，人返回"本真"状态，脱离苦海——不舍生死而入涅槃。正如慧能的弟子神会所言：自心从本已来空寂者，是顿悟；即心无所得者，为顿悟；即心无住为顿悟；存法悟心，心无所得，是顿悟；知一切法是一切法，为顿悟；闻说空，不著空，即不取不空，是顿悟；闻说我不著，即不取无我，是顿悟；不舍生死而入涅槃，是顿悟。我即佛，佛即我，一念之"悟"，沉沦提升，本真唤回，意义生成；一顿之"悟"，苦海有岸，自性即真。①

在中国佛教特别是禅宗那里，一切众生都有共同的"真性"，这种真实的自性是清净的，先天就有的，因而是永恒的。"真性"是世间和出世间一切事物的本原，也是众生成佛的根据，故"真性"也就是"佛性"，亦称"实相"。然而，由于受外部事物的诱惑，人们产生了种种见解，这些因与外物发生联系而产生的"妄念"，像浮云一样遮盖了人的清净自性，使它不能得到显现，因而才需要去掉妄念，使佛性、实相显现出来：自性需常清净，了见日月星辰，方能万象森罗，一切皆现。既然一切万法尽在自心中，何不从身心顿现真如本性。所以，一心盼望成佛的众生，必须虔诚地祛除"妄念"，弃恶扬善，才会豁然开悟，瞬间"见性"而入"佛地"。

佛教哲学之所以让古今中外众多教内外人士赞叹、服膺，不仅在于佛教哲学家逻辑思辨水平之高超，而且还在于他们拥有超常的直觉（顿悟）能力。人类这种被近代科学抑或哲学所忽视、掩盖的超越性认识潜能，早就被一代代佛教大师深深发掘，并由此焕发出烛世觉迷的智慧之光。唯有在此智慧之光的朗照下，众生才能进入涅槃境界。而进入涅槃境界的过程，实质上亦是在敬畏之心范导下依靠修持主体的虔诚、仁慈和行善达至理想境界的过程。

① 参见神会：《神会和尚禅话录》，杨曾文编校，北京：中华书局1996年版，第80页。

由上可见，蕴藏着深睿智慧的中国佛教倡扬的"因果报应"论、"佛性"论、"涅槃"观等，蕴涵着的慈悲观、众生平等观、对同类的"善业"观，与儒家的仁爱思想相互辉映、彼此成就，使得人们的敬畏之心得到伦理支撑。中国佛教伦理正因为与中国儒家文化传统相结合，才能够在中国的土地上与世俗伦理共同发挥着它的社会作用。在佛性理论的影响下，一切皆有佛性的思想，这也使得儒家敬畏观中浸染了对万物的仁慈之心，唐代李翱的"去情复性""循礼而动"、刘禹锡的"蹈道必赏""违之必罚"、宋明理学家的"民胞物与""仁者与万物一体""君子之心常存敬畏"等所随性而发的敬畏观念，无疑与中国佛教的"一切皆有佛性"思想相融相契。

在一定意义上说，佛教之宗旨在于"破迷开悟"、启发智慧，以期人们能够有能力在现实世界中辨别真妄、邪正、是非、善恶、利害，从而树立大觉、奋发、进取、乐观、向上的慈悲济世的人生观。佛教的各种戒律，对万物皆有佛性的信仰、对佛法的敬畏，虽然有其虚幻性，但却激发、丰富了儒家的敬畏观。以敬畏生命、崇尚和平、期盼和谐、慈爱向善、救世济人为核心的佛教智慧中氤氲着的敬畏意识，不仅给儒家甚至给整个人类都以深刻启示。社会发展到今天，大乘佛教普度众生的精神、中国人间佛教"为出世而入世"的观念，其实都是在以出世的姿态从事着入世的事业。佛教以其独特的方式彰显的关注社会现实、关心人类生存和发展的道德观念和敬畏意识，无疑有益于人类敬畏之心的培育、滋养与涵泳。

第七章　儒家敬畏观之当代蕴涵

人类之所以应心存敬畏，是因为"敬"生虔诚之心，"畏"生戒惕之意，傲慢骄横只会给人类带来无法承受之重。正如科幻小说《三体Ⅲ》的作者刘慈欣所言："弱小和无知不是生存的障碍，傲慢才是。"①用"傲慢"一词概括人类"生存的障碍"，可谓一语中的。而克服傲慢的良方，就在于培育人们的谦卑意识与敬畏之心。对此，儒家敬畏观将为当下的人们探秘宇宙、审视自身、思索未来彰显其当代价值。

第一节　为当代中国社会治理提供伦理支撑

社会治理是指政府、社会组织和公民个人在维护社会秩序、解决社会问题、促进社会发展等方面所采取的行动与措施。社会治理，既需要伦理准则作为支撑，亦需要与伦理准则相适应的道德行为规范作为导引。纵观历史上人们对伦理道德的关注，大体存在着"认知"与"实践"两种理路，而探究道德基础的构建对社会治理的意义，则主要与后一理路的关系更为紧密。

以人们的交往实践和生活世界为基点，从民众的日用常行出发，

---

① 刘慈欣：《三体Ⅲ：死神永生》，重庆：重庆出版社2010年版，第513页。

我们会发现"德治"与"法治"是中国社会两种重要的传统治理模式。以人文情怀为基础形成的德、法相结合（自律与他律）的模式，在中国古代社会治理过程中曾经取得了显著成效。"中国古代社会崇尚人文精神，在国家治理中坚持以人类自身的力量与智慧，解决人类面临的问题。……这一治理模式维护了国家统一、社会稳定与文化绵延，展示了中华文化的人文情怀，体现了中华民族的文化自信。法律借助于道德，获得自身的正当性，并通过对于道德的依附而发挥调整社会关系、规范社会秩序的作用，对于中国传统法律本身产生诸多重大影响。"①"德治"与"法治"相辅相成，成为实现国家稳定和社会长治久安的保障。

相对于传统社会而言的现代社会，尽管其有效治理必须依靠具有现代法制性质的制度规约，但这并不意味着道德规范对社会治理不再具有价值，而道德基础之构建对于当代中国社会治理，也许更为必要。因为维系社会秩序和化解社会冲突的社会治理，既需要包括法律法规以及社会政策的"法制"，亦需要弘扬社会道德和体现社会价值的"德治"。伴随着经济社会发展，中国社会的有效治理在一定程度上仍然有赖于民间自发的基于道德基础的治理实践。

而这种民间自发的以道德基础作为基点的治理实践，在很大程度上受到传统儒家敬畏观的影响：举头三尺有神明的道德箴言，无疑对人们的行为起到了警示、规范与制约的作用。梁启超先生曾如是说："凡一社会，必有其所公认之道德信条，由先天的遗传，与后天的熏染，深入乎人人之脑海而与俱化。如是，然后分子与分子之间，联锁巩固，而社会之生命，得以永续。"②中国社会是如此，西方社会也不例外。英国启蒙思想家大卫·休谟（David Hume），曾将人类的道德分为未经教化的道德和已经教化的社会性道德。他还认为，随着社会的进化，人们需要

---

① 朱勇：《中国古代社会基于人文精神的道德法律共同治理》，《中国社会科学》2017年第12期，第160页。

② 梁启超：《饮冰室合集》文集二十八，北京：中华书局1989年版，第14页。

以更具普遍性的社会性道德代替那种未经教化之道德，从而使人们的情感更具公共性①。法国社会学家埃米尔·涂尔干（Émile Durkheim），则特别强调道德重建的重要性，并认为，随着工业社会化进程的加快，社会将出现分化并打破原有的社会整合，于是，在此情形下重建社会道德就具有更为重要的意义。因为道德可以作为一种"集体表象"，规约并遏制失范行为、实现维持社会秩序的"重任"。面对当时法国动荡不居的现实，他直言需"即刻着手创建一种道德力量，并以此为法律提供实质和形式"②。

在一定意义上说，"道德是一种有别于成文法规或'显性制度'的'隐性制度'。在社会治理过程中，道德对人的社会行为进行引导与规范，与其他'显性制度'交互影响，推进了社会制度的创新，参与了社会秩序的构建，维护了社会发展与稳定。在实践维度上，道德自身的时代性与在地性、治理机制的系统性及治理作用的有限性，制约和影响着道德参与社会治理的现实过程"③。将"道德"视为一种有别于成文法或"显性制度"的"隐形制度"，充分肯定了道德对于社会治理的价值。

儒家敬畏观作为"隐形制度"的内涵成分，曾为中华民族的生存繁衍、为中国传统社会的有序演进，奠定了道德基础。据《尚书·周书·召诰》记载："惟不敬厥德，乃早坠厥命。"警示人生在世必须敬畏美德，否则将性命难保。《诗经·大雅·文王》云："无念尔祖，聿修厥德。永言配命，自求多福。"意即如果不能恪守先祖的真德善性，就不可能修好个人德行。唯有长久顺应天命，才能求得多种福报。《史记·五帝本纪》亦记载了尧要求羲氏、和氏"敬顺昊天"的旨意，强调唯有敬畏天道方能奉行人道。

---

① 参见［英］大卫·休谟：《人性论》下，官文运译，北京：商务印书馆1997年版，第80页。

② ［法］埃米尔·涂尔干：《社会分工论》，渠东译，北京：生活·读书·新知三联书店2005年版，第44页。

③ 朱辉宇：《道德在社会治理中的现实作用——基于道德作为"隐性制度"的分析》，《哲学动态》2015年第4期，第75页。

仁者与天地万物一体，是儒家的共识。人类与天地万物原本就是一个生命共同体，一荣俱荣、一损俱损。而自近代开始，随着现代科技和工业革命的兴起，人类改造自然、征服自然的信心与决心日益增强。正是在征服自然的"雄心壮志"驱使下，自以为是万物灵长的人类，不断地去制衡万物、为天地"祛魅"。人类的狂妄自大所导致的生态恶化已然显现，如果仍沉醉于对自然的征服而不醒悟，继续无视自然对人类的警示与报复，不去敬畏自然、敬畏规律，必将自食其果。对此，人类已有沉痛的教训。同样，当今人类如果仍固执地陶醉于对技术的垄断，执着于对人工智能发展的盲目乐观，对科学的"边界"缺失必要的认知与敬畏，亦将造成难以想象的灾难。

随着人类智能的不断发展，人们曾天真地认为，通过人工智能，人类将不断地制造出更高智的机器，从而掌控宇宙。对此，当代美国学者雷·库兹韦尔（Ray Kurzweil）所著《奇点临近》一书，对科技进步以及人工智能机器人发展给人类的影响作出了如下预测：人工智能技术将经历三个阶段——弱人工智能、强人工智能与超人工智能。人类至今仍处于弱人工智能阶段；随后将进入强人工智能，即机器的智能与人齐一；再进一步将进入超人工智能阶段，即机器的智能远远超过人。而人类技术的进步是按指数增长的，按指数增长的人工智能一旦达到与人的智能效率齐一时，它将只需要数小时就能进入超人工智能。而超人工智能机器人，将会缔造出更为高智能的机器人，其智商将是人类的 17 万倍。书中还预测：从 2045 年始，人类文明将走向尾声。对于如此危言耸听的警告，人们或许会作如是推断：智能机器人是人类自己制造的，如果出现对人类产生威胁的举动，仅需将其电源切断，它不就不能工作了吗？但令人恐怖的是，超人工智能机器人，可能在数秒钟之内就能创建出新的能源。

尽管《奇点临近》写于 2005 年，中译本 2011 年底才付梓，但其对人工智能的预测则颇具超前性。书中探讨和预言了人类即将面临的新一轮技术革命，即由人工智能、生物医学、纳米科技的交融发展所带来的

爆炸式、无限快的科技发展速度的来临。雷·库兹韦尔基于科技发展史进而指出，科技发展是符合幂律分布的，即前期发展较为缓慢，之后则愈来愈快，直至爆发，最终将到达一个爆发的"奇点"，届时人类将被人工智能主宰。《奇点临近》作为一本充满想象但又不失科学论证的著作，其严谨缜密的论述方式、警世恒言与商讨性对话、奇异与告诫的结论，对于理解当今的技术发展与进化中的人类，无疑具有方法论的启示意义。

2022年11月，美国人工智能研究实验室OpenAI推出了一种人工智能技术驱动的自然语言处理工具ChatGPT，其使用Transformer神经网络架构用于处理序列数据，不仅拥有语言理解和文本生成的功效，而且还能根据聊天的上下文进行互动，与人类在一定聊天场景下进行交流。与此同时，它还具有邮件收发、视频脚本编辑、文案撰写以及翻译、代码书写等功能。2023年3月15日，OpenAI正式推出GPT-4。GPT-4是多模态大模型，即支持图像和文本的输入及输出，并拥有强大的识图能力，文字输入限制提升到了2.5万字。GPT-4的特点在于：其一，训练数量更大；其二，支持多元的输出及输入形式；其三，在专业领域的学习能力更强，经过专业训练后，其考试能力也更强[1]。

毋庸讳言，此类人工智能技术确实能为商业发展和改善民生带来巨大机遇，但同时也伴随着巨大风险，因此欧盟正在考虑设立规章制度，以规范其使用，确保其向用户提供高质量、有价值的信息和数据。为了防止ChatGPT出现超出伦理规范的言行，科学家不得不采用按照预先设计的道德准则，对不怀好意的提问和请求"说不"的设计，包括但不限于暴力、歧视、犯罪等意图，都会拒绝提供有效答案。

2023年4月10日，中国支付清算协会表示，近期已有部分企业员工使用ChatGPT等工具开展工作，但此类智能化工具已暴露出跨境数据泄露等风险。为有效应对风险、保护客户隐私、维护数据安全，提升支付

---

[1] 参见：《OpenAI正式推出GPT-4 AI产业变革迎更多机会》，《证券日报》2023年3月16日第A1版。

清算行业的数据安全管理水平，根据《中华人民共和国网络安全法》《中华人民共和国数据安全法》等法律规定，中国支付清算协会倡议支付行业从业人员谨慎使用ChatGPT①。

以上事实充分说明，人工智能的发展，虽然给人类带来了诸多便利，但由于人们目前对其发展的后果以及对其成果的恶意使用的结果，还未有清晰认知，抑或对科学缺乏敬畏之心，都将会给人类社会造成难以想象的灾难。可见，没有科技的人文，也许是愚昧的，但没有人文的科技，则一定是危险的。人工智能一旦失控，其威胁将远远超出人类的承受范围。由于AI的智能性与不可预测性同时并存，人类必须对其保持应有的警惕、限制与敬畏。

当今世界，人工智能的应用范围仍在逐步扩展，人类必须清醒地认识到：人类必须拥有敬畏之心——言有所戒，行有所规。"规范的作用不光是节制行为，而且赋予生活意义。人失去了规范，也失去了生活的成法。"②人类如若失去生活的成法——被证实为可行的法令、制度、规矩、方法，必将造成社会动荡、人性异化。"故释先王之成法，而法其所以为法。"（《吕氏春秋·察今》）正如司马迁所言："乃命于帝庭，敷佑四方，用能定汝子孙于下地，四方之民罔不敬畏。"（《史记·鲁周公世家》）

对"法"的敬畏，无疑有助于创设社会治理的良好环境。但如果对作为社会治理环境的道德基础不予重视，那么其相应的治理理论及其行动，也会受到掣肘并最终影响治理结果。不可否认，借鉴西方治理理论与制度，尽管有助于提高社会治理效率并创新治理模式，但若治理的理论与实践未能与中国社会现实相适应，且未能与中国传统文化相接续，就有可能导致社会组织脱域及社会制度失效。以"两个结合"（即坚持

---

① 参见《中国支付清算协会倡议支付行业从业人员谨慎使用ChatGPT》，《新京报》2023年4月10日第7版。

② 张德胜：《儒家伦理与社会秩序：社会学的诠释》，上海：上海人民出版社2008年版，第11页。

把马克思主义基本原理同中国具体实际相结合、同中华优秀传统文化相结合）为指引构建社会道德基础，不仅有助于良好的社会治理环境的创设，亦有利于为治理主体提供基本的道德规范。

建立在一定道德基础上的儒家敬畏观，曾经是宽泛意义上的中国古代社会制度的组成部分。制度可被视为人们用以影响和决定相互关系的规约，其不仅包括各种正式的法规，同时亦包含由道德约束、禁忌、习惯等构成的行为规范。在此意义上说，儒家敬畏观本身就具有礼法合一的特征。其在长期发挥作用的过程中，不仅具有隐性制度属性，且与显性制度本身亦具有融通性。

儒家敬畏观与社会制度之间所具有的融通性，意味着社会治理制度之创设，与内生性的道德要求是相辅相成的，因此，重视制度内容与道德基础的"契合"，能够最大限度地加强社会共识，从而提升制度的合理性，以减少制度执行过程中来自各方的阻力。

中国现代意义上的民族国家之建立以及社会的现代化进程，虽然深受西方影响，但中国社会在其长期的发展过程中，也形成了较为稳定的支持社会运行的一整套制度及伦理规范。中国历代先哲始终执着于对国家及社会治乱兴衰问题缘由的追问，他们认为，要使社会正常运行并秩序井然，就必须有一套使社会成员认可并奉行的社会伦理规范系统。在梁漱溟看来，肇基自宗法社会并起先孕育于家庭及家族内部的传统伦理，对中国社会的影响几乎是全方位的。他之所以认为中国社会实乃一"伦理本位"社会，正是基于其伦理对于中国的经济、政治和社会均有重要影响且在事实上有宗教之用的判断[①]。"在世界文明体系中，中国文化是与宗教型文化比肩而立的伦理型文化，改革开放40年来，中国社会大众在激荡和震荡中所形成的最基本也是最重要的共识之一，就是关于伦理道德的文化自觉和文化自信。这主要体现在三个方面：对中国伦理道德传统的文化认同与文化回归；对现实生活中伦理道德优先地位的文化守望；对现代中国伦理道德状况的肯定及其未来发展的文化信

———————
① 参见梁漱溟:《中国文化要义》,上海:上海人民出版社2011年版,第79页。

心。"①这种文化自觉和文化自信，并未因社会的现代转型而失效。

由于"不同文化生态具有凝聚价值共识的不同路径，在西方是宗教，在中国是伦理道德。"因此，"在当今中国……既要进行现代对传统的文化批判，也要进行传统对现代的文化批判。所以……期待一种回归传统的精神家园的努力"②。儒家敬畏观作为中国社会价值观的重要组成部分，无疑具有"收拾人心"、治理社会的功能，并正在为"回归传统的精神家园"而"努力"着。

中国当下存在的一些影响社会秩序的矛盾，追究其产生的根源，既有社会转型期导致原有维系社会秩序的条件和结构发生的变化，亦有道德约束力下降导致的社会异化。由于传统社会的道德基础，在现代"理性"冲击下稍呈零落之势，现代社会倡扬的价值规范，与普罗大众的日用常行也尚存间距，再加上经济大潮的冲刷，使得部分人更为注重自身利益而罔顾道德规范，从而导致在生活实践中僭越道德规范的限定。鉴于此，蕴涵在儒家经典中的敬畏观，能为化解现代社会治理中遭际的种种困惑，在一定意义上提供了伦理智慧的滋养。

历史的教训值得注意：曾经，有人将中国现代化过程及思想启蒙受阻，归因于儒家传统的内敛保守性亦即"泛道德主义"，为此而极力地"反传统"。其实，如此的认知及评判本身就是失之偏颇的。即使在当今中国，氤氲着儒家伦理的敬畏观，依然起着规约社会主体言行的作用。这不仅表显为个体层面的警示自律、精神磨砺、人文关切，而且体现为超越个体的人道主义、理性精神及忧患意识。儒家敬畏观绝非理性欠缺抑或"泛道德"，反而恰恰是适应现实生活世界且具有理性特征的观念。"儒家道德传统的精神实质是要人们在自己的生活实践中建立起实实在

① 樊浩：《中国社会大众伦理道德发展的文化共识——基于改革开放40年持续调查的数据》，《中国社会科学》2019年第8期，第25页。

② 樊浩：《伦理道德能为价值共识贡献什么》，《道德与文明》2014年第4期，第10、11页。

在的'道德'。"①正是由于儒家敬畏观与现实生活世界相依相傍，进而在规约人们社会行为的过程中，依然具有其现实适应性，从而能够为当代中国社会治理提供伦理支撑。

第二节　氤氲着成人、成己、成物之价值关切

儒家将成人、成己、成物理念视为一个有机整体。所谓"成人"，具有两种含义。第一种含义是指具有至诚之德的"全人"。朱熹曰："成人，犹言全人。"②第二种含义是指成就他人。儒家主张"推己及人"，一个极力成全自己美德的人，也会极力成全他人，"明明德于天下"的人，才是真正的"成人"。所谓"成己""成物"，《礼记·中庸》曰："诚者，非自成己而已也，所以成物也。成己，仁也；成物，知也。性之德也，合外内之道也。故时措之宜也。"明确主张"诚者"（成人）既能成就己身，亦能成就万物（包括他人）之性。人最终成就的既有对己身德性的涵泳，也含摄对他人、他物的关切。

历代先哲对成人问题的思考常论常新。据《国语》记载，在史伯与郑桓公的对话中就有"平八索以成人"（《国语·郑语》）的理念。此处所言"八索"对应的是"八卦"，"谓乾为首，坤为腹，震为足，巽为股，离为目，兑为口，坎为耳，艮为手"③。以八卦对应人体，而人体是多种器官抑或多个部分的有机统一，唯有多个部分的相互协调，整体的运行方得可能。

"平八索以成人"的思想，在《论语》中得到了发挥："子路问成人。子曰：'若臧武仲之知，公绰之不欲，卞庄子之勇，冉求之艺，文

① 方朝晖：《知识、道德与传统儒学的现代方向》，《中国社会科学》2005年第3期，第87页。

② 朱熹：《四书集注》，长沙：岳麓书社1985年版，第185页。

③ 徐元诰：《国语集解》，北京：王树民、沈长云点校，中华书局2002年版，第470页。

之以礼乐，亦可以为成人矣．'"（《论语·宪问》）孔子将"成人"视为具备智慧、无欲、勇敢、才艺、知礼、达乐等诸多优秀品格的人，这样的人亦即"全人"。在此，孔子所言之"成人"，不仅强调"德"的完备，而且注重"艺"的发挥。南宋朱熹对"成人"亦有如下见解："使德成于内，而文见乎外，则材全德备，浑然不见一善成名之迹，中正和乐，粹然无复偏倚驳杂之蔽，而其为人也亦成矣。"①可见，儒家大多从"德艺双馨""德才兼备"角度来诠释"成人"或"全人"。

如果细究，我们会发现，孔子虽然主张"德才兼备"是"成人"的标配，但对"德"则更为注重。子曰："有德者必有言，有言者不必有德。仁者必有勇，勇者不必有仁。"（《论语·宪问》）基于此，后来的司马光在《资治通鉴》中明确强调："才者，德之资也；德者，才之帅也。"②

正因为儒家先贤都主张"成人"必须是"德才兼备"之"全人"，所以他们又都认为"成人"必须既要"成己"也要"成物"。"成己"——自我内在之德性涵泳，"成物"——物我相合之人文关切。"民胞物与"之儒者胸襟，使得"成己"与"成物"彼此成就、相辅相成。"成己"与"成物"，理应是"成人"范畴之题中应有之义，正是在"成己""成物"遥相呼应、相摩相荡的过程中，最终实现"成人"之理想。唯如此，方"合外内之道"。

虽然《论语》中未曾出现"成己"二字，但关于成人须成己的思想却跃然纸上："古之学者为己，今之学者为人。"（《论语·宪问》）将"己"与"人"从相对待的视角进行诠解，乃先秦文献较为常见的做法。诸如"舍己从人"（《尚书·大禹谟》）、"君子贵人而贱己，先人而后己"（《礼记·坊记》）等。在这种关联中，"人"是指与"己"相对的"他人"。在孔子那里，"学之为人"的"为人"，并非指成就他人，不可将之与成就他人或"成人"直接等同。何晏引孔安国注："为己，履而

① 朱熹:《四书集注》,长沙:岳麓书社1985年版,第185页。
② 司马光:《资治通鉴》第一卷,北京:中华书局1976年版,第14页。

儒家敬畏观钩玄

行之。为人，徒能言之。"①意即人之所学是能身体力行，还是停留于夸夸其谈，是区分"为己"与"为人"的界标。皇侃进而将"为己"诠释为"成己"："明今古有异也。古人所学，己未善，故学先王之道，欲以自己行之，成己而已也。今之世，学非复以补己之行缺，正是图能胜人，欲为人言己之美，非为己行不足也。"②在此，皇侃认为孔子的"为己"强调的是"学"以"成己"，凸显的是自我德性的涵泳。孔子将"仁"视为终其一生的道德理想，仁的实现即成人、成己："仁以为己任，不亦重乎？死而后已，不亦远乎？"（《论语·泰伯》）

《礼记·中庸》不仅认同成人须成己，而且还明确地将"成己"与"成物"相勾连："成己，仁也；成物，知也。"其实，"成己"须"成物"亦是孔子所倡扬的。在孔子看来，人之生存虽依赖自然，但需取之有度，不能竭泽而渔，破坏其再生力。在他那里，对自然的尊重、对天道（规律）的敬畏，不仅呈现在语言中，而且落实在行动上——"子钓而不纲，弋不射宿。"（《论语·述而》）孔子还进而指出："道千乘之国……使民以时。"（《论语·学而》）可见，孔子不仅主张"成己"须"成物"，而且还强调应成就"他人"（"使民以时"）。对此，孟子盛赞孔子为"仁民而爱物"（《孟子·尽心上》）的"圣之时者"（《孟子·万章下》）。

孟子对孔子以上思想进行了发越，《孟子·梁惠王上》中记载了孟子与齐宣王的一段对话，孟子曰："今恩足以及禽兽，而功不至于百姓者，独何与？"他主张推恩爱物必须与仁爱百姓相一致，因为"推恩足以保四海，不推恩无以保妻子。古之人所以大过人者无他焉，善推其所为而已矣"。孟子进而认为，这种世间"仁民"（"功至于百姓"）之盛景与推而廓之的"爱物"（"恩足以及禽兽"）的实现，必须建立在敬畏自然及其规律的基础之上。因此，"不违农时，谷不可胜食也。数罟不入洿池，鱼鳖不可胜食也。斧斤以时入山林，材木不可胜用也。谷与

---

① 何晏：《论语注疏》，北京：北京大学出版社2022年版，第222页。

② 何晏注、皇侃疏：《论语义疏》，北京：中华书局2013年版，第373页。

鱼鳖不可胜食，材木不可胜用，是使民养生丧死无憾也……五亩之宅，树之以桑，五十者可以衣帛矣。鸡豚狗彘之畜，无失其时，七十者可以食肉矣。百亩之田，勿夺其时，数口之家可以无饥矣"（《孟子·梁惠王上》）。在此，我们会发现，孟子关于"不违农时""勿夺其时""使民养生丧死无憾"等思想，都充分体现了对天道与人道的敬畏，对成人、成己、成物之价值关切。

成人须成己、成物，但如何成己、成物？这亦是儒家进一步探讨的问题。成己、成物有诸多路径，但这些路径的实施，必须建立在对人、对己、对物的本性及规律的认知基础之上。至于如何认知规律、遵循规律，这无疑涉及对规律的尊重与敬畏。

作为先秦儒家思想的后继者、集成者的荀子，尤为强调"成己"的过程须身心整体参与。心有所得并体之于身，便是己之成："君子之学也，以美其身；小人之学也，以为禽犊。"（《荀子·劝学》）"美其身"与《礼记·大学》倡扬的"德润身"有异曲同工之妙。"美其身"，既指身体的长寿，更为重要的是指身心循礼而得其治："扁善之度，以治气养生则后彭祖，以修身自名则配尧、禹。宜于时通，利以处穷，礼信是也。凡用血气、志意、知虑，由礼则治通，不由礼则勃乱提僈；食饮、衣服、居处、动静，由礼则和节，不由礼则触陷生疾；容貌、态度、进退、趋行，由礼则雅，不由礼则夷固僻违，庸众而野。故人无礼则不生，事无礼则不成，国家无礼则不宁。"（《荀子·修身》）

在荀子看来，人身既指躯体，亦指人心之灵。修身就是发挥身心两者的功能，以成就人的生命及其价值。生命的存在乃修身之前提，但躯体的长养，需要人发挥志意思虑的功能——"天养"（《荀子·天论》）。生命的长养并非放纵人的欲望，而是应遵守"礼"而节制生活，使身心免于外物的侵袭，从而使身心在"礼"的规范下得其"雅"。人倘若能以"礼"来"注错"己身，就能成为君子。

荀子还进而强调，君子在学、思、行中，应"使目非是无欲见也，使耳非是无欲闻也，使口非是无欲言也，使心非是无欲虑也"（《荀

子·劝学》）。心对礼的恪守必不可少，身心遵礼是为"仁"之前提。唯如此，方能"复礼为仁"。这与孔子强调的"克己复礼""非礼勿视，非礼勿听，非礼勿言，非礼勿动"（《论语·颜渊》）的理念正相契合。

由上可见，在儒家那里，"成人与成己、成物密切相关……成人，是指成为一个全人。全人既要成己也要成物。成己指向的是'内自定'，突出的是自我身心的德性成就。成物指向的是'外应物'，突出的是类意义上的整全发展。……正是在成己、成物的交互发展中，成人才最终得以可能"①。成己是对人自我修养的强调，而成人、成物则是成己的内在要求，亦即对他人及外物的认可与尊重。人既要认知自我，亦须认知外物（包括他人）。对自我的认知会加深对外物的了解，正是外物向自我的敞开、去魅，从而使人对自我的认知更为拓展与深化。

《礼记·中庸》推崇"合外内之道"，《礼记·王制》强调"昆虫未蛰，不以火田。不麛，不卵，不杀胎，不妖夭，不覆巢"。这都充分说明人类不仅要尊重、敬畏、维护人与天地万物共享的本根，而且要彰显天地万物之大德，对自然与动植物的利用、摄取必须有理、有节、有情。从而达到人与万物之间的和谐共生。

北宋理学家张载，更是主张人类应敬畏天地之生生大德并加以效仿，从而将植物、动物，甚至将无生命的万物都视为自己身心的一部分，并对其怀有怜悯、敬畏之心，进而尽力呵护，其"民胞物与"之理念跃然纸上。南宋理学家朱熹在《中庸章句》中极力呼吁"君子之心，常存敬畏"，告诫世人：人生在世，应拥有一颗敬畏之心。明代大儒王阳明则认为，"致良知"的过程即良知发用流行的过程："君子之酬酢万变，当行则行，当止则止，当生则生，当死则死，斟酌调停，无非是知其良知，以求自谦而已。"②涵养德性，不仅要有"吾日三省吾身"

---

① 李记芬：《荀子"成人"思想研究——基于成人与成己成物关系的辨析》，《中国哲学史》2021年第2期，第19页。

② 王守仁：《王阳明全集》上，吴光、钱明、董平等编校，上海：上海古籍出版社2012年版，第63—64页。

（《论语·学而》）的自警，更要有在"事上磨练……一意培养本原"①的"致良知"之"自谦"功夫。

儒学的"为己"之学，实则是成就自我、成就他者、成就万物的生命之学。"人""己"作为儒家敬畏观关注的主体概念，就在于通过"修己"而"成己"，"成己"的实现，又必然关联"成人"与"成物"。圣人与道同体，与诚无异，究天人之际，通古今之变；君子因学而诚、自明而诚，成己即成人、成物，人、己、物同根亦同源也。

儒家敬畏观对成人、成己、成物之价值关切，自始至终都植根于遵循并敬畏自然、社会、人类发展规律的基础之上。仁民爱物与敬畏天地之大德相辅相成，任何漠视、违背这些规律的行为，都将受到无情的惩戒。

第三节　彰显内在修己与外在进取之彼此成就

如上所述，儒家敬畏观氤氲着成人、成己、成物之价值关切。此关切，涵蕴着内在修己与外在进取之相互成就。内在修己与外在进取如车之两轮、鸟之两翼，成就着儒家修齐治平的价值理想。

修齐治平之价值理想，亦是儒家士人的理想人格。它意味着人的活动是由内向外依次推廓的——成己始于人之内在修养，进而成就他人与万物。《礼记·大学》曰："古之欲明明德于天下者，先治其国；欲治其国者，先齐其家；欲齐其家者，先修其身；欲修其身者，先正其心；欲正其心者，先诚其意；欲诚其意者，先致其知，致知在格物。物格而后知至，知至而后意诚，意诚而后心正，心正而后身修，身修而后家齐，家齐而后国治，国治而后天下平。""修齐治平"内含着内在修己与外在进取之秩序、准则与规范。

---

① 王守仁：《王阳明全集》上，吴光、钱明、董平等编校，上海：上海古籍出版社2012年版，第52页。

"修身"以"孝悌"为起点。孝悌的内在根据是对生命的尊重与敬畏。"老吾老，以及人之老；幼吾幼，以及人之幼"（《孟子·梁惠王上》），不仅要求人们关爱自己的父母、呵护自己的子女，亦应关爱、呵护他人的生命，从而推廓至对上敬孝、对下爱慈、对兄友悌。"孝悌"的实现，建立在"敬天法祖重社稷"的古训之上。宗教的实质是敬畏神灵，孝悌的本质则是敬畏生命："慎终追远则民德归厚矣。"（《论语·学而》）"万物本乎天，人本乎祖"（《礼记·郊特牲》）"举头三尺有神明"等古训，使得儒家敬畏观得以在生活世界中被世代传承、践行。

内在的"修身"，必将外推至"齐家、治国、平天下"之担当；遵循敬畏生命的准则，也必将履行"齐家"的责任。"家"，永远是中国人内心深处最亲柔、最浓烈且又最难以割舍的情愫：李白"此夜曲中闻折柳，何人不起故园情"的思念；杜甫"烽火连三月，家书抵万金"的祈盼；陆游"王师北定中原日，家祭无忘告乃翁"的嘱托，都彰显着对家人的惦记、对亲人的挚爱、对亡灵的追思、对生命的敬畏。

对孝文化的坚守，使得在儒家那里，"小家"始终连接着"大家"，"家国情怀"始终是国人不二的执念。世人尽管热爱生命、敬畏生命，然而一旦为了国家的根本利益需要献出个体生命时，则绝不会有半点踌躇：司马迁"常思奋不顾身，而殉国家之急"、李清照"生当作人杰，死亦为鬼雄"、文天祥"人生自古谁无死，留取丹心照汗青"等惊天地泣鬼神之绝唱，无不体现着"齐家、治国、平天下"之浩然正气。

唐代魏征曾在《谏太宗十思疏》中反问道："岂取之易而守之难乎？"（夺取天下容易而守住天下更难吗？）在魏征看来，"取易守难"只是表象而已，背后的深层缘由则取决于"取""守"之人的德行与才干。德行深厚、才干超群，则取、守天下易如反掌，反之则几无可能。如何始终保持淳厚之德行？在儒家看来无他，唯有在修身的基础上尊重客观规律、敬畏天道古训。

依儒家之见，厚实德行乃"修身"之根本。而外在的"德行"，则源自内在的"德性"。《礼记·大学》为儒者提出了"修身"之"三纲

领"与"八条目"。《大学》既强调以修身为本："自天子以至于庶人，壹是皆以修身为本"——修为外在之"德行"，亦主张"诚意""正心"："所谓修身在正其心者"——涵养内在之"德性"。与此同时，在儒家看来："身""心"原本就是"不二"且圆融无碍的，神（心）本于形（身）而生，形乃神之载体，神为形之主宰，二者相互依存，不可分割。这样一来，外在的德行与内在的德性，亦是相互依傍，合二而一的。

宋明理学家大多都将《大学》"三纲领"中的"明德"，理解为"虚灵不昧"的心体。南宋朱熹曰："明德者，人之所得乎天，而虚灵不昧，以其众理而应万事者也。"[1]他还将"身有所忿懥，则不得其正"理解为："程子曰：身有之身当作心。"[2]明代王守仁曰："是乃根于天命之性，而自然灵昭不昧者也，是故谓之'明德'。"[3]由上可见，二程、朱熹与王守仁都将"明德"视为既具内隐性的道德本体，又具外显性的具体德行，而"明明德"即发明人本有之心性——德性，从而外显为人的具体高尚之行为——德行。

理学家特别是两宋理学家，对《大学》文本表现出异乎寻常的热情与重视，经朱熹编排整理，划分为经、传的《大学章句》本，是其倾注毕生心血"毕力钻研，死而后已"之作。该文本亦成为南宋之后钦定的教科书和科举考试的标准。《大学》文本之所以被两宋儒者高度关注和推崇，且二程、朱熹又据己意修订《大学》古本之主要原因就在于：他们从《大学》严密而有韵律感的文字背后，窥视到了其所内隐的那种对天下的责任感与使命感。这恰恰与两宋士大夫们"以天下为己任"的崇高感、对天道的敬畏感产生了强烈的共鸣。于是，两宋儒士就力图使《大学》内容能够更加符合其思想倾向与时代精神，从而成为实践其理想的理论依据与行动指南。

---

① 朱熹：《四书集注》，长沙：岳麓书社1985年版，第3页。

② 朱熹：《四书集注》，长沙：岳麓书社1985年版，第11页。

③ 王守仁：《王阳明全集》中，吴光、钱明、董平等编校，上海：上海古籍出版社2012年版，第799页。

《大学》倡扬的"三纲领",既是《大学》的纲领旨趣,亦是儒学"垂世立教"之目标;《大学》提出的"八条目",既是为践行"三纲领"而设计的条目,亦是实现三纲领的路径,更是儒学为人们展示的人生进修之阶梯:格物—致知—诚意—正心—修身—齐家—治国—平天下。总之,"三纲领"是"大学之道","八条目"是实现大学之道的"为学次第",二者是一个有机的整体——"纲举目张"。

儒家"修身"的目标,是为了"齐家、治国、平天下",即实现《礼记·礼运》中所描绘的"大同"理想,建立一个在政治、经济、文化等方面的和谐社会。儒家将构建和谐社会的理想与重视人的自我身心内外的修养勾连了起来,孔子强调:"德之不修,学之不讲,闻义不能徙,不善不能改,是吾忧也。"(《论语·述而》)"修德"不易,因为不仅要有崇高的理想、要有关怀民生福祉的博大胸襟,还需将此理想付诸实践;"讲学"亦不易,不但要求自己"明明德",还必须担当起对百姓进行人文教化的职责,以至"明明德于天下";而改"过"更难,难就难在要有思过且"不贰过"以及"闻义""能徙"的勇气,进而向着至善的目标孜孜努力。

儒家"修身"的目的,主要在于"利用安身,以崇德也"(《周易·系辞传下》),即在通过道德修养,实现精神境界升华的同时,实践立大本,行达道的伟业。"君子之道,譬如行远,必自迩;譬如登高,必自卑。"(《礼记·中庸》)君子求道,须从近处出发;欲攀高峰,则须从低处起步。把握大道,须探究规律,且行且思,而唯有敬畏天道,方能行稳致远。

在儒家看来,内隐的"德性"与外显的"德行"二者相得益彰。只有拥有了内在的德性,方能显现为外在的德行。敬天法道是达至德性与德行统一的前提与基础。在现实生活中,敬天法道必须奉行"五伦之理"——儒家用以规范血亲家庭及家族内部长幼、尊卑、男女之间差序性的礼仪关系和宗法秩序的伦理道德。如果违背了父子有亲、君臣有义、夫妇有别、长幼有序、朋友有信这"五伦",不仅个体难以立身处

世，国家亦难以强盛安宁。

汤一介先生指出，在中国传统社会中，始终是将"人"置于一定的社会关系之中加以考察的，这在实质上体现为一种"道德人本主义"。"中国传统哲学，不仅没有把'人道'看成僵化的东西，而且认为'天道'也是生动活泼的，生生不息的，'天行健，君子以自强不息'，人类社会之所以应发展、人们的道德之所以应提高，是因为其应适应'天道'的发展，此可谓为同步的'发展观念'。"①此"同步的发展观念"，正是内在修己与外在进取、敬畏天道与遵循人道彼此成就的体现。

汤先生进而认为：中国哲学史中的"知行问题之所以重要，正因为它关乎道德修养问题……作为道德修养上的知行从根本上说是不应割为两截的。王阳明所说的'知是行的主意，行是知的功夫；知是行之始，行是知之成'应是中国古代哲学家对这一问题的较好总结"②。在汤先生看来，"知行合一"乃儒家内在修己与外在进取的不二法门。

依儒家之见，"天"作为宇宙万物的主宰，无疑是一个无所不能的存在。有着崇高政治抱负和社会理想的仁人志士，在践行理想的道路上无论遭际何种艰险，都不能阻碍其对信念的坚守，而支撑这份坚守的动力，就来自对"天道"的敬畏、对祖先的追思、对苍生的悲悯。而这种"敬畏""追思"与"悲悯"之情，不仅仅体现在"知"，更应该落实到"行"。关于"知"，直指人的内心，根据"人同此心，心同此理"的原则，理应深知"己欲立而立人，己欲达而达人"（《论语·雍也》），"己所不欲勿施于人"（《论语·颜渊》）的道理；至于"行"，则直通践行儒家的礼乐制度。礼乐是用来维护社会秩序的规范准则，一个人一旦逾越了合理的礼乐制度的规范，就等于破坏了社会秩序、挑战了礼乐共识、违背了公序良俗，其后果必将导致天人共愤。

---

① 汤一介：《论中国传统哲学中的真、善、美问题》，《中国社会科学》1984年第4期，第76页。

② 汤一介：《论中国传统哲学中的真、善、美问题》，《中国社会科学》1984年第4期，第77页。

北宋张载的《西铭》之所以被时人及后人重视，就在于它体现了中国哲人敬畏天道、对理想社会的孜孜追求。其"民吾同胞，物吾与也"的理想社会能否实现固然重要，但更为重要的是，人必须要有一种追求理想社会的人生态度。"存吾顺事，没吾宁也"既是《西铭》的结语，亦是张载为实现"大同"理想的座右铭。这种理想主义是以"人能弘道，非道弘人"（《论语·卫灵公》）的人本主义为前提的，因为唯有"人"，方能"为天地立志，为生民立道，为去圣继绝学，为万世开太平"①。强调人在天地间的核心地位，正在于人有"明明德"之心。

注重"心"的作用，是儒家敬畏观的题中应有之义。孟子强调："耳目之官不思，而蔽于物，物交物，则引之而已矣。心之官则思，思则得之，不思则不得也。此天之所与我者，先立乎其大者，则其小者弗能夺也。此为大人而已矣。"（《孟子·告子上》）他认为，"心""苟能充之，足以保四海；苟不充之，不足以事父母"（《孟子·公孙丑上》）。荀子对"心"亦予以高度重视："心者，形之君也，而神明之主也，出令而无所受令。"（《荀子·解蔽》）对此，张载曰："大其心则能体天下之物。"②程颐曰："心具天德……尽己心，则能尽人尽物。"③朱熹曰："一心具万理。能存心，而后可以穷理。……理不是在面前别为一物，即在吾心。"④陆九渊尤为强调"心"的价值："人皆有是心，心皆有是理，心即理也。"⑤王阳明更是直言："人心与天地一体，故'上下与天地同流'……天下无心外之物。"⑥在理学家看来，由于"心"即"天理"之所在处，对"心"理应予以重视；而"理"即"心"的实

① 张载：《张载集》，章锡琛点校，北京：中华书局1978年版，第320页。

② 张载：《张载集》，章锡琛点校，北京：中华书局1978年版，第24页。

③ 程颢、程颐：《二程集》上，王孝鱼点校，北京：中华书局2004年版，第78页。

④ 黎靖德编：《朱子语类》第一册，王星贤点校，北京：中华书局1999年版，第154—155页。

⑤ 陆九渊：《陆九渊集》卷十一，钟哲点校，北京：中华书局2010年版，第149页。

⑥ 王守仁：《王阳明全集》上，吴光、钱明、董平等编校，上海：上海古籍出版社2012年版，第93—94页。

在内容，对"理"（天理）则必须予以敬畏。"君子戒惧之功无时或间，则天理常存……天理常存生于戒慎恐惧之无间。"①

有着五千多年文明史的中国，虽历经磨难仍屹立东方，就在于中华民族有着最为顽强的文化基因与文化认同。尽管全球化进程与市场经济大潮消解了诸多传统观念，但敬畏天道（天理）以实现"修齐治平"的崇高理想，却早已融化且流淌在中华民族的血脉之中，并在世代赓续的生命之流中，永葆青春活力。敬天法道、恪守人伦，已成为中华民族的生生不息的真诚执念。这种执念，亦将为新时代中华儿女内在修己与外在进取、为中华民族的繁荣昌盛发挥应有的作用。

第四节　儒家敬畏观在当代之接续、开显

中国历史的更迭及社会发展的进程显示，每个历史时期的"社会价值观按重要程度可分为根干价值与枝叶价值，按存在形态可分为制度化、知识化、生活化三种形态。中国社会价值系统经数千年积淀形成了一家主导、多元并存的特点，其基本精神是在一主多元模式下多元价值观之间互不排斥、求同存异、相互借鉴、相互吸收、和谐相处，这本身即是中国社会之根干价值的重要体现"②。这种以儒家思想构成的"根干"，与其他思想（包括诸种外来思想）组成的"枝叶"之间，既符合情势又遵循规律的不间断调适而后形成的和谐状态，成为中国社会及思想文化持续且有序演进的重要条件。

中国古代社会的本土伦理，特别是建立在敬畏观基础上的德性伦理，是当时社会的"主导价值"，是人们在处理社会关系以及进行社会

---

① 王守仁：《王阳明全集》上，吴光、钱明、董平等编校，上海：上海古籍出版社2012年版，第161—162页。

② 王处辉：《论中国社会价值系统的一主多元特性》，《江海学刊》2008年第5期，第117页。

互动时的具体应用。儒家敬畏观，在事实上构成了中国古代社会道德基础之"内核"之一。儒家敬畏观对于当下中国社会道德基础之构建，理应呈现为既"守正"又"出新"、既"接续"又"开显"的状态。

儒家敬畏观之所以需要"接续"，是因为任何社会的发展，都有其根基与背景，传统不能断裂，更不容割裂。对此，陈来指出："传统多指文化传统，即世代相传的思想、信仰、艺术、制度。传统的功能是保持文化的连续性，为社会带来秩序和意义。传统的功能的实现以敬畏传统为条件。"[①]这种民族文化的"血脉"与"根魂"，无疑必须"接续"并"坚守"下去。

儒家敬畏观之所以需要"开显"，就在于"传统不是固定不变的，也不是完美的，传统有旧的衰落，有新的加入。虽然传统促进了价值的稳定、文化的延续，却在历史转折和社会转型时期表现出惰性。这时传统便成为焦点，被强调更新和改革的人视为包袱，于是在社会文化转型时期，传统便成为'问题'了。"[②]当今中国社会的文化氛围、社会环境及民族心理对深化改革的渴求，无疑为儒家敬畏观在当代的"开显"抑或"革新"提供了可能。

儒家敬畏观崇奉"敬天法祖"。"敬天"——敬畏天道、遵循规律、崇奉准则；"法祖"——慎终追远、尊重历史、接续传统。正可谓："万物本乎天，人本乎祖，此所以配上帝也。"（《礼记·郊特牲第十一》）

"敬天法祖"是中华民族数千年来共同的文化心理。在古人看来，观天象，究天极，行天道，谓之"敬天"；而安祖于土，守祖于陵，习祖于慧，则谓之"法祖"。在"敬天"的启示下形成天圆地方、天人合一的宇宙观和整体思维方式；在"法祖"的基础上，形成对祖先的敬畏与崇拜，并进而传承祖宗之学统与道统。"法祖"亦是对"敬天"的体悟，唯有"敬天"才谈得上"法祖"，而只有"法祖"，"敬天"方能真正落到实处。

---

① 陈来:《守望传统的价值》,《社会主义核心价值观研究》2016年第4期,第5页。

② 陈来:《守望传统的价值》,《社会主义核心价值观研究》2016年第4期,第6页。

关于"敬天",《尚书·盘庚》曰:"先王有服,恪谨天命。"《诗·周颂·我将》曰:"我其夙夜,畏天之威,于时保之。"《诗·大雅·生民之什》曰:"敬天之怒,无敢戏豫。敬天之渝,无敢驰驱。昊天曰明,及尔出王。昊天曰旦,及尔游衍。"孔子亦明确指出:"获罪于天,无所祷也"。(《论语·八佾》)

汉代为"敬天"观念的集大成期。董仲舒主张:"天者,百神之大君也。"[1] "以此见天之不可不畏敬,犹主上之不可不谨事。不谨事主,其祸来至显;不畏敬天,其殃来至闇。"[2] "唯天子受命于天,天下受命于天子。"[3] "王道之三纲,可求于天。"[4]董仲舒还在"敬天"的基础上创立了"天祖合一"论:"天地者,万物之本、先祖之所出也。"[5] "天者,万物之祖,万物非天不生。"[6]将"天""祖"合而为一,也就为敬天法祖提供了自圆其说的逻辑框架。《毛诗正义》也曾对"敬天"的缘由进行了论证:"当畏敬上天,当敬天之威怒,以自肃戒,无敢忽慢之而戏谑逸豫。又当敬天之灾变,以常战栗,无敢忽之而驰驱自恣也。天之变怒……不可不敬慎也。"[7]天虽不言说,但却能够以灾异谴告。由于天人是感应的,因此人类对"天""不可不敬慎也"。对此,葛兆光在

---

[1] 董仲舒:《春秋繁露》,张世亮、钟肇鹏、周桂钿译注,北京:中华书局2017年版,第536页。

[2] 董仲舒:《春秋繁露》,张世亮、钟肇鹏、周桂钿译注,北京:中华书局2017年版,第531—532页。

[3] 董仲舒:《春秋繁露》,张世亮、钟肇鹏、周桂钿译注,北京:中华书局2017年版,第400页。

[4] 董仲舒:《春秋繁露》,张世亮、钟肇鹏、周桂钿译注,北京:中华书局2017年版,第465页。

[5] 董仲舒:《春秋繁露》,张世亮、钟肇鹏、周桂钿译注,北京:中华书局2017年版,第341页。

[6] 董仲舒:《春秋繁露》,张世亮、钟肇鹏、周桂钿译注,北京:中华书局2017年版,第557页。

[7] 李学勤主编:《十三经注疏·毛诗正义》上,北京:北京大学出版社1999年版,第1152—1153页。

《中国思想史》一书中指出："中国古代思想世界一开始就与'天'相关。"①

"敬天"的意义，就在于人类生命的起源、生存，都由天地自然所赐。"天地氤氲，万物化醇；男女构精，万物化生。"（《周易·系辞传上》）"天地者，生之本也；先祖者，类之本也；……上事天，下事地，尊先祖而隆君师，是礼之三本也。"（《荀子·礼论》）天地不但孕育了人类，而且开启了文明，因而是人类理应尊崇的最高权威。然而，"敬天"并非意味着人类只能俯首帖耳地听天由命、甘愿做天的奴仆，而是要在"敬天"的同时，充分发挥人的聪明才智和主观能动性，去认识、把握天地万物的运行规律及发展趋势，进而能够顺势而为地推动人类社会健康发展。正可谓："大天而思之，孰与物畜而制之！从天而颂之，孰与制天命而用之！望时而待之，孰与应时而使之！因物而多之，孰与骋能而化之！思物而物之，孰与理物而勿失之也！愿于物之所以生，孰与有物之所以成！故错人而思天，则失万物之情。"（《荀子·天论》）

关于"法祖"，《左传·僖公十年》曰："神不歆非类，民不祀非族。"意即神不享用非同族类人供奉的祭品，百姓不祭祀非本宗族的祖先。《礼记·中庸》关于"仲尼祖述尧舜，宪章文武"的记载说明，在儒家那里，"法祖"不仅要效法、祭祀自家（家族）的祖先，而且还应效"法"古代的圣王，意即遵循尧舜之道——"祖述尧舜"；同时还需效"法"开国与立国之祖的懿德嘉行、家风家法——"宪章文武"。历代有天下者的"敬天"，皆以"祖"配天。始祖感天神灵而生，祭天则以祖配之。"自外至者，无主不止"。（《礼记·丧服小记》）在古人看来，五帝乃"五行精气之神"，人间各朝代及帝王皆为五帝轮流感应而生——"感生帝"，鉴于此，帝王祭祖自然要祭祀天帝。

"法祖"的意义在于，祖先及父母不仅是生命的孕育者，而且是文化的创造者。"法祖"的实质是尊亲报本——对生命源泉、文化根源、文化传统的尊崇与敬畏。先祖传喻给下一代的不仅仅是基本的生存技

① 葛兆光：《中国思想史》第一卷，上海：复旦大学出版社2005年版，第19页。

能，更为重要的是他们对天地、万物、生命的认知与智慧。这些认知与智慧在历史的延续中，形成了世代相继的警世恒言、家训、家风与家教，正可谓："慎终追远，民德归厚矣。"（《论语·学而》）在儒家敬畏观看来，"法祖"虽然必要，但并不强求人们拘泥、固守传统，而是认为，"殷因于夏礼，所损益，可知也；周因于殷礼，所损益，可知也；其或继周者，虽百世可知也"（《论语·为政》），从而将对前代礼乐制度的"损益"，视为社会发展的必然法则。正可谓："王者之制：道不过三代，法不二后王；道过三代谓之荡，法二后王谓之不雅。"（《荀子·王制》）既要接续传统，又要继续前行，守正与创新、继承与发展、因循与光大、接续与开显就是如此的相辅相成、相互成就。

诚然，现代社会不同于传统社会，儒家提倡的私德和家庭伦理是现代社会、社群和国家伦理的基础。社群、国家都是个体与群体的集合体。不同个体按某种共同特征结合在一起，通过群体活动，并在群体中获得安全感、责任感、使命感和共情感，才能积极参加社会生活并为国家发展贡献聪明才智。儒家敬畏观在当代有必要、亦有可能实现其创造性转化与创新性发展，从而在更广范围内、更大程度上，为当代社会的健康发展提供心理支撑与德性依据，使人们真正领悟"有所为，有所不为"之哲理意涵，真正寻找到安身立命的精神家园。

当今之世，人们不断在迷茫时寻觅其精神家园——自己民族的优秀文化传统，回归"居仁由义"的为人之道。"仁，人之安宅也；义，人之正路也。旷安宅而弗居，舍正路而不由，哀哉！"（《孟子·离娄上》）儒家虽然强调恪守"仁义"的重要性、本根性，但并非一味地只关注"义"而摒弃"利"，人生在世不可能完全脱离"利"而生存，只不过是在二者相比较孰轻孰重时，强调先义后利。

况且"义"与"利"原本就不是决然对立的。关于"义"字，《释名》曰："义，宜也，裁制事物，使各宜也。""义"与"宜"二字，其含义和读音相近，自古即可通用。在甲骨文和金文中，"宜"字的形象是放在俎案上的一块肉，有着分割肉类之意——"裁制事物，使各宜也"（《释名》）。可见，"义"或"宜"从本义上讲，都有合理分配之意。鉴于此，今天的"义"字才含有公平之意。

至于"利"字，从甲骨文到今天的字形上看，都是禾苗旁有一把刀的象形字，其本义是用刀来切割植物。之后的锋利、锐利等皆属引申义。《说文》曰："铦也，从刀，和然后利。"《周易·乾卦·文言》曰："利者，义之和也"，意即义之和曰利。比照《说文》的"刀"和"然后利"，便会发现，"利"字的意义可从"义"字得出。"义"是切割肉类，"利"是切割植物，二字具有相近的含义，由此，古人们才热衷于分辨两字的异同。必须指出的是，二字相较，无论是从器物的本义上，还是从分配的目的上，皆可推廓出利字的含义。质言之，分辨义、利在意义和价值上的不同，本质上即务本还是逐末的区分，无所谓义利相悖。而今人言"见利忘义"，岂不谬哉？我们今天对儒家义利之辨的文献予以重新审视与诠解，或许能够从中获取更多启示。

儒家仁学实乃中国古代为人、为学、为政之道，其上求"理据"有"性善论"，内求"心性"则有"敬畏观"。孟子曰："古之人所以大过人者，无他焉，善推其所为而已矣。"（《孟子·梁惠王上》）"人皆有不忍人之心。先王有不忍人之心，斯有不忍人之政矣。以不忍人之心，行不忍人之政，治天下可运之掌上。"（《孟子·公孙丑上》）"恭敬之心，人皆有之……恭敬之心，礼也。"（《孟子·告子上》）对于那些为所欲为、泯灭人性、缺失敬畏之心的人，宋明理学家曾经发出的"存天理灭人欲"的疾呼，在今天仍具有昭告、警醒的意义。

处于社会转型期的当代中国，在社会诚信有所崩析、新的诚信机制尚未完全建构起来的境况下，迫切需要儒家敬畏观发挥其效用。在儒家敬畏观看来，诚信不仅是社会成员、组织机构等最为基本的行为规范和道德素养，而且是建构社会规范的基础与社会规范得以实施的保证，更是维持社会生活秩序良性运转的前提。孔子曰："民无信不立。"（《论语·颜渊》）"人而无信，不知其可也。"（《论语·为政》）孟子曰："诚者，天之道也；思诚者，人之道也。"（《孟子·离娄上》）《大学》

曰:"欲正其心者,先诚其意,意诚而后心正。"北宋司马光在此基础上进而认为:"夫信者,人君之大宝也。国保於民,民保於信;非信无以使民,非民无以守国。是故古之王者不欺四海,霸者不欺四邻,善为国者不欺其民;善为家者不欺其亲。不善者反之……以至于败。"①可见,成莫大于诚信,败莫大于失信。

中国社会转型与发展的过程,亦是促使儒家敬畏观在当代"接续"与"开显"的过程。"孔子之立教,对二千年前之人而言者也,对一统闭关之中国人而言之也,其通义之万世不易者固多,其别义与时推移者亦不少。"②质言之,儒家思想作为中国古代社会的主流意识——"其通义之万世不易者固多",但对于21世纪的中国来说,"其别义与时推移者亦不少"。凡是在现实中依然被人们"接续"的思想、观念("通义"),必定蕴涵着经过时间沉淀且具有时代价值的"因子"。但其需要更新的理论、观念("别义")也在所难免。如何扬弃"别义",使其"通义"跟上时代步伐,并依据社会变迁的情境,在新时期的基地上吸取精华、弃其糟粕,使其更具时代适应性,就显得尤为重要。

中国社会的现代转型,自然会促使社会治理方式及其机制发生变革,而与之相适应的观念、理论的呈现方式以及构建路径,也必将会发生变化。如果其拒绝接纳现代化的运行规约,抑或拘泥于传统而不愿与时偕行,就难免会影响现代社会的正常运行。于是,自然就需要对某些传统的观念、思想,包括儒家敬畏观,在接受现代社会实践的检验后而决定其取舍与更新。

儒家思想作为中国传统文化的根干,之所以能够保持长久且旺盛的生命力,主要得益于其思想体系根据时代的需要在不断地丰富完善。儒学守常而又维新,尊古而又开明,正是这种辩证的思维方式与兼容并包的胸襟,使其能够在趋于消逝的贵族分封制宗法社会与方兴的大一统国

① 司马光:《资治通鉴》第一册,北京:中华书局1976年版,第48页。
② 葛懋春、蒋俊编选:《梁启超哲学思想论文选》,北京:北京大学出版社1984年版,第100页。

家之间架起桥梁，从而使儒学成为古代社会之"显学"。体现儒家思想实质的敬畏观，虽尊重并敬畏传统，但绝不墨守成规，与时偕行是其精髓所在。"子曰：麻冕，礼也；今也纯，俭，吾从众。拜下，礼也；今拜乎上，泰也。虽违众，吾从下。"（《论语·子罕》）正是在此意义上，孟子称孔子为"圣之时者"（《孟子·万章下》）。

纵观儒学发展史，我们会发现：继先秦子学之后，两汉经学、魏晋玄学、隋唐佛学、宋明理学、清代朴学等，都是对之前的思想和学说的接续与开显。通过对儒家敬畏观在各个历史时期的演进的考察，我们也会发现：儒家敬畏观的内涵与精神实质都在与时俱进着——先秦诸子的敬畏观具有自觉自律的特点；汉唐诸儒的敬畏观具有虔诚自适的特征；宋明理学家的敬畏观是自得洒落的；清代儒士的敬畏观，则明显地彰显出笃实切理的特色。

需要指出的是，当下，信息社会已成为具有支配地位的新社会形态，我们不仅应对原先在传统农业社会和工业社会基础之上形成的观念进行整全、重塑，而且要创设新的观念、思想，以加速新时代中国社会伦理道德基础的构建进程。毋庸讳言，我国是一个笃信人情和尊奉关系的国家，这就使得少数人其行为表现为"权宜性行动"，即在行动之初可能就会有意或无意地轻忽社会公共规约及伦理道德要求，而采取所谓"灵活"而有"弹性"的行为，以便更易达成目的。其后果，则使得既有公共规约遭到破坏，为诸多潜规则的滋生和蔓延提供了土壤。这样一来，不仅会偏离社会的公平正义，而且还会影响人们对社会的公正评判。也许当前社会弥漫着的"戾气"，大多来自人们已普遍接受的平等观念与不平等现实之间产生的落差。这种落差的存在，使得人们祈盼着儒家敬畏观能够对造成不公平现实的人予以警示震慑、以儆效尤。

中国社会治理实践表明，道德基础的构建及夯实对中国社会治理的意义，既体现在其本身就具有应对社会风险失范且维护社会秩序的功能，能够为社会治理实践提供良好的外部环境，又体现在可以为社会治理新制度的创制提供理论依据。相对于具有法律性质的"制度"来说，

伦理道德发挥作用的性质与方式，主要依赖于社会主体在自律基础上对特定道德与规则的敬畏与自觉遵守。这种自觉的道德实践，不同于制度、法律法规等意在"惩恶"与"防恶"，而是主要意在"扬善"与"趋善"，进而促使社会不断走向和谐与文明。

近年来，我国一些部门和组织在既不违反法律规定，又能适当保护人们隐私的同时，尝试施行信用征集、身份曝光及行政罚款等外在惩戒，希冀通过提高违规成本，迫使一些个体或组织遵纪守法。但事实证明，仅靠"外在"惩戒及防范，成效并不显著。而儒家敬畏观则既重视"内在教化"的作用，亦注重唤起人们对法律的敬畏和对外在惩戒的畏惧。这种"内外兼具"的效用，定将为当代中国社会道德基础的建构，为创设良好的社会秩序及治理模式，提供思想资源。

传统中国作为礼仪之邦，其先哲的理论素养与先民的淳朴实践，既创设了适用于日用常行的伦理道德，亦在此基础上升华为敬畏意识。儒家敬畏观在古代社会，曾直接参与并规约过历史悠久的德治传统，甚或影响过法治建设。其对于社会稳定所具有的实用性，归根结底源自其最大限度地契合了中国社会情境。而其对于社会发展所具有的现代性，则在于其能够凝聚社会价值共识抑或与社会的主导价值观相"契合"，从而能够在中国社会的现代化进程中，对于当前的道德基础的构建及社会整体文明程度的提升，发挥不容低估的效用。

历史的延续性表明，历史在其推衍的过程中，其观念、思想也在不断地推陈出新。随着中国社会的发展，中国式现代化乘风破浪前行的过程，亦是儒家敬畏观既"接续"又"开显"的双重变奏过程。

结语 儒家敬畏观之辨正

历史与现实的交相叠映，形成了人们观念中的历史。作为历史性存在的人类，其身心虽受历史规约，却又在突破历史的规约中创造历史，并在现实的生活世界中展示自身的理想与追求。儒家仁学温良敦厚，崇尚生生之大德、倡扬仁民爱物之精神，形成了万物一体、悲天悯人、民胞物与的敬畏观。儒家敬畏观历经两千多年的辗转绵延，逐渐内化为中华民族的内在品格，并作为思想养料流淌在国人的精神血脉之中。

"儒家的历史作用主要不是在事实的层面上解释世界，而是在价值层面上引导和规范社会生活。……儒家之长似乎主要在于通过确立普遍的价值观念和价值原则，建构与之相应的伦常制度，以担保社会的伦理秩序和政治秩序。"①农业文明时期的中国，人与自然的关系主要表现为天人关系。古老的华夏文明，将整个宇宙视为一个生命系统，追求人与自然（"天"）的和谐共处之道。儒家以"入世"心态，对"天道"的敬畏之心，为农业社会在趋于稳定的基础上建构理想的"天人合一"秩序，提供了心理基础和价值原则。

"天人合一"作为儒家文明的思想根基，其精神实质根源于"万物一体"之理念。儒家的天人观虽然对天充满敬畏，但也并非主张一味地

---

① 杨国荣：《走向现代的儒学》，《贵阳学院学报》（社会科学版）2016年第6期，第27页。

拜倒在天的膝下成为天的奴隶，而是内含着明确的对天"利而用之"观念。质言之，儒家崇奉的"天人合一"的"一"，既是不将人的意志凌驾于自然之上的"一"，亦是不将人的意志完全被动地归于天的"一"，因而是主动合于天的"一"，更是与自然秩序保持动态平衡的"一"。

在人类发展史上，敬畏感最初主要是一种浸淫着宗教意味的情感。因为在古人看来，这个宇宙有规律地在"四时行"着、"百物生"着，其本身的存在就是令人惊异与敬畏的。正如维特根斯坦所言：真正神秘的不是世界如何存在，而是世界竟然如是存在！随着历史的推演，这种宗教情感便逐渐衍化出道德情感。而儒家敬畏观则是虔诚的宗教情感与仁慈的道德情感相互交织、互融互通的心理机制，是主体对客体的一种态度认同与价值取向，蕴涵着对宇宙万物（包括人类自身）的自省、自律、自思与规约。但这并不必然导致听天由命、无所作为的宿命论，反而能够愈发促使人类更加理性明智、谨言慎行。心存敬畏方能行有所止、言有所归。畏则不敢肆而德以成，无畏则从其所欲而及于祸。儒家敬畏观也在其丰富完善的过程中，逐渐成为关注人类生存境遇、抚慰人类心灵创伤、疗救人类身心疾患、安顿人类孑然无依思绪的哲学智慧。

由上可见，人类的敬畏感不是与生俱来的自发情感，而是在社会实践中通过教化逐渐培养起来的自律情感，是社会、文化、历史的产物。没有敬畏感的时代是野蛮的时代，没有敬畏观规范的人类是蒙昧的人类。敬畏不是愚昧、委琐的代名词，而是人类拥有伦理智慧的象征。敬畏意识是人类培养理想人格、安身立命之前提所在。

在所有的生命形式中，唯有人具有"爱"的能力与才智。正因为如此，人也就拥有了不可推卸的"仁民爱物"的使命、责任与义务。儒家敬畏观深深根植于"天人合一"的宇宙情怀与"究天人之际"的哲学智慧之中，进而归依于"万物一体"的本原性哲思。儒家敬畏观既是对人与万物关系真切情感的自然流露，亦是对"仁者爱人"内在本性的理性诉求，氤氲着成人、成己、成物的价值关切。

必须指出的是，人类在"究天人之际"的征程中，逐渐意识到自身的有限与渺小，亦即意识到人对自然和社会的认识存在着"盲区"，这虽然有助于"敬畏之心"的形成，然而，需要警惕与反思的是：儒家敬畏观在一定意义上隐含着对权威意志的崇奉与膜拜。儒家无论是对"天命""大人"还是"圣人之言"的敬畏，相对于人们的自主抉择，在一定意义上或许意味着以权威意志为最高价值原则的某种独断。基于此，自我选择与自我决断的意识或权利，存在着被弱化抑或被悬置的可能，进而或许会导致道德理性在一定程度上的缺失。对此，有必要使儒家所倡导的内在修己精神与外在进取精神相互补正，从而使得儒家敬畏观能够真正给人们提供一种既尊重客观必然性，又充分发挥主观能动性的辩证思维模式。

与此同时，还必须看到：儒家主性善，虽然对人类无止境的欲望以及易被遮蔽的善性有一定程度的觉察与认识，但在认为"人有气、有生、有知，亦且有义，故最为天下贵"（《荀子·王制》）的儒家那里，难免在一定程度上会对人的道德自觉予以过高的评价与期待，从而导致未能对人性中膨胀的欲望与过分的贪婪予以更为有效的警惕与遏制。如果仅仅试图凭依人类在亿万年演进历程中形成的"敬畏之心"，去消弭人们在面对现实世界的种种诱惑时所产生的贪欲和邪念，恐怕难以真正达到目的。质言之，儒家将成圣成贤的"善种"根植于人性的至深处，虽然彰显其美好愿望与殷殷期待，但如果人们没有将心、性、天之"合一"，视为一个需要人类自觉参与其中的趋势与过程，而只看作自然而然的结果，人们的内心将难免会缺失对"天视""天命"抑或"天道"的深刻认识与理性评判。

儒家敬畏观认为任何事物的存在都有其内在价值，所有物种都有其追求生存与发展的权利，但在今人看来，并非所有物种都是值得呵护的，譬如某些对人类有害的细菌、病毒等。对此，必须以"客体"自身具备的内在属性与时代价值作为评判标准，从而给予价值理性以必要且充分的空间，以期在情感与理性相互交织的情境下，实现"敬畏"主体的理性自觉、人格完善与境界提升。因此，既要避免敬畏对象（客体）

被虚无化，又要防止将敬畏对象绝对化。

当下我们应直面人类面临的危机与困难，不能陶醉于田园牧歌式的玄想与期待之中。与此相应的是，必须对儒家敬畏观中存在的有可能导致宿命论的因子加以警惕与防范。一味地信奉"天谴""报应"等自发因果作用，也会走向另一个极端。因此对儒家敬畏观在当今时代的效用与价值，应予以适当评价，并对其进行必要的反思，取其精华，弃其糟粕。

"作为传统文化的主体，儒学曾统治中国思想领域上千年，它所倡导的价值观念已积淀为民族心理，深深地渗透在人们的日常生活和行为方式中。由于儒家在天与人、义与利、理与欲、群与己、经与权等关系上片面突出天、义、理、群、经的价值取向，因而造成了一种缺乏开拓精神、平等意识的保守的文化心态，形成了中国社会走上近代化过程中传统与现代化的紧张。如何处理儒家文化和现代化之间的关系是中国社会所面临的迫切课题。"①虽然萧萐父先生提出这一课题已二十余载，但其至今仍然是"中国社会所面临的迫切课题"之一，亦是学术界必须面对的研究课题之一。对此，我们必须继续进行更为深入的探讨与叩问。

---

① 萧萐父：《儒学研究领域的一部力作——评杨国荣著〈善的历程〉》，《学术月刊》1996年第5期，第103页。

主要参考文献

一、古代典籍及论著

司马迁：《史记》，北京：中华书局1975年版。

班固：《汉书》卷五十六，北京：中华书局2000年版。

董仲舒：《春秋繁露》，张世亮、钟肇鹏、周桂钿译注，北京：中华书局2017年版。

刘盼遂：《论衡集解》，北京：古籍出版社1957年版。

萧子显：《南齐书·高逸传论》卷五十四，许东方校订，北京：中华书局1972年版。

孔颖达疏：《周易正义》，卢光明、李申整理，北京：北京大学出版社2000年版。

刘禹锡：《刘禹锡集》，上海：上海人民出版社1975年版。

王梵志：《王梵志诗校辑》卷二，张锡厚校辑，北京：中华书局1983年版。

欧阳修：《新五代史》第二册，徐无党注，北京：中华书局1974年版。

张载：《张载集》，章锡琛点校，北京：中华书局1978年版。

程颢、程颐：《二程集》，王孝鱼点校，北京：中华书局2004年版。

朱熹：《四书集注》，长沙：岳麓书社1985年版。

朱熹：《朱熹集》，郭齐、尹波点校，成都：四川教育出版社1996年版。

黎靖德编：《朱子语类》，王星贤点校，北京：中华书局1999年版。

陆九渊：《陆九渊集》，钟哲点校，北京：中华书局2010年版。

吕惠卿：《道德真经传》卷二，《道藏》第十二册影印本，北京：文物出版社1988年版。

张伯端：《悟真篇浅解》，王沐浅解，北京：中华书局1990年版。

王守仁：《王阳明全集》，吴光、钱明、董平等编校，上海：上海古籍出版社2012年版。

刘宗周：《刘子全书》卷六，清道光年间刻本。

罗汝芳：《罗汝芳集》，方祖猷、梁一群、李庆龙等编校整理，南京：凤凰出版社2007年版。

黄宗羲：《黄宗羲全集》第一册，杭州：浙江古籍出版社1985年版。

黄宗羲：《宋元学案》，全祖望补修，陈金生、梁运华点校，北京：中华书局2007年版。

黄宗羲：《明儒学案》，沈芝盈点校，北京：中华书局1985年版。

顾炎武：《顾炎武全集》，华东师范大学古籍研究所整理，上海：上海古籍出版社2011年版。

王夫之：《读通鉴论》，北京：中华书局1975年版。

戴震：《孟子字义疏证》，何文光整理，北京：中华书局1982年版。

戴震：《戴震全书》，合肥：黄山书社1995年版。

戴震：《戴震集》，上海：上海古籍出版社2009年版。

郭嵩焘：《郭嵩焘诗文集》，杨坚点校，长沙：岳麓书社1984年版。

阮元校刻：《十三经注疏》下册，北京：中华书局1980年版。

章太炎：《章太炎全集·〈訄书〉重订本》，朱维铮点校，上海：上海人民出版社2014年版。

梁启超：《中国近三百年学术史》，北京：人民出版社2008年版。

梁启超：《饮冰室合集》第五册，北京：中华书局2003年版。

朱维铮校注：《梁启超论清学史二种》，上海：复旦大学出版社1985

儒家敬畏观钩玄

年版。

胡适：《戴东原的哲学》，合肥：安徽教育出版社1999年版。

尹达主编：《中国史学发展史》，郑州：中州古籍出版社1985年版。

钱穆：《中国近三百年学术史》，北京：商务印书馆1997年版。

钱穆：《国学概论》，北京：商务印书馆2002年版。

钱穆：《中国历史精神》，北京：九州出版社2011年版。

庞朴：《一分为三论》，上海：上海古籍出版社2003年版。

徐复观：《中国思想史论集》，上海：上海书店出版社2004年版。

牟宗三：《中国哲学十九讲》，上海：上海古籍出版社1997年版。

牟宗三：《从陆象山到刘蕺山》，上海：上海古籍出版社2001年版。

牟宗三：《宋明儒学的问题与发展》，上海：华东师范大学出版社2004年版。

冯友兰：《中国哲学史新编》下卷，北京：人民出版社1999年版。

冯友兰：《中国哲学简史》，北京：北京大学出版社2010年版。

石峻、楼宇烈、方立天编：《中国佛教思想资料选编》，北京：中华书局1981年版。

李泽厚：《论语今读》，合肥：安徽文艺出版社1998年版。

汤用彤：《汤用彤全集》第一卷，石家庄：河北人民出版社2000年版。

蒙培元：《蒙培元讲孔子》，北京：北京大学出版社2005年版。

郭淑新：《敬畏伦理研究》，合肥：安徽人民出版社2007年版。

方立天：《中国佛教哲学要义》，北京：中国人民大学出版社2002年版。

陈来：《朱熹哲学研究》，北京：中国社会科学出版社1988年版。

陈来：《宋明理学》，上海：华东师范大学出版社2004年版。

陈来：《有无之境：王阳明哲学的精神》，北京：生活·读书·新知三联书店2009年版。

杨国荣：《王学通论——从王阳明到熊十力》，上海：华东师范大学出版社2003年版。

杜维明：《杜维明文集》，武汉：武汉大学出版社2002年版。

黄时鉴主编：《东西交流论谭》，上海：上海文艺出版社1998年版。

沈定平：《明清之际中西文化交流史——明代：调适与会通》，北京：商务印书馆2001年版。

朱哲：《先秦道家哲学研究》，上海：上海人民出版社2000年版。

李零：《郭店楚简校读记》（增订本），北京：中国人民大学出版社2007年版。

中国社科院哲学研究所中国哲学史组、北京大学哲学系中国哲学史教研室编：《中国哲学史资料简编》，北京：中华书局1962年版。

马育良：《中国性情论史》，北京：人民出版社2010年版。

［德］黑格尔：《历史哲学》，王造时译，上海：上海书店出版社2006年版。

［法］列维-布留尔：《原始思维》，丁由译，北京：商务印书馆1981年版。

［法］保罗·里克尔：《恶的象征》，公车译，上海：上海世纪出版集团2005年版。

［苏］C·Ⅲ.加巴拉耶夫：《费尔巴哈的唯物主义》，涂纪亮、余传金译，北京：科学出版社1959年版。

［日］村濑裕也：《戴震的哲学：唯物主义与道德价值》，王守华、卞崇道、于时化等译，济南：山东人民出版社1996年版。

［英］泰勒：《原始文化——神话、哲学、宗教、语言、艺术和习俗发展之研究》，连树声译，桂林：广西师范大学出版社2005年版。

［美］狄百瑞：《儒家的困境》，黄水婴译，北京：北京大学出版社2009年版。

二、期刊论文

赵俪生：《顾炎武〈日知录〉研究——为纪念顾炎武诞生350周年而作》，《兰州大学学报》1964年第1期。

萧萐父：《儒学研究领域的一部力作——评杨国荣著〈善的历程〉》，

《学术月刊》1996年第5期。

　　蒙培元：《张载天人合一说的生态意义》，《人文杂志》2002年第5期。

　　葛兆光：《"唐宋"抑或"宋明"——文化史和思想史研究视域变化的意义》，《历史研究》2004年第1期。

　　李存山：《从民本走向民主的开端》，《浙江学刊》2005年第4期。

　　吴光：《黄宗羲民本思想研究的新高度——"黄宗羲民本思想国际学术研讨会"综述》，载《探索与争鸣》2006年第6期。

　　王治河：《作为一种生活方式的后现代主义》，《北京大学学报》（哲学社会科学版）2006年第3期。

　　许苏民：《"行己有耻"的道德底线与中国伦理学的近代转型——论顾炎武道德伦理思想中的近代性因素》，《吉首大学学报》（社会科学版）2006年第4期。

　　许苏民：《晚明西学东渐与〈明夷待访录〉政治哲学之突破》，《江汉论坛》，2012年第12期。

　　任剑涛：《敬畏之心：儒家立论及其与基督教的差异》，《哲学研究》2008年第8期。

　　林乐昌：《论张载的生态伦理观及其天道论基础——兼论张载生态伦理观的现代意义》，《孔子研究》2013年第2期。

　　杨国荣：《走向现代的儒学》，《贵阳学院学报》（社会科学版）2016年第6期。

　　朱汉民：《〈白虎通义〉：帝国政典和儒家经典的结合》，《北京大学学报》（哲学社会科学版）2017年第4期。

　　吴根友：《戴震"德"论与人的福祉论初探》，《道德与文明》2017年第2期。

　　干春松：《董仲舒与儒家思想的转折——徐复观对董仲舒公羊学的探究》，《衡水学院学报》2018年第4期。

　　徐道彬：《论戴震对朱熹的传承与礼敬》，《学术界》2018年第3期。

　　韩强：《刘宗周与黄宗羲的心性论思想》，《哈尔滨工业大学学报》（社

会科学版)2018年第6期。

屠凯:《博文而有耻:顾炎武的法哲学》,《苏州大学学报》(法学版)2019年第3期。

孙邦金:《戴震的天道观及其道德形上学基础》,《杭州师范大学学报》(社会科学版)2019年第6期。

付长珍:《重新发现智德——儒家伦理学知识体系的当代省察》,《求是学刊》2020年第4期。

晏辉:《反思的、批判的、重构的当代中国伦理学》,《伦理学研究》2021年第2期。

白奚:《〈老子〉对"虚""静"的哲学提升》,《哲学研究》2022年第6期。

后 记

本书是安徽省哲学社会科学规划重点项目"生态文明视域下的儒家敬畏观及其当代价值研究"（项目批准号：AHSKZ2015D03）的结项成果，亦是安徽省高校年度科研计划优秀青年项目"诠释学视域中的马克思主义基本原理同中华优秀传统文化相结合的路径研究"（项目批准号：2023AH030056）、国家社科基金重大项目"诠释学辞典编纂与中国诠释学知识体系建构"（项目批准号：208ZD029）等项目的阶段性研究成果。

本书由郭淑新教授与王子廓副教授合作完成。郭淑新撰写的内容是：导言、第一章、第二章、第四章（第三、四、五节）；王子廓撰写的内容是：第三章、第四章（第一、二节）、第五章、第六章、第七章、结语。

一部拙著的写作完成，既令人惬意，又令人遗憾——总感觉想说的东西，未能如愿地表达出来，这也许就是古人常说的"书不尽言，言不尽意"吧。

书稿在写作过程中，参阅、引用了中外学界众多研究成果，从诸多专家处汲取了丰厚的学术营养，对此，我们表示由衷的感谢！

本书的出版得到了安徽师范大学出版社的大力支持，在此，表示诚挚的谢意！

安徽省哲学社会科学规划重点项目（AHSKZ2015D03）结项后，笔

者又对书稿进行了数年的修改与完善。尽管如此，因所见有限，定存阙漏；因学识存囿，定现舛误。在此，敬请学界前辈、同仁不吝赐教并予以批评指正。

郭淑新　王子廓
2024(甲辰)年秋于芜湖

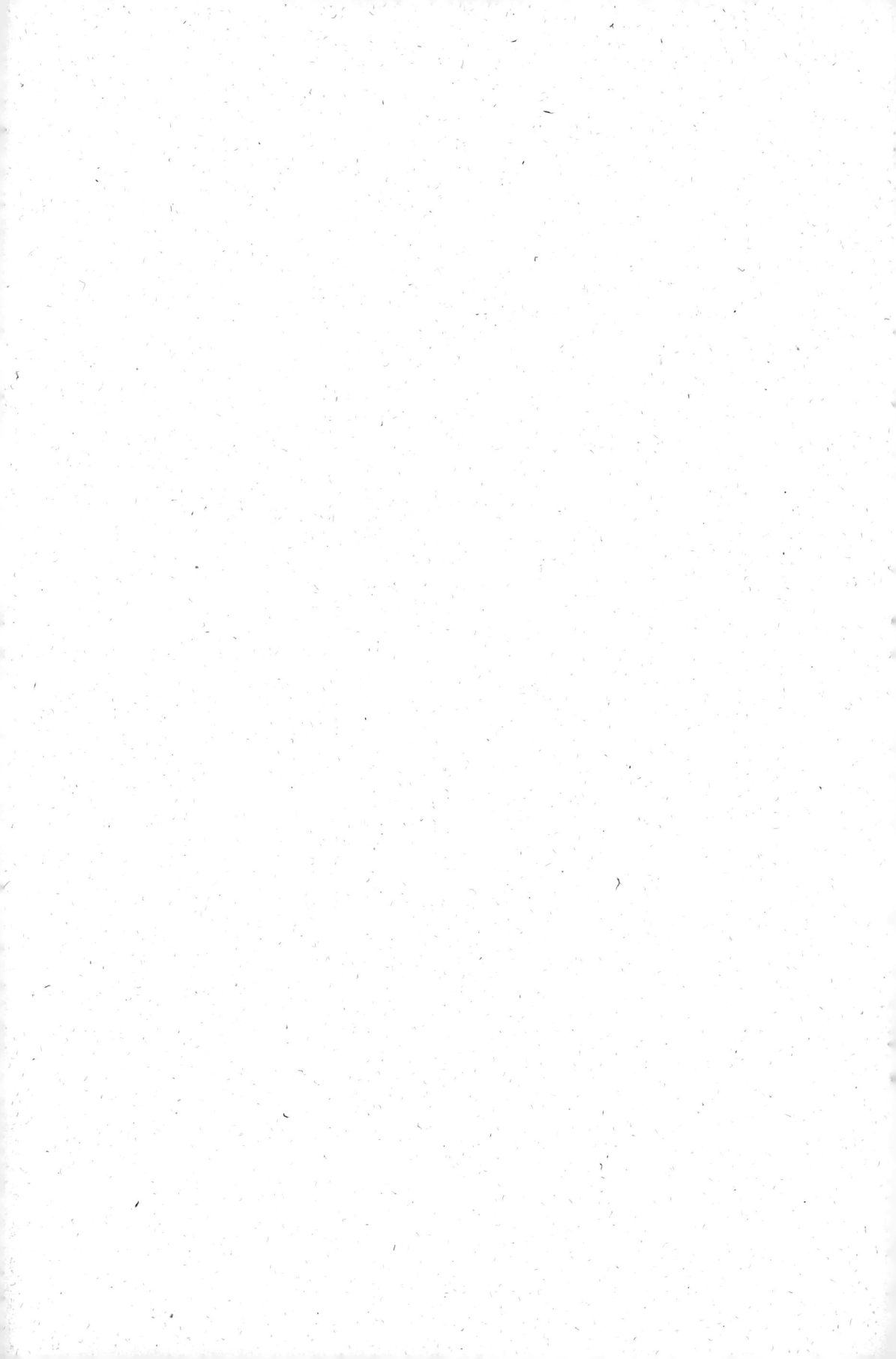